経済学叢書 Introductory

開発経済学入門

第2版

戸堂康之

新世社

はしがき

本書のねらい

　本書は，開発途上国が経済的に発展するメカニズムやそのために必要な政策について，わかりやすく説明したものです。序章に詳述したように，基本的には経済学の知見に基づいていますが，政治学や社会学，ネットワーク科学なども動員して，途上国の経済発展について様々な角度から議論しています。

　本書は，開発経済学に興味を抱く経済学専攻の学生の方々だけを対象としているわけでは決してありません。途上国に興味を持っている人であれば，政治学，社会学，国際関係論，地域研究，歴史学，文化人類学，工学，農学など経済学以外の専門分野の学生の方々ももちろん対象です。また，途上国開発の現場で働く援助機関やNGOの実務家の方々，国際協力に関する政策立案に関わる方々にも本書が役に立つはずです。さらに，本書の議論は途上国だけではなく先進国にも適用できますから，日本の地方経済の発展に関心のある方々にも読んでいただきたいと考えています。

　そのようなわけで，本書は広範な読者層を想定し，何ら経済学の素養を必要とせずに読みこなせるようにきわめてわかりやすく書かれています。

　とはいえ，本書は開発経済学に興味を抱く経済学専攻の学生の方々をないがしろにしているわけではありません。開発経済学は，途上国の貧困を削減して人々を幸せにするという社会的に重要な役割を担う学問であり，さらに近年では経済学の中でも学術的な発展が顕著で注目されている分野です。経済学専攻の学生の方の知的好奇心を刺激し，さらに中級・上級の開発経済学を学んでいくきっかけとすることも，本書の大きな目的の一つです。

本書の利用法

　ですから，本書は経済学の素養のない方でも自力で読めるようになっています。一部では若干難しめの理論的説明がないわけではありません。しかし，そ

のような部分はどんどん飛ばして，実証的な分析を中心に読んでもらっても，十分に要点はつかめるはずです。特に最初に読む時にはあまり細部にこだわらずに，各章の要点をつかみ，章と章とのつながりをとらえて，途上国の経済発展に関する大きな絵を自分の頭の中に描くようにしてください。

　本書を大学における開発経済学の教科書として利用する場合には，1・2年における半期15回分の講義が最も適しているでしょう。しかし，本書で説明されている理論や実証分析についてより詳細に講義すれば，3・4年の専門科目の教科書としても十分に利用できると思われます。

　なお，本書をテキストとして採用される教員の方々に向けて，ご講義の際に役立つ講義用補助教材スライド（PDFファイル）を用意しています。学部入門講義用と学部上級講義用の2種類があり，学部入門講義用スライドは本書の内容に沿って案内した構成，学部上級講義用スライドは本書の内容に即しつつ，理論についてはもう少し詳しく数式を利用した形を紹介し，実証分析については推計式を利用して説明した構成としています。新世社のウェブサイト（https://www.saiensu.co.jp）に見本として一部公開していますので，ご参照の上，ご活用いただける教員の方々はウェブサイトからご連絡をお願いします。本書の図表は2色刷ですが，講義用スライドはフルカラーで非常に見やすく受講者の理解の助けになると思います。

　本書の初版は2015年に発売されましたが，幸い好評を得てこの度2021年に第2版を発行するはこびとなりました。第2版では，ほぼ全ての図表を新しいデータを用いて更新し，それにともなう記述にも修正を加えました。さらに，初版以降に出た新しい研究の内容を大幅に盛り込んでいます。ですので，最新の途上国経済の状況と学術研究の流れを踏まえた教科書に改訂できたと考えています。

謝　辞

　本書はもともと2010年に新世社の御園生晴彦氏から依頼を受けたものです。しかし，翌2011年に東日本大震災が起き，短期的には自分の研究や社会貢献の軸足をどちらかというと日本経済の復興に移したことや，大学での中間管理職に任命されたことなどから，依頼を受けてから完成まで実に5年間もかかる

ことになってしまいました。その間，辛抱強く待っていただき，折にふれて励ましていただいた御園生氏には心から感謝を申し上げます。また，同社の谷口雅彦氏には非常に丁寧な校正を行っていただいたことを深く感謝いたします。

　本書で紹介されている筆者の研究は，多くの公的・私的研究費によって可能となりました。特に，社会ネットワーク論や政治経済学に関連した近年の研究は，日本学術振興機構科学研究費新学術領域研究「新興国の政治と経済発展の相互パターンの研究」および同基盤研究 B「途上国の経済発展における社会ネットワークの役割——社会実験とミクロデータによる分析」，早稲田大学「次代の中核研究者育成プログラム」による助成を受けています。また，研究の一部分は経済産業研究所における研究プロジェクト「企業ネットワーク形成の要因と影響に関する実証分析」において実施されました。これらの機関に篤く御礼申し上げます。

　筆者が曲がりなりにも本書のような開発経済学の教科書を書けるようになったのは，これまでの人生における多くの方々との出会いとつながりのおかげです。特に，開発経済学全般については大塚啓二郎（神戸大学），澤田康幸（アジア開発銀行），園部哲史（アジア開発銀行研究所），第 2 章・第 3 章で論じた経済成長論では筆者の指導教員であったチャールズ・ジョーンズ（スタンフォード大学），第 6 章の国際経済学では若杉隆平（新潟県立大学），第 7 章の空間経済学では藤田昌久（京都大学・経済産業研究所），第 8 章の社会ネットワーク論では Petr Matous（シドニー大学），第 9 章の制度の経済学では故青木昌彦（スタンフォード大学），第 10 章の政治経済学では白石隆（熊本県立大学）の各氏の薫陶を受けました。これらの尊敬すべき研究者の方々に心から感謝を申し上げるとともに，今後のますますのご指導をお願いしたいと思います。

　また，本書を執筆するにあたって早稲田大学政治経済学部学生（当時）の柏木柚香氏，石田早帆子氏（当時）に草稿を校正してもらったことを記して謝意を表します。学部生ならではの指摘は，本書を読みやすくする上で大いに役に立ちました。

　もともと筆者が途上国に関心を持ったのは，大学生の時に半年ほどかけて行った東南アジアへのヒッピー旅行がきっかけです。初日から強盗に遭ったために日本に逃げ帰ろうと思っていた私を，当時時事通信マニラ支局長であった高

橋純氏は励まし，お金まで貸していただきました。そのおかげで私は旅を続けることができ，途上国との縁が切れることもなく今に至っています。今は天国にいらっしゃる高橋氏にはただただ感謝の気持ちでいっぱいです。

　最後に，私を育ててくれた両親にもこの機会に感謝の気持ちを述べたいと思います。子供のころから偏屈者の私を見捨てることなく辛抱強く見守ってくれたおかげで，多くの回り道をしながらも何とか一生を懸けられる仕事に就くことができました。本当に，本当にありがとうございました。

2015 年 6 月：初版／2020 年 12 月：第 2 版

戸堂　康之

目　次

目
次

第2部 経済発展の諸要因

目
次

第13章　経済協力　259

終　章　289

序　章

▶ 本書の概要

　開発途上国（以降，途上国と略します）では多くの貧しい人々が生存のために日々格闘しています。途上国の中でも特に所得の低い低所得国（といっても総人口は 8 億人います）[1]では，20 人に 1 人が 1 歳になるまでに亡くなり，平均寿命は 60 歳程度でしかありません[2]。日本では 1 歳までに亡くなる子供は 500 人に 1 人を切り，平均寿命は 84 歳であるのにくらべると，非常に大きな違いです。

　このように厳しい途上国の生活環境は，所得が少ないことに起因していることが多いのです。1 日たった 1.9 ドル（約 200 円）以下で生計を立てている人たちは，全世界で約 7 億人もいます。低所得国では平均的な年間所得は834 ドル，つまり月に 7500 円程度でしかありません。日本では平均所得は月 30 万円以上ありますから，その差は 40 倍もあります。このような経済的な貧しさのために，途上国の人々は十分な栄養や医療を享受できずに，健康が蝕まれて寿命が削られているのです。

　ですから，途上国の人々が健康でより幸せな生活を送るためには，経済的な発展，所得レベルの成長が不可欠です。本書はこのような問題意識に立ち，途上国がどのような要因で経済的に発展していくのか，そしてどのような要因で発展が阻害されるのかを，主として経済学の理論と実証研究の結果に基づいて論じるものです。

1　本章における低所得国，中所得国は，世界銀行が定義する low-income countries, middle-income countries にそれぞれ対応しています。詳細な定義については，第 1 章 1.1 節を参照してください。また，世界銀行については，第 13 章で紹介しています。

2　本章におけるデータは，すべて世界銀行『世界開発指標』（World Bank, World Development Indicators）に基づきます。このデータは（https://data.worldbank.org/）よりダウンロードが可能です。データの詳細については，終章「自分で分析するためのデータソース」を参照してください。

▶ 本書の特徴

本書の特徴は3つあります。第1に、本書のタイトルは『開発経済学入門』ですが、現在の開発経済学における主流である「開発のミクロ経済学」だけではなく、経済成長論、国際経済学、空間経済学、制度の経済学、政治経済学、ネットワーク科学、行動経済学などを利用して、様々な角度から途上国の経済発展について論じています。

開発のミクロ経済学とは、その名の通り途上国の問題を農民や零細事業者といったミクロの視点から考察するものです。半面、経済成長論や国際経済学などは、より大きなマクロの視点で一国の経済全体の問題を考察しています。また、制度の経済学、政治経済学では、経済学だけではなく、政治学、歴史学の視点を融合させた研究が発展しています。さらに、ネットワーク科学とは、数学、物理学、工学、社会学、政治学、経済学などの分野の研究者によって学際的に発展している新しい学問分野です。ですから、本書は経済学におけるミクロとマクロの両方の視点だけではなく、学際的な視点をも持って途上国の経済発展を議論していると言えます。

第2の特徴は、データによる実証分析を重視していることです。各々の章では、もちろん理論的な考察も紹介しています。しかし、理論的に導き出された結果が、確かに現実と整合的なのかについて、実際のデータや既存の実証研究の成果を利用して検証し、多くの図表を提示した上で結論を述べるようにしています。

なお、厳密には単に図表を提示するだけでは必ずしも十分に結論づけられないこともあります。しかし、本書で図表から結論づけられているように見える結論のほとんどは、実は応用ミクロ計量経済学を用いた厳密な実証研究の結果を基にしており、脚注でその研究を引用しています。厳密な検証に興味がある読者は、引用されている参考文献を参照してください。

第3に、本書は最貧国が貧困から脱出するための経済発展について論じるだけではなく、中程度の所得の途上国（中所得国）の経済発展にも注目し、中所得国が先進国に追いつくための方策についても論じています。上述の通り、まだまだ途上国に貧困は蔓延しているのですが、この20年で大きく改善されてもいます。国際連合は2000年にミレニアム開発目標を掲げて、途

上国の貧困に関わる様々な目標を設定しました。その一つは，2015 年まで
に途上国において 1 日 1.25 ドル以下で生活する絶対的貧困者の割合を 1990
年の 47% から半減するというものです。2015 年にはこの割合が 14% とな
り，目標をはるかに上回る数字が達成されました。数の上では，絶対的貧困
者の数は実に 11 億人減少しています[3]。

　このように，絶対的貧困者が減少している半面，中所得国が世界経済に占
める割合は急増しています。G7 諸国（米・英・日・仏・独・伊・加）が世
界の GDP に占めるシェアは 1990 年には 66% でしたが，2018 年には 45%
と激減しました。逆に，中国，インド，タイ，インドネシアなどの中所得国
のシェアは 1990 年の 13% から 2018 年の 36% に急増しています。

　ですから，途上国の経済発展を論じる上で，今や中所得国を無視すること
はできません。特に，新興国といわれる高成長を遂げている中所得国がこの
まま成長を持続して先進国になることができるのか，できないとしたらその
要因は何かといったことは，現代の開発経済学にとっては貧困削減と同様に
重要なテーマだと言えます。このような問題意識から，本書は中所得国の経
済発展についても多くの紙面を割いて論じています。

▶ 本書の構成

　本書の構成は次の通りです。まず第 1 部「経済成長論の基礎」では，第 1
章で途上国の経済成長や停滞について概観した後，第 2 章・第 3 章で経済成
長論の基本的な理論モデルとその現実との整合性について解説します。さら
に，第 4 章・第 5 章では，経済成長が長期的に停滞する可能性について考察
します。これらの考察から，途上国経済が長期的に成長するためには，先進
国の技術を吸収する力が最も重要だということを明らかにしていきます。

　第 2 部「経済発展の諸要因」では，技術を効率よく吸収して経済発展する
ための方策についてより具体的に検証していきます。特に取り上げるのは，
経済のグローバル化（第 6 章），地理的な産業集積（第 7 章），社会ネットワ

3　United Nations (2015). The Millennium Development Goals Report 2015, United Nations,
　〈https://www.un.org/millenniumgoals/〉.

ーク・社会関係資本（第8章），経済・政治制度（第9章・第10章），農村開発（第11章・第12章），政府開発援助（第13章）です。

第 1 部

経済成長論の基礎

第1章

開発途上国の経済発展

　この章は，まず開発途上国での暮らしや，第2次世界大戦後の途上国の経済成長を概観します。その後，本書を通じて人々の所得レベル，生活水準の指標として使用する，1人当たり実質GDPとは何かについて解説します。

1.1　開発途上国での暮らし

　途上国には，はっきりとした定義があるわけではありませんが，大まかに言って国民1人当たりの所得が10000ドル以下程度の国であると考えてよいでしょう。途上国に対する開発援助を供与する代表的国際機関である世界銀行は，開発途上国を低所得国と中所得国に分け，低所得国を1人当たり国民総所得（Gross National Income, GNI）が1045ドル以下の国，中所得国を12746ドル以下の国と定義しています。GNIとは，国内での生産総額，つまり国内総生産（Gross Domestic Product, GDP）に海外からの所得の受取を足し，海外への所得の送金を引いたもので，通常GNIとGDPにはそれほど大きな差はありません。後で詳しく説明するように，GDPはGNIにくらべて，国際比較や経年比較が可能な統計がそろっていますので，本書では主に国民1人当たりGDPを1人当たり所得を表すものとして利用します。

　では，このような開発途上国での暮らしとはどのようなものでしょうか？筆者が現地調査をしたエチオピアやインドネシアを例にとって見てみましょう。

■図表 1-1　エチオピア農村の暮らし

▶ エチオピア農村での暮らし

　サハラ以南アフリカに位置するエチオピアは，2018 年で人口は 1 億 922 万人とかなり大きいのですが，1 人当たり名目 GDP は 772 ドルで最貧国の一つです。世界銀行は，1 人 1 日当たり 1.9 ドル以下で生活している人を最貧困層と定義していますが，2015 年のエチオピアの最貧困層は国民全体の 32.6％ にも上ります（世界銀行『世界開発指標』[1]）。

　筆者が調査をしたある村は，首都アジスアベバから車で 4 時間くらい離れた農村ですが，ここでの平均的な世帯であるビルハヌさんとメディーナさん夫妻（仮名）の暮らしを見てみましょう[2]。ビルハヌさんは 42 歳，メディーナさんは 40 歳，4 人の子供と，図表 1-1 の写真のような土でできた壁とわらぶきの屋根の家に住んでいます。1.7 ヘクタールの畑に小麦やテフというエチオピア独特の穀物を栽培して生計を立てています。牛も 5 頭飼っていて，畑を耕すのに使ったり，牛乳や肉を売ったりしています。牛を放牧地に連れて行って，草を食べさせるのは主に子供の役目です。一家の年収は穀物の自

1　World Bank, World Development Indicators, 〈https://data.worldbank.org/〉. よりダウンロードが可能です。データの詳細については，終章「自分で分析するためのデータソース」を参照してください。また，世界銀行については，第 13 章で紹介しています。

2　以下の例は，筆者らが 2011 年に調査した 270 世帯の中央値を使って記述しています。

家消費分を含めても約13000ブル（エチオピアの通貨単位）です。これは調査当時の為替レートで770ドルくらいですので，1人当たり1年で130ドル，1日当たりにすると0.35ドルで暮らしていることになります。

ビルハヌさんらの家には水道はなく，奥さんのメディーナさんが毎日水汲み場まで水を汲みに行きます。最近ロバを買ったので，水を自分でかつぐ必要はなくなって，ずいぶん楽になりました。でも，村の中心にある市場までは6kmもあって，歩いて往復するのは一日仕事です。村の友人で携帯電話を持っている人もいますが，自分はまだ持っていません。ビルハヌさん自身は小学4年生で学校に行かなくなりましたが，子供にはできるだけ教育を受けさせたいと思い，子供らはみんな小学校を卒業させました。そのうちの一人のタデセ君は，中学校を卒業した後，農業専門学校に行ってよりよい暮らしのために勉強に励んでいます。

▶ インドネシア農村での暮らし

さて，インドネシアは2018年時点で2億6766万人を擁する，人口規模で世界第4位の大国です。1人当たり名目GDPは3894ドルと世界銀行の分類では中所得国にあたり，アジアの新興国の一つとして数えられます。2000年には世界銀行の定義による最貧困層は人口の39.3%でしたが，急激な経済成長によって2017年には5.7%にまで減少しました。

筆者が調査をした村は，スマトラ島の東のはずれにあって，州都から車で3時間くらい離れたところにあります。そこに住む平均的な世帯のサリジャンさんとハリヤンティさん夫妻（仮名）[3]は，子供2人と4人暮らしです。1ヘクタールの畑を持っていますが，山がちの土地なので米作には向かず，主にコーヒーやカカオなどの換金作物を育てています。世帯年収は調査当時のレートで1700ドル，そのうちの200ドルは農作業の傍ら豆を揚げて作ったスナック菓子による収入です。1人当たりにすると1日約1.16ドルの収入ですから，エチオピアのビルハヌさんにくらべると3倍以上もあります。

サリジャンさんらの家は昔は木造でしたが，10年くらい前に図表1-2の

---

3 以下の例は，筆者らが2013年に調査した314世帯の中央値を使って記述しています。ドルとルピア（インドネシアの通貨単位）の為替相場も，調査時点のものを使っています。

■図表1-2　インドネシア農村の暮らし

写真のような立派なコンクリートと瓦のものに建て替えました。夫妻どちらも携帯電話を持っていますし，家にはテレビも冷蔵庫もバイクもあります。時々，バイクに乗って10分ほど離れた村の中心まで行って買い物をします。最近コンビニエンス・ストアができて，買い物が便利になりました。子供は全員が高校を卒業して，娘のリスティナさんはもう家を出て州都で働いています。

　このように，同じ開発途上国の農民でも，ビルハヌさんとサリジャンさんの暮らしはずいぶんと違います。サリジャンさんがビルハヌさんよりもよい暮らしをしているのは，基本的にはより高い所得のおかげです。本書では，どうしてサリジャンさんがビルハヌさんよりも高い所得を得られるようになったのか，そしてどうして日本を含む先進国の人々がサリジャンさんよりも高い所得を得ているのかを考えていきます。

1.2　開発途上国の経済成長・経済停滞

　では，もう少し大きな視野で1人当たり所得の違いを見ていきましょう。開発途上国の中には，1人当たり所得が成長して，中長期的には先進国に追

いつき追い越す国もあれば，長期にわたって所得が停滞している国もあります。1人当たり所得を1人当たりGDPで表し，1人当たりGDP成長を経済成長と定義して，いろいろな国の経済成長の様子を見てみることにしましょう。

▶ 東アジアの高成長

図表1-3は，第2次世界大戦後から現在までの1人当たりGDPの推移を，アメリカ，イギリス，日本，シンガポール，香港，台湾，韓国について示しています。ここで使っているGDPは，特に購買力平価調整済みの実質値で，詳しい説明は1.4節に譲りますが，簡単に言えば，国ごと，年ごとの価格の違いを調整して，その所得でどのくらいのモノが買えるかを表しています。この図は，東アジア[4] の国々が，戦後高い経済成長を達成して，アメリカやイギリスなどの欧米の先進国に追いついたことを明確に示しています。シンガポールは1970年代半ばにイギリスに追いつき，日本，香港が1980年代初めにそれに続き，2010年代初めには韓国，台湾もほぼイギリスと同じ所得レベルを達成しています。シンガポールは，最近では，アメリカを追い越してさえいるのです。

ところで，図表1-3の縦軸が何かヘンだと気づきましたか？　この縦軸は1人当たりGDPを表していますが，500ドルと5000ドル，5000ドルと50000ドルの間隔が等しくなっています。これは，**対数目盛**といって1人当たりGDPの値の常用対数をとったものを表しているからです。

縦軸に対数目盛をとり，横軸に時間をとった図表1-3のようなグラフでは，線の傾きが変化率，もしくは成長率を表します。ですので，アメリカの1人当たりGDPのグラフが多少のデコボコはあるものの概ね傾きが一定なのは，アメリカの1人当たりGDPがこの期間概ね一定の成長率で増加してきたことを示します。日本のケースでは，1950年から1970年ころまでの傾きはそれ以降にくらべて急であり，バブル経済の崩壊した1991年以降は非常に傾

4　地理的には，東アジアとは日本，中国，香港，マカオ，台湾，韓国，北朝鮮を指し，シンガポールは東南アジアに属します。ただし，「東アジアの高成長」という時には，一般的にシンガポールをはじめとする東南アジアのいくつかの国をも含めることも多く，本書でも「東アジア」は場合によっては東南アジアを含めている場合があります。

■図表1-3　東アジア諸国の経済成長

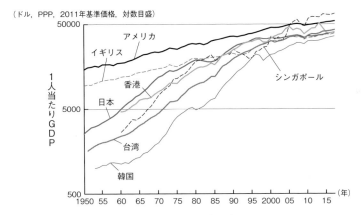

（出所）　Feenstra R. C., Inklaar R. and Timmer M. P.（2013）. "The Next Generation of the Penn World Table"（version 9.1にて作成。2021年1月現在, 最新版は version 10.0, https://www.rug.nl/ggdc/productivity/pwt/よりダウンロード可能）。以下, Penn World Table 9.1と略記。

きが小さいことから, 1950年代, 60年代には高度成長を遂げ, 1990年代初めから20年以上にわたって経済停滞が続いていることがわかります。このように, 成長率の推移が目で見てわかるように, 対数目盛をとっているのです。

▶ 東アジアと他の地域との比較

　東アジアの高度成長がいかにすごいかは, 他の国々とくらべてみるとはっきりとわかります。図表1-4は, 1960年に1000ドル程度の1人当たりGDPだった韓国, タイ, インド, チャド（サハラ以南アフリカの国です）の4か国が, その後50年間あまりでどのような成長を遂げたかを表したものです。韓国は, 非常に高い成長を持続して2017年には1人当たり36000ドルを超えるGDPを達成し, 先進国の仲間入りを果たしています。タイも世界的に見れば成長率が高い方ですが, それでも2017年時点で1人当たりGDPは15740ドルで, 韓国の半分以下の所得レベルでしかありません。インドは6400ドル程度で, 韓国の1984年時点の所得レベルにしかすぎません。サハ

■図表 1-4　1960 年に 1000 ドル程度の所得レベルの国の経済成長の比較

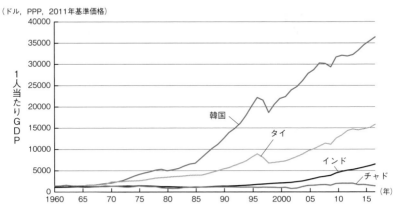

（出所）　Penn World Table 9.1

■図表 1-5　1960 年に 2000 ドル程度の所得レベルの国の経済成長の比較

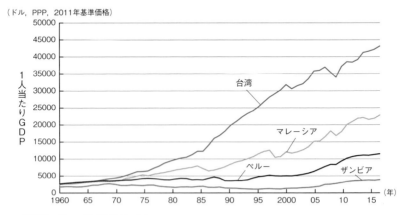

（出所）　Penn World Table 9.1

■図表 1-6　地域ごと 1970〜2000 年および 2000〜2018 年の 1 人当たり実質 GDP 成長率

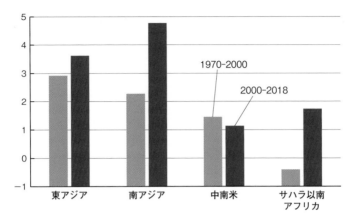

（出所）　世界銀行『世界開発指標』。
（注）　アジアは東アジア・東南アジア，アフリカはサハラ以南アフリカの国を表す。

ラ以南アフリカの最貧国であるチャドでは，1960 年に 1314 ドルだった 1 人
当たり GDP が 2017 年には 1308 ドルで，50 年間で所得レベルがむしろ下が
っているのです。

　図表 1-5 は，同じようなことを 1960 年に 2000 ドル程度の 1 人当たり
GDP だった台湾，マレーシア，ペルー，ザンビアについて見たものです。
図表 1-4 と同様，東アジアの台湾が最も成長し，東南アジアのマレーシアが
それに続いています。中南米のペルーやサハラ以南アフリカのザンビアは，
1960 年代には台湾やマレーシアと同様に成長しましたが，その後停滞しま
した。ザンビアは，2017 年の 1 人当たり GDP が 3699 ドルと，台湾の 10 分
の 1 以下でしかありません。

　図表 1-6 は，1970 年から 2000 年までと 2000 年から 2018 年までについて，
世界の地域別に 1 人当たり GDP 成長率を示したものです。1 人当たり GDP
成長率は，一般的に（ある年の 1 人当たり GDP −前年の 1 人当たり GDP）/
（前年の 1 人当たり GDP）で表され，「経済成長率」と称されることもあり
ます。図表 1-6 から，1970 年から 2000 年までは東アジア・東南アジアの経

済成長率が高く，南アジア，中南米と続き，サハラ以南アフリカの平均成長率はマイナスだったことがわかります。個別に見ると，アフリカでもボツワナ，赤道ギニアのようにダイヤモンドや石油などの地下資源に依存して成長できた国もありますが，全体としてアフリカの国々の経済は，戦後に独立してから 2000 年ごろまでは長期にわたって停滞していたのです。

しかし，2000 年から 2018 年までの直近で見ると，東アジアの成長率はそれまでの 30 年間よりもむしろ高くなっているものの，南アジアに追い抜かれています。サハラ以南アフリカの成長率は東・南アジアにくらべれば低いものの，平均 2 % 程度まで上昇し，長期的な経済停滞から脱出したことがうかがえます。ルワンダ，エチオピアのように資源に依存せずに 5 % 以上の高い経済成長率を達成する国も出てきました。つまり，2000 年頃までと違って東・東南アジア以外でも高成長を遂げる途上国が世界中に出てきたのです。ただし，その中でも中南米は 2000 年以降も 1 % 程度の平均成長率で，相当な長期間経済が停滞していることが見てとれます。

1 人当たり GDP 成長率が数 % 違えば，長期的には到達する所得レベルに非常に大きな差が出ます。韓国は 1960 年に 1 人当たり GDP が 1113 ドルで，その後 40 年にわたって平均 7.4 % で成長することで，2000 年には 21825 ドルとなりました。実は，大まかに言って年率 x % で成長すると $70/x$ 年で 2 倍になります。ですから，7% 成長をすれば 10 年で 2 倍になりますから，40 年では 16 倍になるわけです。3.5% 成長では 20 年で 2 倍，40 年では 4 倍にしかならないわけですから[5]，0% 成長と 3.5% 成長と 7 % 成長では長期的には相当な差が出てしまうことがわかります。

このように，同じような所得レベルから出発しても，その後の経済成長の仕方によって中長期的には非常に大きな差が出るのです。どのような要因でこのような差が生じるのでしょうか？　2000 年までのアフリカのような経済停滞を回避し，東アジアのような高度成長を達成するにはどうすればよいのでしょうか？

5　$1.07^{10}=1.97$, $1.035^{20}=1.99$ ですから，このように言えます。また，$1.02^{35}=2.00$, $1.1^{7}=1.95$ですので，2% 成長なら 35 年，10% 成長なら 7 年で 2 倍になります。ですので，概ね成長率が x % の時には $70/x$ 年で 2 倍になると言えるわけです。

1.3 なぜ1人当たり GDP が重要か

前節では，1人当たり GDP を人々の所得レベルや生活水準の指標として使ってきましたが，実はそれにはいくつか問題があります。

▶ 1人当たり GDP と所得格差

第1に，1人当たり GDP はあくまでも国民の平均的な所得であって，国内の所得格差については何も語ってくれません。例えば，ある途上国で全員の所得が等しく 5150 ドルであっても，半数が 10000 ドルで残りの半数が 300 ドルであっても，いずれも1人当たり所得は 5150 ドルです。後者の国では，国民の半数は1日1ドル以下の生存ぎりぎりの所得で貧困にあえいでいるわけですが，1人当たり GDP を見る限りでは 5150 ドルと中所得国のレベルであり，平均的な GDP 統計だけからは貧困層の姿は見えてこないのです。

これは非常に大きな問題です。生存ぎりぎりの生活を送っている貧困層は，ちょっとした天候不順や病気などで簡単に生命の危機にさらされます。ですから，こういった人々をできるだけ減らすということは，その国が平均的に所得レベルを上げることよりも，より優先順位が高いとも言えます。国際連合もそれを認識していて，2015 年に達成することを目標とした国連のミレニアム開発目標（Millennium Development Goals, 略して MDGs）の一つの重要な課題は絶対的貧困者の減少でした。

とはいえ，実は1人当たり GDP, つまり平均的な所得レベルが上昇するにしたがって，絶対的貧困者が減っていくということは，これまでの経験からはっきりしています。図表 1-7 は，世界各国の貧困者（1日当たり 1.9 ドル以下の所得と定義）の割合と1人当たり GDP（いずれも 2008〜17 年の平均値）の関係を示したものです。この図から，1人当たり GDP が高いほど，貧困者の割合は低いという傾向が見てとれます。

むろん，ナイジェリアのように1人当たり GDP は 5000 ドルと中所得国のレベルにありながら，最貧困層の割合が 50% 以上あるような所得格差の

15

大きい国も確かに存在します。これは，ナイジェリアの所得の多くが石油資源によるもので，その恩恵が最貧困層にまで行きわたっていないためであると考えられます。

また図表1-8によると，1人当たりGDPとその国で最も所得の低い10%の平均所得とも強く相関しています。国全体の平均所得が上がれば，貧困層の平均所得も向上するのです。むろん，この図でも例外はあります。特に，中南米の国は1人当たりGDPにくらべて低所得者の平均所得が低い傾向がはっきりしています。

しかし，図表1-7と図表1-8からは，1人当たりGDPが上がれば貧困層の所得も増えて絶対的な貧困人口が減るということは一般的には言えます。ですから，所得格差の問題に十分に留意しておけば，1人当たりGDPが増えることを貧困削減の一つの目安として考えてもかまわないでしょう。

実際，貧困だった国の所得レベルが上がるにつれて，絶対的貧困者は急激に減少しています。1981年には全世界の人口の42%，約19億人が1日1.9ドル以下で生活する貧困者でした。しかし，貧困者比率は2002年には25.5%，2015年には10.0%，約7億3千万人にまで減少しています。MDGsの目標の一つは，貧困比率を2015年までに1990年（36%）の半分にするというものでしたが，2010年には前倒しで達成しています。

これは，中国での貧困者の減少が大きく影響しています。中国での貧困者の割合は，1990年には66%でしたが，2015年には実に0.7%まで激減しています。2/3が貧困にあえいでいた状態から，わずか25年でほとんど貧困者がいなくなったのです。これは，むろん中国の1人当たりGDPの急激な成長によるものです。図表1-7に見られるように，経済成長の著しいタイやマレーシアなどその他の東アジアの国々でも近年では貧困者の割合はほぼ0となっています。

ただし，サハラ以南アフリカの貧困者比率を見ると，1993年には60%だったものが，2015年には41%となり，減少してはいるものの，東アジアにくらべるとまだまだ高い割合です。これらの国々でも，今後持続的な経済成長によって貧困が削減されていくことが期待されます。

■図表 1-7　貧困者の割合と 1 人当たり GDP

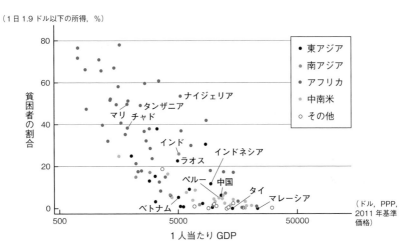

（出所）　世界銀行『世界開発指標』。2008〜2017 年の平均値。

■図表 1-8　各国の相対的低所得層の所得と 1 人当たり GDP

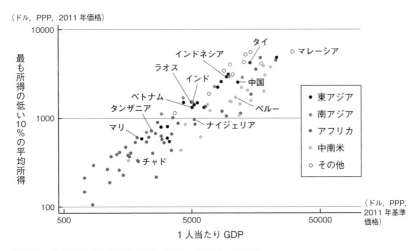

（出所）　世界銀行『世界開発指標』。2008〜2017 年の平均値。

▶ 1人当たり GDP と幸福度

　1人当たり GDP を生活水準の指標として利用することに対する批判として，そもそも人間の幸福は所得レベルだけで決定されるわけではないので，1人当たり GDP にこだわるのは一面的であるというものもあります。確かに，人は最新のスマートフォンやテレビなどの商品を買ったり，温泉旅行に行ったりすることで喜びを感じますが，特にそういう消費行動をしなくても，家族や友人と公園でまったり過ごしているだけでも幸せを感じます。アルスター大学のボローアによる世界各国の 11 万人以上の人を対象にした研究によると，高い生活レベルだけではなく，健康や家族・友人との社会生活も重要な幸福の決定要因です[6]。

　しかし，所得とは一見関係のないように見える健康状態や家族・友人との社会生活も，所得レベルとは切っても切り離せない関係にあります。例えば，途上国の貧困層にとって，子供の健康は切実な問題です。低所得国では，乳幼児死亡率が 5 % を超えることも珍しくありません。

　このように子供の死亡率が高いのは，途上国では安全な水が得られずに恒常的に感染症や寄生虫の感染リスクにさらされていたり，出産や病気の時に十分な医療が受けられなかったり，日々の栄養が乏しかったりするためです。安全な水，医療，栄養を十分に享受するためには，ある程度の所得が必要です。図表 1-9 を見ると，1人当たり GDP と乳幼児死亡率との間に明らかな負の関係が見られます。さらに，図表 1-10 では，1人当たり GDP と 0 歳児の平均余命の正の関係が見られます。これらは，所得レベルの向上が健康，特に最もリスクに対して脆弱な子供の健康の改善に役に立ち，命を助ける働きがあることを示しているのです。

　また，所得が高まると，家族・友人との社会生活もより充実したものとなる可能性が高いのです。図表 1-11 は，先進国である OECD（Organisation for Economic Co-operation and Development，経済協力開発機構）加盟国のデータを基にして，1人当たり GDP と長時間（週 50 時間以上）労働者の割合の関係を見たものです[7]。これによると，それほど明確ではありませんが，

6　Borooah V. K. (2006). How Much Happiness Is There in the World ? A Cross-Country Study. *Applied Economics Letters*. 13(8), 483–88.

■図表 1-9　1 人当たり GDP と乳幼児死亡率

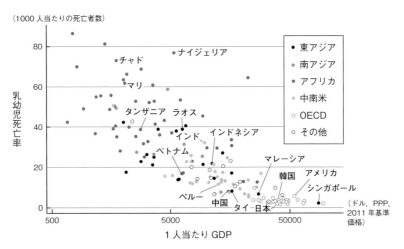

（出所）　世界銀行『世界開発指標』。2017 年のデータに基づく。

■図表 1-10　1 人当たり GDP と 0 歳児の平均余命

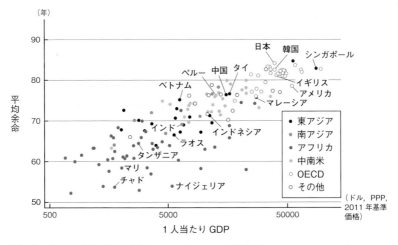

（出所）　世界銀行『世界開発指標』。2017 年のデータに基づく。

■図表 1-11　1 人当たり GDP と長時間労働者の割合

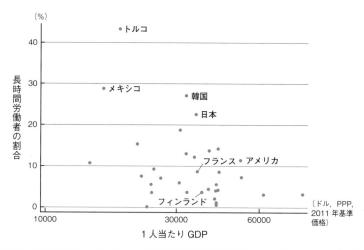

（出所）　OECD Better Life Index，世界銀行『世界開発指標』。2013 年のデータに基づく。

1 人当たり GDP が高いほど，長時間労働者の割合が減るという傾向にあり
ます。所得レベルが低いと長時間残業して，最低限の収入を確保する必要が
ありますが，所得が高いとそれほどあくせく働いて残業せずにすみ，その分
家族や友人との時間に割くことができます。

　ですから，高い所得は，生活レベルの向上を通じて直接的に幸福度を上げ
るだけではなく，自分や家族の健康，家族・友人との社会生活を向上するこ
とを通じて間接的にも幸福度を上げる働きがあるのです。実際，図表 1-12
に示されているように，OECD 諸国では 1 人当たり GDP と主観的な生活満
足度とはかなり強く相関しています。

　これらのことから，本書では 1 人当たり GDP を貧困層を含めた途上国の
人々の幸せを測る主要な指標として，特に注目して利用します。ただし，も
ちろんこのことは国内の所得格差や，所得以外に健康や社会生活を向上させ
る要因を全く無視するわけではなく，必要に応じて，これらのことがらをも

7　ここで，途上国ではなく先進国について見ているのは，長時間労働者の割合のデータが途上国
ではあまり得られないからです。

■図表1-12　1人当たりGDPと主観的な生活満足度

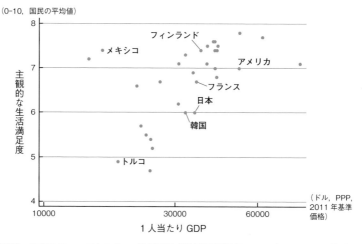

（出所）　OECD Better Life Index，世界銀行『世界開発指標』。2013年のデータに基づく。

取り上げて，どうすれば最貧困層を含めた途上国の人々が幸せになれるかを考察していきます。

1.4　所得レベルを測る

▶1人当たりGDPとは

　さて，ここで1人当たりGDPについてもう少し詳しく説明しておきましょう。前述した通り，1人当たりGDPとは大まかには1人当たり所得のことですが，より厳密にはGDPとは1つの国の中で生産された付加価値の総額と定義されます。**付加価値**とは，生産額から原材料や部品などのいわゆる中間投入財の総額を引いたものです。例えば，ある企業が計10000円分の部品を買ってきて，それを組み立ててスマートフォンを製造して30000円で売れば，その企業による付加価値額は20000円です。GDPとは，このような付加価値額を企業，自営業者，農業者など国内のすべての生産者について足

しあげたものです。

　付加価値は生産者の利益となり，生産に従事した労働者や生産のための資金を提供した銀行や株主などに分配されます。このようにして，生産された付加価値は最終的には国内の誰かの所得となりますので，GDP は（海外からの送金を除けば）国内の所得の総計であり，1 人当たり GDP は 1 人当たりの平均的な所得と考えられるのです。

▶ 1 人当たり GDP を国際比較する際の問題

　しかし，このように計算された GDP は国内通貨，例えば日本であれば円で表されています。したがって，GDP を利用して 1 人当たりの所得レベルを国際的に比較しようとすると，共通の通貨，一般的には米ドルに変換する必要があります。ただし，ドルと国内通貨の変換率，つまり為替レートを使って，GDP をドル建てに換算し，各国の所得レベルを比較するのは次のような 2 つの問題があります。

　第 1 に，為替レートは多くの場合**為替市場**で決定され，短期間に大幅に変動することもあります。ですから，もし為替レートが変動すれば，国内通貨建ての GDP が変わらなくても，ドル建ての GDP は変動するという問題が生じます。例えば，ある年に 1 ドルが 100 円だったのが，急激な円安によって翌年には 1 ドル 120 円となったとしましょう。また，この 2 年間で経済成長は起きず，円建ての GDP はいずれの年も 300 兆円だったとします。すると，ドル換算では最初の年の GDP は 3 兆ドル，2013 年には 2 兆 5000 億ドルとなります。とすると，実際には経済は成長も縮小もしていないにもかかわらず，ドル建てにすると大幅に縮小したように見えてしまいます。

　第 2 に，1 人当たり GDP をドル建てに換算して各国の所得レベルを比較する場合には，**各国の物価レベルの違いを考慮できない**という問題があります。例えば，日本の 1 人当たり GDP が 300 万円で，アメリカの 1 人当たり GDP が 30000 ドル，為替レートは 1 ドル 100 円だとします。日本の 1 人当たり GDP をドル換算すると 30000 ドルで，アメリカと同じになります。しかし，実はアメリカの方が物価が安くて，ハンバーガーがアメリカでは 1 個 1 ドル 50 セントなのに，日本では 1 個 200 円，つまり 2 ドルだとします。

とすると，日米は同じ 30000 ドルの所得なのに，アメリカではハンバーガーが 20000 個買えるにもかかわらず，日本では 15000 個しか買えないことになります。ハンバーガーだけではなく，他のものも同様にアメリカの方が物価が安いとなると，同じ名目上の 1 人当たり GDP であっても，実質的に買えるものはアメリカの方が多い，言い換えれば生活水準はアメリカの方が高いということになります。

▶ PPP 調整済み 1 人当たり実質 GDP

　このような 2 つの問題を解決するために，所得レベルの各国比較をする際には，実際の為替レートではなく，**購買力平価**（Purchasing Power Parity, 略して PPP）**調整済みの為替レート**（もしくは，**PPP ベースの為替レート**）というのを使って国内通貨建ての 1 人当たり GDP をドル建てに変換します。PPP 調整済みの為替レートとは，各国の物価が同じである時の仮想的な為替レートです。

　例えば，ハンバーガーしか生産物がない経済を想定して，上述のようにハンバーガー 1 個がアメリカでは 1 ドル 50 セント，日本では 200 円とします。すると，1.5 ドル＝200 円の時に両国の物価が同じになりますから，PPP 調整済みの為替レートは 200÷1.5＝約 133 円となります。

　実際には，ハンバーガーだけではなくいろんなモノやサービスが存在しますので，それらをひっくるめて平均的な世帯にとって各国の物価が同じになるように，PPP 調整済み為替レートを計算します。このような PPP 調整済み為替レートは，各国の物価の変動によっては変動しますが，市場で（もしくは政府によって）決定される為替レートとは直接は連動していませんので，先ほどの例のように市場レートがいくら変動しても影響を受けません。ですので，所得や生活水準のレベルを国際的に比較する際には，PPP 調整済み為替レートを使ってドル建てに換算することが標準的です。

　さらに考慮すべきなのは，インフレーション，もしくはデフレーションによる GDP の増減です。例えば，ハンバーガーしかない経済で，ある年は 200 円のハンバーガーを 1 兆 5000 億個生産したら，GDP は 200×1 兆 5000 億＝300 兆円です。次の年に，同じ 1 兆 5000 億個ハンバーガーを生産した

ものの，インフレでハンバーガーが 220 円に値上がりしたとしましょう。すると，GDP は 220×1 兆 5000 億＝330 兆円です。GDP だけ見ると，この経済は成長したように見えますが，実際には生産されたハンバーガーの数は同じなので，ハンバーガーを 1 人いくつ食べられるかという意味では実質的な所得も生活レベルも変わっていません。

ですので，GDP や 1 人当たり GDP の経年変化を見る場合には，その時その時の価格を使って計算した**名目値**ではなく，ある基準年の価格を使って計算した**実質値**を使います。上の例だと，2 年目の実質 GDP を計算するには，1 年目の価格を使って 200×1 兆 5000 億＝300 兆円となりますので，実質的には 1 年目と 2 年目とでは GDP は変化していないことがはっきりします。

つまり，各国の所得レベルを何年にもわたって比較する場合には，PPP 調整済み為替レートを使ってドル建てにし，かつある基準年の価格を利用して計算した「**PPP 調整済み 1 人当たり実質 GDP**」を利用する必要があります。これまでは特にそのことを説明していませんでしたが，本書の本文や図表で使っている 1 人当たり GDP は，「**名目 GDP**」と明記されていない限り，すべてこれを使ったものです。

▶ 名目 GDP と PPP 調整済み実質 GDP の違い

このように定義された PPP 調整済み 1 人当たり GDP は，実際の為替レートを使ってドル建てにした名目値とは数値が異なります。図表 1-13 は，いくつかの国についてその乖離を示しています。まず，アメリカについては 2018 年の PPP 調整済み 1 人当たり実質 GDP は名目値の 88.7% となっていますが，これは主にインフレのためです。つまり，実質 GDP は 2011 年の価格を基準にしていますので，2011 年から 2018 年にかけてのインフレのために，2018 年の名目値が実質値よりも大きくなっているのです。日本については，PPP と名目 GDP がほぼ同じです。これは，日本の価格レベルが 2011 年から 2018 年までほとんど変わらなかったことを表しています。つまり，日本はアメリカよりも価格が安いため，日米の実質的な所得差は名目値の差よりも小さいのです。

また，開発途上国においては逆に PPP 調整済み 1 人当たり実質 GDP が名

■図表 1-13　1 人当たり GDP の名目値と PPP 調整済み実質値の比較

	2018 年の 1 人当たり 名目 GDP（ドル）	2018 年の PPP 調整済み 1 人当たり実質 GDP （ドル，2011 年基準価格）	PPP/名目 （%）
アメリカ	62795	55719	88.7
日　本	39290	39294	100.0
マレーシア	11373	28201	248.0
中　国	9771	16182	165.6
インドネシア	3894	11606	298.1
エチオピア	772	1794	232.3

（出所）　世界銀行『世界開発指標』。

目値よりもはるかに大きくなっています。これは，開発途上国においてはア
メリカよりも価格レベルが低いことを示しています。開発途上国に旅行した
ことがある読者は，何でも日本よりも安く感じた経験があるでしょう。です
から，エチオピアのように名目的には 1 人当たり GDP が 800 ドルに満たな
くても，アメリカで 1800 ドルの所得がある人と同じくらいの暮らしはでき
るということになるのです。

　このことが理解できると，この章のはじめで紹介したエチオピアのビルハ
ヌさんとインドネシアのサリジャンさんの収入の解釈に注意が必要であるこ
とがわかります。ビルハヌさんは 1 日 35 セント，サリジャンさんは 1 日 1
ドル 16 セントと非常に低い収入でした。世界銀行は 1 日 1.9 ドルで生活す
る人を最貧困層と定義していますから，そのまま解釈すると，ビルハヌさん
は最貧困ラインの 2 割，サリジャンさんは最貧困ラインの 6 割の生活という
ことになります[8]。しかし，この「1.9 ドル」というのは実は PPP 調整済み
の数字，つまりアメリカ並みの価格レベルを想定した時の 1 日 1.9 ドルの生
活ということであり，このような解釈は誤りです。

　図表 1-13 では，エチオピアやインドネシアでは PPP 調整済み 1 人当たり
GDP は名目値のそれぞれ 232%，298% となっており，両国での価格レベル

8　調査時点での為替レートを採用しています。

の低さを考慮すれば，実質的な収入は名目値を2.3〜3倍する必要があるのです。ですから，実質的には（先進国の肌感覚で言えば），ビルハヌさんは1日80セント程度，サリジャンさんは1日3.5ドル程度の収入があるということになります。むろん，これはまだまだ低い収入ですが，ビルハヌさんは最貧困ラインの2割ではなく4割程度，サリジャンさんは最貧困ラインの1.8倍近い収入があるのです。このような名目所得とPPP調整済みの実質所得の違いを十分に注意してください。

1.5 まとめ

1. 東アジアの日本，シンガポール，香港，台湾，韓国は，第2次世界大戦後に非常に高い経済成長（1人当たりGDPの成長）を達成して先進国になりました。しかし，それ以外の開発途上国では経済成長率はそれほど高くなく，特にサハラ以南アフリカの国では所得レベルが数十年間にわたって停滞もしくは悪化しました。

2. 1人当たりGDPは，世界の人々の幸福度を測るための一つの重要な指標です。ただし，国内の所得格差が反映されないといった問題点はあり，注意も必要です。

3. 国際的に1人当たりGDPを比較する時には，各国の購買力を調整した「購買力平価（PPP）調整済みの1人当たり実質GDP」を利用する必要があります。

キーワード

開発途上国，経済成長，国民1人当たりの所得，GNI，GDP，国民1人当たりのGDP，最貧困層，東アジア，対数目盛，1人当たりGDP成長率，経済成長率，所得格差，ミレニアム開発目標，絶対的貧困者の減少，幸福度，付加価値，為替市場，各国の物価レベルの違い，購買力平価調整済み為替レート，PPPベース為替レート，名目値，実質値，PPP調整済み1人当たり実質GDP，名目GDP

練習問題

(1)　日本貿易振興機構アジア経済研究所のウェブサイト（https://www.ide.go.jp/）
　の「レポート・出版物」の中の「地域・国別にみる」というコーナーでは，途
　上国に関する様々なレポートやデータが国別に公開されています。自分の興味
　のある途上国について書かれたレポートをいくつか読んでみましょう。

(2)　世界銀行のウェブサイト（https://data.worldbank.org/country）では，各々の
　途上国について基本的なデータ（1人当たり GDP や貧困率など）がまとめられ
　ています。自分の興味のある途上国について基本的なデータを概観してみまし
　ょう。

第2章

新古典派経済成長論

　前章では，途上国の経済発展の現状を概観しました。ここからは，途上国が経済発展するには何が必要か，何が発展の障害になっているかを考察していきます。まず，この章と次の章で，マクロ経済学における経済成長論を学習することで，経済発展の要因について理論的な理解を深めます。この章では，特に新古典派経済成長論と呼ばれる理論モデルについて説明します。

2.1　生産と消費の仕組み

▶ 生産の仕組み

　経済成長の要因を考えるためには，まず生産の仕組みを知らなければなりません。例えば，コメの生産は，種もみや肥料を農地に投入し，トラクターや稲刈り機などを利用して行います。生産の過程では，様々な知恵，知識，技術も必要です。例えば，どのような品種が市場で人気があるのか，どのような肥料を使うべきか，どのようなタイミングで田植えをすればよいかといったことを知り，活用することで，生産量も売上も増やすことができます。

　基本的な構図は工業でもサービス業でも同じで，一般に生産活動は，図表2-1に示されるように，労働力，資本ストック，技術を使ってなされます。「資本ストック」とは，土地，建物や機械，コンピュータ，文房具といった生産に利用する設備や機器のことを指します。「技術」というのは，生産に利用するための知恵，知識，技術を広くとらえたものです。例えば，スマー

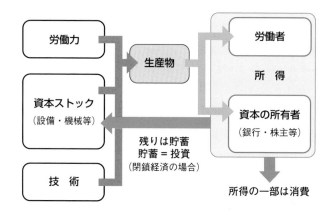

■図表 2-1　経済成長の概念図

トフォンを製造するための工学的な技術ももちろん技術ですが，それをかっこよく見せるためのデザイン力も技術ですし，それを売るための営業マンの工夫も経営者のマネジメント力も技術です。ですから，技術というと「イノベーション（技術革新）」で生み出される高度なものというイメージがあるかもしれませんが，ここではより広くとらえて，「創意工夫」[1] によって生み出されるあらゆるものと考えてください。

　なお，コメの例で種もみや肥料が必要だったように，実際には原材料や部品といった中間投入財も生産に不可欠です。しかし，第1章1.4節で説明したGDP（国内総生産）が，生産された製品の価値から利用した中間投入財の価値を引いた付加価値の総額であったように，本来の「生産物」とは生産者によって創造された価値である「付加価値」であるべきものです。ですから，図表2-1の「生産物」は付加価値を表し，原材料や部品は明示的には示していません。

1　「イノベーション」に「創意工夫」という和訳をあてるのは，筆者が参加した内閣府「選択する未来」委員会成長・発展ワーキング・グループにおいて小泉進次郎衆議院議員が提唱されたものです。記して謝意を表します。

▶ 消費の仕組み

さて，このように生産された付加価値は，生産に携わった人々，つまり労働者と資本の所有者に分配されます。資本の所有者とは，具体的には，生産に必要な資本ストックを購入するのに必要な資金を貸した銀行などの金融機関や資金を供給した株主などのことです。これらの資金供給者に対して，利子や株式の配当金などの形で報酬が支払われます。現実には，内部留保といって，企業が付加価値を完全に分配してしまわずに，再投資などの目的で企業内に貯めることがあります。しかし，長期的に見れば，このような内部留保も何らかの形で労働者や資本の所有者に還元されるはずです。例えば，もしある企業の経営者が正当な理由なく，巨額の内部留保を貯め続けたら，その企業の株主は黙っていないで，その経営者を辞めさせて新しい経営者に配当を払わせるようにするでしょう。ですので，経済全体の生産総額と所得総額は等しいと考えて，差し支えありません。

このようにして，生産手段を提供した見返りとして所得を得た労働者や資本の所有者は，そのうちのいくらかを使って**消費**しますが，残りは**貯蓄**します。貯蓄は銀行に預金の形で預けたり，株式を購入することでなされます。すると，貯蓄分の資金は銀行の貸付として，もしくは株式の形で生産者に供給され，生産者はそれを利用して新たに資本ストックを購入します。これを**投資**と呼びます。経済全体では，貯蓄された分しか投資できませんから，貯蓄額と投資額は等しいことになります[2]。

このように，経済の中では，資本ストック→生産→所得→貯蓄→投資→資本ストックという循環によって持続的な生産活動が可能となっているのです。

2.2 ソロー・モデル

近代の経済成長論は，ノーベル経済学賞を受賞したロバート・ソロー（マサチューセッツ工科大学，MIT）にはじまります。この節では，ソローによ

---

2 厳密には，投資額は国内の貯蓄額と海外からの純投資額の和になりますが，ここではとりあえず海外からの投資については無視しています。

る理論モデル（ソロー・モデル）[3] の概要を言葉で説明した後，図やごく簡単な式を使ってできるだけ平易に説明します。

▶ ソロー・モデルの概要

ソローは，**図表 2-1** で表される経済を考えて，経済成長の源泉を分析しました。この経済では，人々がたくさん貯蓄して，そのお金が企業に回って資本ストック（設備・機械など）に投資されることで，生産量が増え，それに伴って人々の所得も増えていきます。

でも，そのような投資による成長は長続きしません。投資すればするほど，投資による収益は少なくなるからです。このことは，道路やダムなどのインフラ整備のためにあまりたくさんの公共投資をしすぎても，無駄が多くなってしまうことから理解できます。投資の収益率，効率性が下がっていくと，いつかは投資がストップし，経済の成長もストップしてしまいます。

ですから，長期的に経済成長が続くには，技術が進歩することが必要です。技術が進歩すれば，同じだけの労働者や設備を使ってもよりたくさん生産できて，所得も増えます。さらに，技術が進歩すれば，投資効率も改善しますので（例えば，同じ値段の新しいコンピュータと古いコンピュータの性能をくらべてみてください），投資が増えて，その点からも経済は成長します。

また，資本ストックの少ない国と，すでに十分に多い国とをくらべると，少ない国の方が投資機会が多いので，設備投資がより急速に進んでいきます。したがって，資本ストックが少なく，そのために比較的貧しい国の方が少なくとも短期的には経済成長率（1 人当たり GDP 成長率）が高いことになります。このことは，第 2 次世界大戦時の空襲で家屋や工場などの資本ストックが破壊されてしまった日本やドイツで，戦後の成長率が高かったことと整合的です。

3　Solow R. M. (1956). A Contribution to the Theory of Economic Growth. *Quarterly Journal of Economics*. 70(1), 65-94.
　　なお，同時期にオーストラリア国立大学のトレバー・スワンが同じ内容の論文（Swan T. W. (1956). Economic Growth and Capital Accumulation. *Economic Record*. 32, 334-61.）を発表しており，ソロー・モデルは本来ソロー・スワン・モデルと呼ぶべきものですが，本書では簡便にソロー・モデルと呼びます。

このように，ソロー・モデルは，(1) **長期的な経済成長の唯一の源泉は技術進歩であること**，(2) **短期的な経済成長は投資による資本蓄積によっても可能であること**，(3) **貧しい国ほど成長率が高い傾向にあること**など，経済成長の基本的な結論を明らかにしています。

▶ ソロー・モデルの仮定

まず，図表 2-1 で表される経済を考えます。さらに，説明を簡単にするために，以下のような仮定を置きます。

① この経済は閉鎖経済であり，海外との貿易や資本取引がない。

② 所得のうち，一定の割合を消費し，残りを貯蓄する。

③ 人口のすべては労働者であり（失業がない），人口は一定の割合で成長している。

④ 技術レベルは一定のまま変化しない（技術進歩がない）。

なお，このうち④の仮定は後で外してしまいますが，とりあえず今はこのような極端な経済を想定しましょう。

この時，労働者 1 人当たりの資本ストックと生産量との関係，すなわち生産関数を図に表すと，通常は図表 2-2 のように左上方向に凸型をなす曲線になります。これは，1 人当たり資本ストック量が少ない時には，資本ストックを追加することで生産量が大きく向上するものの，すでに 1 人当たり資本ストックが十分にある場合には，さらに資本ストックを追加してもそれほど生産量が増えないという経験則に基づくものです。

例えば，皆さんが授業のためにレポートを書くという「生産」活動を考えてみましょう。何も IT 機器を持っていない状態から 1 台パソコンを買えば，インターネットにもつながらず手書きで書くことからくらべると，レポート作成はかなり進みます。さらに，タブレットを買えば，電車の中やちょっとした待ち時間にも作業ができますから，ますますレポート作成が進みます。しかし，パソコンやタブレットをさらにもう 1 台買っても，それほど意味がありません。このように，資本ストックを増やせば増やすほど，生産量の伸びが減っていくことを，「資本の限界生産物が逓減する」と言います。「**資本の限界生産物**」とは，資本ストックを 1 単位増やした時の生産量の増加分の

■図表 2-2　生産関数

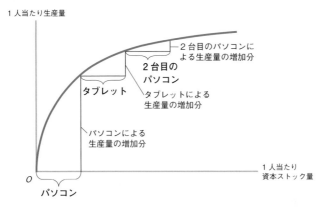

ことです。

　なお，このモデルでは経済全体の生産量，つまり GDP は国民の総所得と一致します。ですから，1 人当たり生産の成長率，1 人当たり GDP 成長率，1 人当たり所得の成長率はすべて等しくなります。

▶ ソロー・モデルの解法

　このようにして生産が行われると，それはいずれ国民の所得となり，上の②の仮定から，そのうちの一定の割合が貯蓄されます。2.1 節で説明したように，貯蓄はいずれは投資に回りますから，生産の一定の割合は投資され，新たな資本ストックの購入に充てられることになります。つまり，

> 投資による新たな 1 人当たり資本ストックの増加分
> 　＝ 1 人当たり貯蓄 ＝ 比例定数 × 1 人当たり生産量

となります。図表 2-2 で示すように，1 人当たり生産量は 1 人当たり資本ストックの関数ですので，投資による新たな資本ストックの増加分も現在の 1 人当たり資本ストックの関数として，図表 2-3 の曲線 *OP* のように描けますが，その形状は図表 2-2 と同様に左上に向かって凸状になります。

　半面，1 人当たり資本ストック量は，次の 2 つの理由から，年々減少して

■図表2-3　1人当たり資本ストックの変化

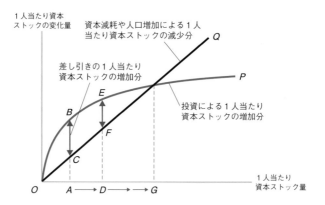

もいます。第1に，資本ストックの価値は年々減耗します。例えば，自動車は新車よりも中古車の方が安いように，すべての設備や機器は時間がたつと傷んだり摩耗したりして，その価値が減っていきます。ここでは，すべての資本ストックが毎年一定の割合で価値が減っていく，つまり**資本減耗率**が一定であるとしましょう。実際には，資本ストックの中には，机や椅子のように毎年それほど価値が下がるわけではない（資本減耗率が小さい）ものも，パソコンのように1年で大きく価値が下がるものもあります。平均的な資本減耗率は5～10%と考えてよいでしょうが，ここでは資本ストックの種類による資本減耗率の違いは考えないことにします。

　第2に，資本ストックの総量が同じであれば，人口が増えると1人当たり資本ストックは当然減っていきます。例えば，企業にあるパソコンの数が同じであれば，従業員が増えれば，1人当たりのパソコン数は減っていくようなものです。ソロー・モデルでは，一定率の人口成長を仮定していますから（上記の③），そのことからは1人当たり資本ストック量は一定率で減少していきます。

　この2つの理由から，1人当たり資本ストックは資本減耗率と人口増加率を足した一定の割合で，毎年減っていきます。つまり，1人当たり資本ストックの減少量は現時点での1人当たり資本ストック量に比例することになり

ますから，それを**図表 2-3** に描くと，原点を通る直線 OQ となります。

▶ ソロー・モデルにおける均衡

　図表 2-3 を利用すれば，この経済においてどのように 1 人当たり資本ストックが変化していくかを分析することができます。図の曲線 OP が投資による 1 人当たり資本ストックの増加分を表し，直線 OQ が資本減耗や人口増加による減少分を表すわけですので，曲線 OP から直線 OQ を引いたものが差し引きの 1 人当たり資本ストックの変化分であるということになります。

　例えば，今 1 人当たり資本ストック量が図の A である時，投資による増加分は AB で，減耗と人口増による減少分は AC で表されます。したがって，差し引き BC 分だけ 1 人当たり資本ストックが増加することになります。そうすると，次の年には 1 人当たり資本ストックは A よりも少し右の D となり，その時の差し引きの増加分は EF となります。

　このようにして，1 人当たり資本ストックはだんだん増加していきますが，G にたどり着くとその後は増えも減りもしません。なぜなら，G では投資による増加分と減耗と人口増による減少分がちょうど一致して，差し引きの増加分がゼロだからです。

　逆に，もし今 1 人当たり資本ストック量が G よりも多ければ，減少分が増加分を上回り，差し引き 1 人当たり資本ストック量は減少していくことになります。この場合も，だんだん減少して，1 人当たり資本ストック量が G の水準となると減少はストップします。

　このように，1 人当たり資本ストック量がどれだけの状態から出発しても，長期的には G の水準が達成されます。これを，1 人当たり資本ストック量が G に**収束（収斂）**する，と言います。また，1 人当たり資本ストックが G となった状態を，**定常状態**，もしくは**長期均衡**と呼びます。

　では，この時 1 人当たり生産量（GDP）はどうなるでしょうか？ 　**図表 2-2** で示されるように，1 人当たり資本ストックが増えれば 1 人当たり生産量は増えますから，**図表 2-3** の A から出発すれば，1 人当たり資本ストックが増えるとともに 1 人当たり生産も増えていき，1 人当たり資本ストックが G に収束するとともに，1 人当たり生産もそれに対応する量に収束していき

ソロー・モデル

■図表 2-4　技術進歩がない場合の長期的な変化

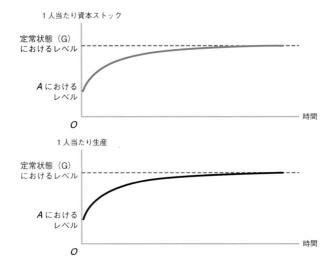

ます。その変化の様子を図表 2-4 に描きました。この図に示されるように，このモデルにおいては，長期的には 1 人当たり生産，ひいては 1 人当たり所得は一定になるのです。

　しかも，図表 2-3 に示されるように，1 人当たり資本ストック量が小さい場合，すなわち所得レベルの低い開発途上国では，資本ストックを追加することによって生産量は大きく増加します（資本の限界生産物が大きい）ので，1 人当たり資本ストックの成長率も 1 人当たり生産の成長率も高くなります。図表 2-4 でも，初期には急激に 1 人当たり資本ストックも 1 人当たり生産も上昇することが示されています。

2.3　技術進歩を想定したソロー・モデル

▶ 外生的な技術進歩

　さて，これまではモデルを簡単に解くために，技術レベルが一定，つまり

技術進歩がないことが仮定されていました。しかし，これは現実的ではありませんので，技術進歩がある経済を想定するとどうなるかを考えてみましょう。ただし，ここでは**外生的**に一定の**技術進歩率**を仮定します。つまり，新しい技術は人間が努力しなくても天から降ってくるもので，しかもその技術の成長率は常に一定だとします。むろん，これも非現実的な仮定ですが，人間の努力による技術進歩は，第3章の内生的経済成長論で考えることとして，ここではとりあえず外生的な技術進歩を仮定します。

▶ モデルにおける均衡

技術レベルが上がると，同じだけ資本ストックや労働力を使っても生産量は増えます。貯蓄率は一定ですので，それに伴って貯蓄は増え，投資も増えます。つまり，**図表2-5**で表されるように，投資による1人当たり資本ストックの増加分を表すグラフが上にシフトします。そうすると，定常状態の1人当たり資本ストック量が G から H に変化しますから，技術進歩する以前には1人当たり資本ストックが G だったとすると，H に収束するように増加していきます。

さらに，技術進歩が持続して，技術レベルが恒常的に上がっていくとすると，**図表2-5**の曲線がどんどん上にシフトし，それに伴って定常状態の1人

■図表2-5　**技術進歩による定常状態の変化**

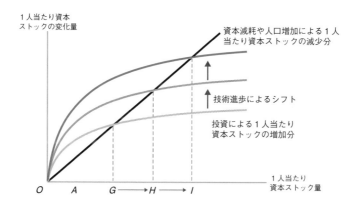

■図表 2-6　技術進歩がある場合の長期的な変化

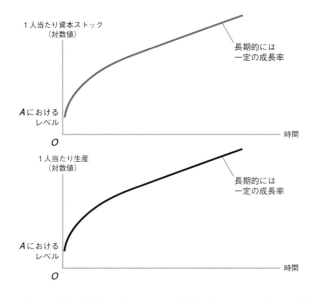

1人当たり資本ストック
（対数値）

長期的には
一定の成長率

A における
レベル

O　　　　　　　　　　　時間

1人当たり生産
（対数値）

長期的には
一定の成長率

A における
レベル

O　　　　　　　　　　　時間

当たり資本ストック量が *H* から *I* へとどんどん増加してきます。

　ですから，技術進歩がある場合には，技術レベルが向上するとともに，1人当たり資本ストック量が増加し，したがって1人当たり生産量が上昇します。その結果，長期的な均衡である定常状態では，1人当たり生産の成長率は技術進歩率に比例して一定となることになります。さらに，ある仮定の下では，定常状態の1人当たり生産量の成長率は技術進歩率に一致します。

　ただし，1人当たり資本ストック量が非常に小さい状態から出発した場合には，技術進歩がない場合と同様にはじめのうちの成長率は大きくなります。したがって，資本ストックが小さく貧しい開発途上国は，当初は1人当たり GDP の成長率が高く，所得レベルが高くなるにしたがって成長率が下がっていき，長期的には技術進歩率に比例したある成長率に収束していくことになります（図表 2-6）。

2.4 投資率・人口成長率の増減による定常状態の変化

▶ 貯蓄率・投資率の増加の効果

　ソロー・モデルでは，貯蓄率が一定だと仮定していましたが，国によって貯蓄率が高い国もあれば低い国もあります。貯蓄率が違うと，1人当たり所得の成長率やレベルはどうなるでしょうか。図表 2-7 で示されるように，貯蓄率が大きいほど，投資による1人当たり資本ストックの増加分を表す曲線がより上になります。その結果，定常状態の1人当たり資本ストック量は貯蓄率が低ければ小さく（図の G_1），貯蓄率が高ければ大きく（図の G_2）なります。貯蓄した分が投資に回るために，貯蓄率が高ければ，投資も増えて長期的な資本ストックが大きくなるのです。したがって，貯蓄率の高い国の方が定常状態の（長期的な）1人当たり所得は高くなります。

　実際，図表 2-8 のように，投資率が高い国の方が1人当たり GDP が高いという傾向が見られます。この図で，貯蓄率ではなく投資率（投資額の対 GDP 比）を使っているのは，閉鎖経済を仮定したソロー・モデルでは投資額＝貯蓄額であり，投資率＝貯蓄率でしたが，現実には必ずしもそうではないからです。海外との資金の流出入がある現実世界では，投資額は国内貯蓄

■図表 2-7　**貯蓄率の増減による定常状態の変化**

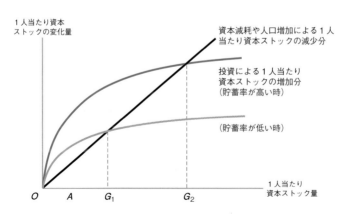

■図表 2-8　投資率と 1 人当たり GDP

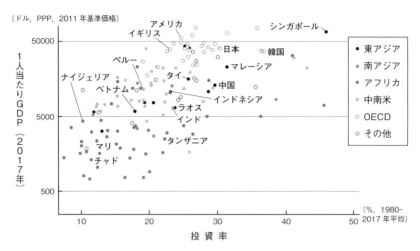

（出所）　Penn World Table 9.1

額と海外からの資金の純流入額の和となります。例えば，アメリカは貯蓄率は低いのですが，世界各国から資金が流入しますから，投資率は高くなります。資本ストックを増加させるのはあくまでも投資ですから，実際のデータを利用する時には投資率を使う方が適切です。

　また，図表 2-8 からは，シンガポール，マレーシア，日本，韓国などの東アジア・東南アジア諸国の一部が特に投資率が高く，そのために高い 1 人当たり GDP を達成していることが見てとれます。

　なお，ソロー・モデルによると，このように貯蓄率，投資率が高ければ，長期的に達成される 1 人当たり GDP は大きくなりますが，長期的な 1 人当たり GDP 成長率は変わりません。これは，1 人当たり GDP 成長率は外生的に与えられた技術進歩率によって決まっているからです。

▶ 人口成長率増加の効果

　次に，人口成長率が変わるとどうなるのかを考えてみましょう。人口成長率が高ければ，人口増加によって 1 人当たり資本ストック量が減少する割合

■図表 2-9　人口成長率の増減による定常状態の変化

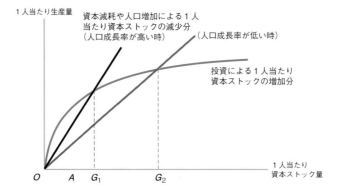

■図表 2-10　人口成長率と 1 人当たり GDP

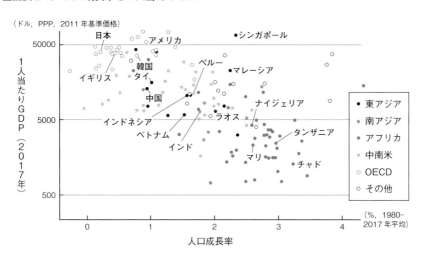

（出所）　Penn World Table 8.0

が増えますから，図表 2-9 の直線の傾きがより大きくなります。ですので，図表 2-9 で表されるように，定常状態での 1 人当たり資本ストック量が小さくなり，それに伴って 1 人当たり所得も小さくなります。ただし，貯蓄率の時と同様，人口成長率が変わっても，定常状態での 1 人当たり所得成長率は変わりません。

図表 2-10 は，確かに人口成長率と 1 人当たり GDP の間には負の相関関係があることを示しています。特に，サハラ以南アフリカの国々は人口成長率が高く，所得レベルが低いことが特徴的です。

2.5　条件付き収束

▶ 条件付き収束とは

2.3 節の終わりで「貧しい開発途上国は成長が速い」と述べました。実はこれは不正確な表現です。図表 2-7 や図表 2-9 で，今 A のように 1 人当たり資本ストック量が少なく，したがって生産量や所得が少ない状態にいるとしましょう。この時，投資率が低い，もしくは人口成長率が高いために，G_1 のように定常状態の 1 人当たり資本ストック量も少なければ，必ずしも成長率が高くありません。逆に，投資率が高い，もしくは人口成長率が低い時には，G_2 のように定常状態の資本量が大きくなり，A における成長率は高くなります。

ですから，正確には「投資率と人口成長率で決まる定常状態よりも，所得が低ければ低いほど所得の成長率は高い」と結論づけられ，「貧しければ貧しいほど所得の成長率は高い」わけではありません。図表 2-11 は，そのことを図示したものです。A 国と B 国は，初期には同じ所得レベルですが，A 国は投資率が高い，または人口成長率が低いために，高い定常状態に向かって成長します。B 国は，逆に低い投資率もしくは高い人口成長率のために，低い定常状態に向かって成長します。結果，A 国は所得の低い時期には高い成長を達成しますが，B 国は同じ所得レベルにもかかわらず低い成長しか達成できません。

なお，A 国が初期に高成長できるのは，資本の限界生産物が大きく，投資によって生産が急増するためです。つまり，短期的な高成長は資本の蓄積によって達成されているのです。資本が蓄積されるにつれて長期的には資本の限界生産物が減少し，投資による高成長はストップして，技術進歩による穏やかな成長が続くことになります。

■図表 2-11　ソロー・モデルにおける長期的な成長経路

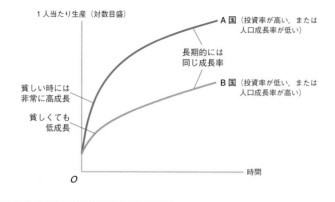

▶ 条件付き収束は成り立っているのか

　さて，このようにすべての国が同じ所得レベルに収束するのではなく，投資率や人口成長率によって決定される定常状態に向かって収束することを「**条件付き収束**」と呼びます。では，このような条件付き収束は実際に成り立っているのでしょうか。

　図表 2-12 は，世界各国の 1970 年の 1 人当たり GDP と，その後約 50 年の期間の 1 人当たり GDP 成長率を示したものです。「貧しければ貧しいほど成長率が高い」という傾向があるとすると，1970 年の 1 人当たり GDP とその後の成長率には負の相関関係があり，右下がりのグラフとなるはずです。しかし，全体としてそのような傾向は見られません。つまり，「貧しければ貧しいほど成長率が高い」（これを「**絶対収束**」と呼びます）という傾向は見られないのです。

　しかし，図表 2-12 で○で表された先進国（2000 年時点での OECD 諸国）だけに注目すると，はっきりと右下がりの関係が成り立っていることがわかります。つまり，韓国など 1970 年時点では貧しかった国ほどその後の成長率は高く，アメリカやイギリスなどすでに所得レベルが高かった国ほどその後の成長率は低かったのです。図表 2-7 と図表 2-9 からは，先進国は投

■図表 2-12　初期の 1 人当たり GDP とその後の成長率

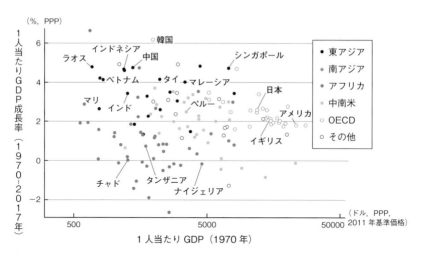

（出所）　Penn World Table 9.1

資率が高く，人口成長率が低いという傾向が見られますので，これらの国は同じような定常状態を持っていると考えられます。このような同じような定常状態を持つ国の中で見ると，初期に貧しい国の方が成長率が高いことになり，条件付き収束が成り立っていることがわかります。同様に，低い投資率と高い人口成長率を共有するサハラ以南アフリカの国々だけを比較すると，やはり貧しい国ほど成長率が高いという傾向を見出すことができます。

2.6　政策の効果

最後に，ソロー・モデルを使って，開発途上国でどのような政策を実施すれば，所得レベルを引き上げることができるかを考えてみましょう。

▶ 投資率の向上

まず第 1 に，2.4・2.5 節で説明したように，投資率を上げることは，長

期的な所得レベルの向上につながります。もう一度図表2-11に戻って見てみましょう。投資率の低いB国が，A国並みにまで投資率を引き上げることができれば，短期的に所得成長率が上昇し，定常状態の所得レベルも上昇することがわかります。

ですから，貯蓄率や投資率を高めるような政策は有効です。そのために，有効な政策の一つは**農村部での金融機関の拡充**です。途上国においては，金融制度が十分に整っていないことも多く，貯蓄が金融機関に預金されず，「タンス預金」として自宅に保管されていることも少なくありません。タンス預金は企業に行きわたりませんから，同じ額だけ貯蓄したとしても，タンス預金の場合には金融機関での預金の場合とは違って，投資には回らず，経済は成長しません。ですから，農村部を含む途上国の津々浦々に金融機関を設置して，タンス預金を金融機関に集めることができれば，投資率を上げることができます。

例えば，途上国時代の日本では，1874年に制定された郵便貯金がその役割を担いました。制定後に郵便貯金は急速に普及し，1880年後半には総預貯金額の25～40%程度を郵便貯金が占めていました[4]。

IT技術の進んだ現代では，携帯電話を利用した金融制度が多くの途上国で発展しています。例えば，ケニアでは**M-Pesa**と呼ばれるモバイル・バンキングが急速に普及しています。2012年時点で人口の40%がそのユーザーで，農村地帯を含めて37000店の代理店（その多くは零細なもの）がありました。代理店では自分の口座に預金をすることも預金を引き出すこともできますし，携帯電話を使って口座間の送金も可能です[5]。このようなモバイル・バンキングは，南アフリカ，インド，フィリピンなど，他の途上国でも始まっていて，投資を刺激して経済成長を加速するものとして期待されています。

また，もし国内の貯蓄に余力がなければ，**国外からの投資を誘致する**のも投資率を引き上げるために重要な政策です。それには，例えば外国企業に対する税制の優遇措置や，その国の投資環境の情報を外国に売り込むような政

---

4 田中光（2008）「明治期郵便貯金制度の歴史的展開――大衆資金動員システム形成に関する試論」，*ISS Discussion Paper Series* J-170, 東京大学社会科学研究所。

5 JETRO（2013）「情報通信事情 ケニア BOP実態調査レポート」，〈https://www.jetro.go.jp/〉。

策が有効です。

▶ 人口成長率の減少

第2に，2.4節の後半で説明しているように，**人口成長率を下げること**も，投資率を引き上げることと同様，短期の成長や長期の所得レベルを上げるのに有効です。そのための最も急進的な手段は，中国で「一人っ子政策」として行われているように，強制的に子供の数を制限することです。もう少し穏健的な手段としては，避妊に関する教育を行うことなどが考えられます。

ただし，人口成長率を下げることは技術進歩を担うべき人材があまり増えないことにもなりますので，技術進歩が停滞し，長期的には経済成長にマイナスとなる可能性があります。この点については第3章3.7節で詳しく述べますが，ここでは，ソロー・モデルにおける人口成長率が経済成長に及ぼすマイナスの影響は，あくまでも技術進歩率が一定で人口とは無関係であるという仮定に依存していることを理解してください。

▶ 技術進歩率の改善

最後に，ソロー・モデルでは長期的な経済成長率は**技術進歩率**と等しいですから，技術進歩率を引き上げることのできる政策は，長期的な成長にも有効です。ただし，ソロー・モデルでは技術進歩は外生的に与えられているために，どのようにすれば技術進歩率が高められるかについては，次章の内生的経済成長理論でより詳しくふれることとします。

このように，ソロー・モデルから得られる有効な政策は，いずれも**外生的に与えられた変数**，つまり技術進歩率，貯蓄率，人口成長率を変化させる政策です。逆に言えば，これらの変数が一定であるとの仮定の下では，政策は短期的にも長期的にも経済成長に対して影響を及ぼすことができません。市場経済の役割を重視しているという意味で，ソロー・モデルはまさに「新古典派」的であり，経済成長における政府の役割を否定しているようにも見えます。しかし実際には，上述のように，ソロー・モデルは外生的な変数を変化させるような政策は効果があることを示唆しているのであって，必ずしも政策の役割を完全に否定しているわけではないのです。

2.7　ま と め

ソロー・モデルの結論は以下のようにまとめることができます。

1.　長期的には，1人当たり GDP 成長率は技術進歩率に比例して決まります。つまり，技術進歩なしで長期にわたって成長することはできません。

2.　短期的には，資本蓄積による成長が可能です。

3.　投資率が高いほど，または人口成長率が低いほど，定常状態（長期的な均衡状態）における所得レベルが高くなります。

4.　定常状態の所得レベルより低ければ低いほど短期的には成長率が高いのですが，長期的には技術進歩率に比例して決まる成長率に収束していきます（条件付き収束）。

キーワード

新古典派経済成長論，生産，資本ストック，技術，イノベーション，技術革新，創意工夫，消費，貯蓄，投資，ソロー・モデル，長期的な経済成長，短期的な経済成長，貧しい国ほど成長率が高い，資本の限界生産物，資本減耗率，収束，定常状態，長期均衡，外生的，技術進歩率，貯蓄率，投資率，国内貯蓄額，海外からの資金の純流入額，人口成長率，条件付き収束，絶対収束，農村部での金融機関の拡充，モバイル・バンキング，国外からの投資を誘致する，外生的に与えられた変数

練習問題

(1)　技術進歩のないソロー・モデルにおいて，もし難民が流入することで一気に人口が増加したら，1人当たり GDP は短期的，長期的にどのように変化するでしょうか。図表 2-3 や図表 2-4 のような図を描いて考えてみましょう。その上で，1人当たり GDP の変化がなぜ起きるのかを，言葉で説明してください。ただし，人口の急増の前後では，人口成長率は変化しないものとします。

(2)　図表 2-12 で示されるように，サハラ以南アフリカには長期にわたって1人当たり GDP がほとんど成長しなかった国が多く存在します。これをソロー・モデルで説明するためには，貯蓄率（投資率）が低いこと，人口成長率が高いこと以外に，もう一つどのような前提が必要でしょうか。また，その前提は実際にアフリカの国々にあてはまると思いますか。

第3章

内生的経済成長論

前章に引き続き，この章では経済成長の理論を解説します。特に，**内生的経済成長論**を利用して，どのような要因で技術が進歩し，どのような政策によって技術進歩が促進できるのかを考察します。

3.1 内生的経済成長論の概要

前章のソロー・モデルは，長期的な経済成長の源泉は技術進歩であることを明らかにしました。しかし，ソロー・モデルでは技術進歩は外生的に与えられていました。すなわち，技術がどのように進歩するのか，技術進歩率がどのように決まるのかを理論モデルの中では考えないまま，例えば技術進歩率が2% だというふうに，勝手に仮定していたのです。

その欠点を克服し，技術進歩を理論化したのが内生的経済成長論（内生成長論）です。「**内生的**」という言葉には，技術進歩がどのようにして起きるのかを理論モデルの中で考察し，何%の技術進歩率となるのかはモデルの中で決定されるという意味が含まれています。このような「内生的」経済成長論によって，はじめてどのように技術進歩が起き，どのような政策によって技術進歩や経済成長が促進されるのかを分析することができるのです。特にここでは，スタンフォード大学のポール・ローマーが1980 年代に構築した2 種類の基本的な理論モデルについて紹介します[1]。ローマーは，この功績を称えられ，2018 年にノーベル経済学賞を受賞しています。

内生成長論には，2つの重要な結論があります。1つ目は，技術は人から人へと伝わるので，新しい技術（**発明**）は模倣されてしまいます。ですから，市場経済では，創意工夫をしてもその利益を十分に得ることができません。したがって，政府が市場に介入し，技術開発を政策的に奨励することが必要となるのです。2つ目には，創意工夫（イノベーション）によって技術を進歩させるのは人間ですから，人間の量，つまり人口が経済成長に大きく影響するということです。

3.2　技術・知識の創造

▶ 技術・知識の性質

　内生成長論のモデルを詳しく紹介する前に，技術進歩を理論化するにあたっての留意点を説明する必要があります。技術進歩とは，新しい技術，知識，知恵（以下，**知識**と総称）がイノベーション，創意工夫によって創造されることですが，創造された知識は生産される通常の財（モノやサービス）とは以下の2点で異なります。

　まず第1に，知識には，誰かがある知識を使っているからといって，他の人がその知識を使えないということがありません。これを「**競合性がない**」と言います。例えば，鉛筆やコンピュータなどの通常の財は，誰かが1つの財を使っていると他人はその財を使うことはできませんので，競合性があると言えます。しかし知識は，例えば誰かが微分に関するある公式を使って勉強なり研究なりをしていたとしても，他の人が同時に同じ公式を使うことは可能ですから，競合性がありません。

　さらに，知識には，自分が創造した新しい知識を他人が使用することを強制的に排除することが十分にできません。これを「**排除性がない**」と言います。所有権が確立している社会では，自分が所有している財（例えば本書）

1　Romer P. M.（1986）. Increasing Returns and Long-Run Growth. *Journal of Political Economy*. 94 (5), 1002-37.

　Romer P. M.（1990）. Endogenous Technological Change. *Journal of Political Economy*. 98 (5), S 71-102.

を他人が使用しようとするのを排除することができるという意味で，通常の財は排除性を持ちます。しかし，知識には排除性がありません。いくら特許制度が確立していても，特許制度の下では，特許化された知識をそのまま使って同様の製品を作るのは違法ですが，その知識を応用して別種の製品を作ることは合法なのです。例えば，しゃもじには，表面につぶつぶがあって飯粒がつきにくいようになっているものがありますが，これは特許化されています。しかし，そのアイデアを応用して，汚れのつきにくい医療器具を発明して販売したとしても違法ではありません。

▶ 知識の創造における市場の失敗

このように競合性がなく，不完全にしか排除性のない知識は，せっかく苦労して自分が生み出したとしても他人にタダで使われてしまいます。ですから知識の創造は，そのために大きなコストが必要であるにもかかわらず，十分な報酬が与えられていないと言えます。

確かに，知識の創造者，発明者は，新しい製品を生産することで利益を得ます。特許制度のある社会では，その利益は守られており，模倣者は処罰されます。しかし，その新しい知識は他人に波及して，別の製品に応用されて社会全体の利益をも生み出すにもかかわらず，発明者は知識の波及に対する報酬を得ていません。ですから，知識の創造によって発明者自身が得る利益は，社会全体が得る利益よりも小さいのです。

このように，社会的利益と発明者個人（または発明企業）にとっての私的な利益が一致しない時には，政府の介入によって社会的に最適な状態が達成できることが知られています。経済学は市場原理主義と誤解されることも多いのですが，「市場の失敗」がある場合には政府の介入が必要であることを明らかにしています。

市場の失敗は，例えば外部性がある場合や情報の非対称性がある場合などに起こります。**外部性**とは副作用のようなもので，ある経済活動が市場を通さないで他の経済主体に影響することを指します。例えば，公害は社会に対するマイナスの副作用があり，負の外部性の典型です。公害のような負の外部性がある場合には，政府の介入がない市場均衡では企業の生産量が社会的

に最適なレベルよりも大きくなってしまい（つまり，生産しすぎるということです），住民が大きな迷惑を被ります。この時は，政府の介入によって企業の生産を抑えることで社会的に最適な状態が達成できます。なお，社会的に最適な状態とは，与えられた条件の下で人々の厚生，つまり幸福度が最大化されている状態を言います。

　知識の創造は，公害とは逆に，社会に対してプラスの副作用がある正の外部性の例で，この場合には市場均衡では知識の創造が社会的に最適なレベルよりも少なくなってしまいます。簡単に言えば，知識の創造に対する報酬が十分ではないので，あまり知識が創造されないのです。ですから，政府が介入して，知識の創造に対して**補助金**を与えるなどすることで，社会的に最適な状態を作り出すことができるのです。

　内生成長論にはいろいろなタイプがありますが，技術進歩を理論化する上で，そのほとんどがこのように技術進歩（知識の創造）に外部性があることを考慮しています。そのため，内生成長モデルにおいては，政府が技術進歩に対する補助をすることで，経済成長率が向上し，国民の厚生も上昇することが示されます。それでは，2つの代表的な内生成長モデルを詳しく見ることで，そのことについても確認していきましょう。

3.3　AK モデル

▶ AK モデルの仮定

　1つ目は **AK** モデルと呼ばれる理論モデルです。このモデルの基本構造はソロー・モデルと同様ですが，一つの違いは技術が外生的に進歩するのではなく，生産活動に従事した経験によって技術が進歩することが想定されていることです。どんなことでもそうですが，実際に働くことで経験を積み，より効率的に働く，つまり同じ時間働いてもより多くの生産を行うことができるようになります。これを**ラーニング・バイ・ドゥーイング，経験による学習**といいます。

　経験によって技術が向上していくということは，生産をすればするほど技

■図表 3-1 **AK モデルの図解**

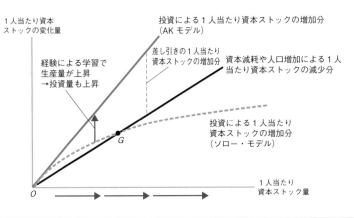

術レベルが上がるということです。しかも，AK モデルでは，ある企業が経
験によって得られた知識や技術はすぐに経済全体に波及し，他の企業（生産
者）もその知識や技術を使えるようになると仮定します。例えば，誰かがス
マートフォンのゲームの「技」を開発したら，その技はインターネット上の
ソーシャルメディアを通じて瞬く間にみんなに知れ渡ってしまうようなもの
です。つまり，上で述べたような知識の創造における外部性が想定されてい
るわけです。

　さらに，生産量は資本ストック量によって決まりますから，資本ストック
量によって技術レベルが決まると仮定しましょう。第 2 章の図表 2-5 で示さ
れるように，技術レベルが上がると投資による 1 人当たり資本ストックの増
加を表す曲線が上にシフトするわけですが，この時，ラーニング・バイ・ド
ゥーイングの効果によって生産量すなわち資本ストック量が大きいほど技術
レベルがより大きく上昇するとします。すると曲線のままで上にシフトせず
に，図表 3-1 のように上にシフトしつつ直線になることがあり得ますが，こ
こではそのような状況を想定します。

▶ AK モデルの均衡

　もし経験による技術進歩によってソロー・モデルが修正されて，図表 3-1

のようなグラフになるとすれば，第2章の図表2-3のGで表される定常状態がなくなります。投資による資本ストックの増加分は資本減耗などによる資本ストックの減少分を常に上回っていますから，1人当たり資本ストック量は増加し続けます。それに伴って，1人当たり生産量，1人当たりGDPも増え続けます。つまり，ソロー・モデルのように外生的な技術進歩を仮定しなくても，経験による技術進歩によって内生的に持続的な成長が導き出されるということになります。

ソロー・モデルとAKモデルの違いは何でしょうか。ソロー・モデルでは，資本の限界生産物が逓減していくために，資本蓄積が進めば進むほど投資によって生産があまり増えなくなってきます。ですから，長期的には資本蓄積による成長はストップしてしまうのです。しかし，AKモデルでは，資本蓄積が進むということは生産の経験も増えるということですから，経験による技術進歩も進んでいきます。そのために，資本の限界生産物は逓減しない，つまり追加的な投資によって得られる生産量の増加分は減っていかないのです。これが，AKモデルにおける内生的経済成長の仕組みです。

さて，前述のように，このモデルでは経験による技術進歩に外部性が想定されています。したがって，このモデルの市場均衡は社会的に最適ではありません。特にこのモデルでは，ある企業が投資をして得た知識が他の企業に波及するとされていますので，投資によって企業が得る利益が社会全体が得る利益よりも小さいということになります。つまり，企業は投資に対して十分な報酬を得ていないのです。ですから，政府の介入のない市場均衡では，投資が十分に行われません。したがって，政府が投資に対して適切な補助金を与えることで，社会的に最適な状態が達成できるはずです。

3.4 ローマー・モデル

▶ ローマー・モデルの概要

もう一つの代表的内生成長モデルは，研究開発（Research and Development，略してR&D）を技術進歩のベースとするモデルです。これは，AK

モデルと同様にポール・ローマーが考えたモデルで，**ローマー・モデル**と呼ばれます。

　ローマー・モデルの最も重要な部分は，研究者が研究開発を行うことによって発明がなされ，新しい知識が創造されるところです。しかも，1年間に生み出される新しい知識（発明）の数は，研究者の数と現時点での知識量に比例すると仮定しています。つまり，

$$\text{新しく創造された知識量} = \text{比例定数} \times \text{研究者数} \times \text{知識量}$$

と書けます。この比例定数は，研究開発の効率性を表すと考えられます。技術進歩率とは新しく創造された知識の量とそれまでの知識の総量の比ですから，上の式を使えば，

$$\text{技術進歩率}\left(=\frac{\text{新しく創造された知識量}}{\text{それまでの知識量}}\right)$$
$$= \text{比例定数} \times \text{研究者数}$$

となり，技術進歩率が研究者数に比例することがわかります。さらに，ソロー・モデルと同様に，ローマー・モデルでも定常状態での（長期的な）1人当たり GDP 成長率は技術進歩率に等しくなりますから，結局のところ，

$$\text{定常状態での1人当たり GDP 成長率} = \text{技術進歩率}$$
$$= \text{研究開発の効率性} \times \text{研究者数}$$

となります。

　この式から，ローマー・モデルにおいて高い技術進歩率，ひいては高い1人当たり GDP の成長率を達成するには，2つの要素があることがわかります。一つは，人口規模です。人口が多いほど研究者をたくさん輩出できますから，人口が多い経済では1人当たり GDP の成長率が高くなります。これを**規模効果**と呼びます。

　もう一つは研究開発の効率性です。研究開発の効率性とは漠然とした言葉ですが，ある一定の知識量を持った1人の研究者が作り出す新たな知識の量を増やすような要因をすべてひっくるめた概念と考えてください。それが具体的に何であるのかについては，ここでは立ち入らずに，次章以降で詳細に

議論することにします。

▶ ローマー・モデルの均衡は最適か

さて，発明者は自分の発明を基に新製品を生産したり，特許を譲渡したりして利益を得ることができますので，そのような利益を求めて市場経済でも発明は行われます。しかし，ローマー・モデルではAKモデルと同様に，生み出された知識は社会で共有されるという外部性が想定されているため，市場均衡での発明の量は社会的に最適なレベルに至りません。つまり，ある人が他人の発明にヒントを得て新しい発明を生み出したとしても，元の発明者に報酬を支払う必要はありません。したがって，発明者は自分の発明が社会全体に与える恩恵にくらべて十分に報酬を得ていないと言えます。ですから，市場経済では発明が十分に行われません。

したがって，社会的に最適な状態を達成するには，政府が介入して，研究開発に対して補助金を与える必要があります。実際，図表3-2に示されるように，多くの先進国ではそのことを理解しており，研究開発に対して直接的に補助金を与えたり，税制優遇などで間接的に補助をしています。先進国だ

■図表 3-2　**研究開発に対する補助金（2015 年）**

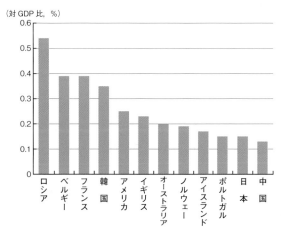

（出所）　OECD, Science, Technology, and Innovation Outlook 2018

けではなく，ロシア，中国などの新興国においても，先進国並みの補助がなされています。

3.5 途上国を想定した内生成長モデル

▶ 模倣の理論

ローマー・モデルのように，研究者による新たな知識の創造，つまり発明が経済成長の源泉であるという想定は，開発途上国の経済成長を考える上では不適切かもしれません。開発途上国においては，新しい製品を発明したり，新しい知識を創造したりするというよりも，すでにある製品や知識を模倣することで，技術が進歩することがほとんどだからです。

例えば，トヨタが 1935 年に初めて乗用車（A1 型試作乗用車と呼ばれる）を試作した時には，シボレーの乗用車を分解して，一つひとつの部品を真似て作り，クライスラーの乗用車のデザインを模倣する形で行われました。逆に，トヨタが販売台数で世界 1 位になった現代では，トヨタが途上国に対してトヨタ生産方式を移植する形で海外生産が行われています。

ですので，途上国の経済成長を考えるためには，途上国による先進国技術の模倣を理論化する必要があります。そのために，ローマー・モデルを応用して，発明と同様に模倣は途上国の技術者が自国の知識を使うことによって行われると想定します[2]。さらに，模倣は先進国と途上国の技術格差が大きければ大きいほど容易であると仮定します。例えば，小学生のサッカー選手が中学生から技術を学ぶ場合とプロ選手から学ぶ場合とでは，プロ選手から学ぶ方がよりたくさん学べるようなものです。技術格差が大きいと学ぶ余地が大きいために，よりたくさん学べるのです。つまり，模倣による技術進歩率は次のような式で表すことができます。

---

2 Grossman G. M. and Helpman E.（1991）. *Innovation and Growth in the Global Economy*. Cambridge: The MIT Press.

模倣による技術進歩率

= 模倣の効率性 × 研究者（技術者）数 × 技術格差

▶ 途上国モデルの均衡

　このような仮定の下では，先進国との技術格差が大きくより貧しい途上国
は，模倣の速度が速く，1人当たりGDP成長も早くなります。しかし，高
成長によって先進国との技術格差が縮まると，学ぶ余地が小さくなってくる
ために模倣の速度が落ち，1人当たりGDP成長率も鈍化して，長期的には
先進国の成長率に近づいて（収束して）いきます。その過程では，途上国の
1人当たり所得は先進国の所得レベルのある一定の割合に近づいていきます。
途上国が先進国の技術を模倣している限りは，先進国の所得を凌駕すること
はできないからです。

　長期的に見て（定常状態において），ある途上国が先進国にくらべてどの
程度の所得レベルを達成できるかというのは，その途上国の条件によって決
まってきます。ローマー・モデルでは，人口規模と研究開発の効率性によっ
て1人当たりGDP成長率が決まりました。同様に，模倣による途上国の成
長モデルでは，途上国の人口規模と模倣の効率性によって先進国と比較した
途上国の所得レベルが決まります。なぜなら，人口規模が大きい方が，より
たくさんの技術者が模倣に従事できるので，より多くの知識を模倣できます。
同様に，**模倣の効率性**（これが何によって決まるかは次章以降に譲ります）
が高い方が，より多くの知識を模倣できます。

　したがって，**図表3-3**で示されるように，同じ1人当たりGDPから出発
しても，途上国は様々な成長経路をたどります。人口規模が大きい，または
模倣の効率性が高い途上国は高度成長期を経て先進国に大きく近づくことが
できます。第1章の**図表1-3**で見た日本，シンガポール，香港，台湾，韓国
の経験がそれに当たります。しかし，人口が小さく，模倣の効率性が低い国
はすぐに成長率が鈍化して，先進国と大きく差が開いたままです。注意しな
ければならないのは，途上国の長期的な成長率は先進国の成長率に収束して
いきますので，人口や模倣の効率性が違っても長期的な成長率は変わらない

■図表 3-3　模倣による途上国の成長モデル

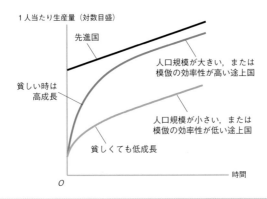

ことです（ただし，図表 3-3 から明らかなように短期的な成長率には影響します）。

▶ 途上国モデルの均衡は最適か

　また，このモデルでは技術の模倣に外部性があります。したがって，市場経済では模倣は十分に行われません。そこで，技術の模倣に対して途上国政府が政策的に補助を与えることで，より活発に模倣が起き，社会的に最適な状態が達成されます。

　なお，「模倣を補助する」と書くと，先進国の技術を違法に盗んだり，デザインを違法に真似したりすることを政府が奨励するように聞こえるかもしれませんが，ここで言っているのはそういうことではありません。例えば，トヨタのような先進国企業がその技術を途上国の労働者に教えることに対して補助したり，途上国企業が先進国企業から「技術ライセンシング」を通じて正式に技術を購入するのを支援したりといった合法的な模倣に対する補助のことを指します。

3.6　人口規模は経済成長の要因か

▶ 規模効果のない内生成長モデル

　ローマー・モデルでは，人口規模が大きいほど1人当たりGDP成長率が高いと結論づけられました。また，それを応用した途上国の成長モデルでは，人口規模が大きいほどより多くの模倣が達成できるために，短期的には（定常状態に向かう移行経路では）1人当たりGDP成長率が高く，したがって長期的にはより高いレベルの1人当たりGDPに到達することが示されました。このような結論は，例えばシンガポールのような小さな国が高成長を遂げていることを考えると，違和感を覚える人もいるかもしれません。

　そもそも，ローマー・モデルにおける人口規模が経済成長率に影響するという結論（規模効果）は，技術進歩率（新しく創造された知識の量／これまでの知識の総量）が研究者数に比例するという仮定から導き出されています。スタンフォード大学のチャールズ・ジョーンズは，この仮定を少し変え，知識が生み出されれば生み出されるほど，新しい知識を生み出すのは難しくなっていくことを想定し，

$$技術進歩率 = 研究開発の効率性 \times \frac{研究者数}{現在の知識量}$$

となると考えました[3]。

　この仮定の下では，研究者数が変わらなければ，発明によって知識が生み出されるにつれて現在の知識量が増えますから，技術進歩率は下がることになります。それに伴って，1人当たりGDP成長率も下がります。ですから，人口成長のない国では研究者数も一定となってしまうため，技術進歩率はどんどん低下していきます。つまり，長期的には1人当たりGDP成長率は0に収束していきます。簡単に言えば，研究者の数が変わらなければ，発明はどんどん難しくなっていくので，いつかは成長率が0になるのです。

　したがって，1人当たりGDP成長率をプラスに維持するには研究者数を

3　Jones C. I. (1995). R&D-Based Models of Economic Growth. *Journal of Political Economy*. 103 (4), 759-84.

年々増やしていくことが必要で，そのためには人口そのものが成長していく必要があります。つまり，ジョーンズのモデルでは，人口規模ではなく人口成長率が長期的な経済成長率を決めるのです。ジョーンズは，戦後アメリカ国内の研究者の数が激増したにもかかわらず，アメリカの1人当たりGDP成長率は上昇しなかったことから，ローマーの規模効果は実証的に否定されているとしています[4]。

▶ 規模効果は本当にあるのか

実際，ローマーとジョーンズのどちらが正しいのでしょうか？ まず，多くの国のデータからその傾向を読み取ってみましょう。図表3-4は，全世界の国について，1950年時点での人口規模とその後2008年までの58年間の1人当たりGDPの平均成長率を表したものです。この図によると，人口規模が増えると1人当たりGDP成長率も増えるという傾向が見てとれます。高麗大学のカン・スンジンの試算によると，人口が1%増えると1人当たりGDP成長率が0.3%増えるということです。ですから，この図はローマー的な規模効果を支持しています。

次に，歴史的なデータを振り返ってみましょう。ローマーやジョーンズのモデルは，発明による技術進歩を理論化しているという意味で，先進国を対象としています。ですから，西ヨーロッパ諸国，アメリカ，カナダ，オーストラリア，ニュージーランドを1つの統合された経済と見て，1500年から現在までの1人当たりGDP成長率，人口規模，人口成長率の推移を見てみたのが図表3-5です。これによると，人口規模は上昇を続けているのに対して，人口成長率は19世紀前半からすでに下降傾向にあります。1人当たりGDP成長率は，直近では若干下がっているものの，大まかには一貫した上昇傾向にあります。つまり，1人当たりGDP成長率はどちらかというと人口成長率ではなく，人口規模と相関しているように見えます。つまり，この図もやはりローマーの規模効果を支持しています[5]。

4　Jones C. I. (1995). Time Series Tests of Endogenous Growth Models. *Quarterly Journal of Economics*. 110(2), 495–525.

5　Todo Y. and Miyamoto K. (2002). The Revival of Scale Effects. *Topics in Macroeconomics*. 2(1).

■図表 3-4　人口規模と1人当たり GDP 成長率

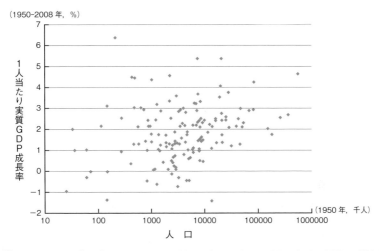

（出所）　Maddison A.（2010）. Statistics on World Population, GDP and Per Capita GDP, 1-2008 AD, available at（http://www.ggdc.net/maddison/oriindex.htm）.

■図表 3-5　先進国における1人当たり GDP 成長率と人口規模・成長の歴史

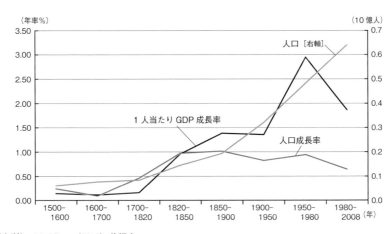

（出所）　Maddison（2010）前掲書。
（注）　西ヨーロッパ諸国，アメリカ，カナダ，オーストラリア，ニュージーランドを1つの経済と見たときのデータ。

　ただし，ジョーンズのモデルが誤りであることがこれで示されたわけではありません。ジョーンズのモデルは，短期的には人口規模が1人当たりGDP成長率にプラスの影響があることも示していますから，ジョーンズのモデルでも図表3-4や図表3-5を説明することは不可能ではありません。

　ここでは，これ以上ローマーとジョーンズのどちらが正しいかの議論には立ち入らないようにしましょう。より大切なのは，技術進歩は人間が主体となって行う以上，規模にしろ成長率にしろ，人口が経済成長の一つの重要な要因になっているということです。

3.7　ソロー・モデルとの比較

　ところで，ローマー・モデルを途上国に適用した時の途上国の経済成長の経路を表した図表3-3が，ソロー・モデルを基にした第2章の図表2-11に似かよっていることに気づきましたか？　この2つのモデルでは，高い定常状態を生み出す要因は違っています。しかし，高い定常状態に収束しようとしている貧しい国は高成長，低い定常状態の国は低成長して，長期的には同じ成長率に収束していく，つまり条件付き収束が成り立つという点では同じです。

　内生成長モデルが発表された当初の1990年代には，新古典派成長論と内生成長論のどちらが正しいのかという論争がありました。その時には，新古典派成長論擁護派は，条件付き収束が実際に成り立っていることから（第2章の図表2-12を参照してください），内生成長論は誤りだと主張しました。しかし，内生成長モデルに模倣する途上国を組み込めば，内生成長論でも条件付き収束を説明することはできます。したがって，現在では新古典派成長モデルと内生成長モデルは相反するものではなく，互いに補完しあう理論であると考えられています。

　なお，ソロー・モデルでは，高い人口成長率はむしろ短期的な成長の阻害要因でした。これは，ローマーやジョーンズのモデルでは人口規模や人口成長率が成長の促進要因であることに矛盾しているように感じるかもしれませ

ん。しかし，ソロー・モデルは技術進歩率は一定であると仮定の下で，人口増によって1人当たり資本ストックが減ることによるマイナス効果を強調したものです。それに対して，ローマーやジョーンズは人口が技術進歩率に与えるプラスの効果に注目したものです。このように，その焦点が異なっていますので，ソロー・モデルと内生成長モデルが矛盾しているとは必ずしも言えないのです。

3.8 技術の計測

▶ 成長会計

　これまでの経済成長モデルのいずれもが，長期的な経済成長の源泉は技術進歩であることを明らかにしています。ですから，各国でどの程度の技術進歩率が達成できているかを知ることは，各国の経済を分析し，成長のための政策を考える上で非常に重要です。しかし，1つの国の技術の量は秤や札束で直接計測することはできません。ですので，技術進歩率を間接的に計測する方法をご紹介しましょう。

　第2章の図表2-1で表されているように，GDP（生産量）は技術，資本ストック，労働力によって決まります。それがどのように決まっているのかは，正確にはっきりとはわかりませんが，これまでのデータ分析によって，様々なパターンがあるものの，概ね

$$\text{GDP} = \text{定数項} \times \text{技術レベル} \times \text{資本ストック}^{\frac{1}{3}} \times \text{労働者数}^{\frac{2}{3}} \quad (3.1)$$

という式に近いことがわかっています。資本ストックや労働者数の右肩にある1/3とか2/3は，適当に決めているのではなく，各国のデータから推計した数字です。

　このような関係がある時，

$$\text{GDP 成長率} = \text{技術進歩率} + \frac{1}{3} \times \text{資本ストックの成長率}$$
$$+ \frac{2}{3} \times \text{労働者数の成長率}$$

という関係が導き出されます（詳細は省略しますが，自然対数をとって時間
で微分してみてください）。この式を変形すると，

$$技術進歩率 = GDP成長率 - \frac{1}{3} \times 資本ストックの成長率$$
$$- \frac{2}{3} \times 労働者数の成長率 \tag{3.2}$$

となりますので，GDP，資本ストック，労働者数の成長率がわかれば，そ
こから技術進歩率を計算することができます。技術の量を測ることは無理で
も，多くの国ではGDP，資本ストック，労働者数の統計は政府が収集して
いますから，間接的に技術進歩率を推計することができるわけです。この方
法を成長会計と言います。

▶ 全要素生産性の計測

なお，最初の式（3.1）を変形して，定数項を無視すれば，

$$技術レベル = \frac{GDP}{(資本ストック^{\frac{1}{3}} \times 労働者数^{\frac{2}{3}})}$$

■図表 3-6　**TFP と 1 人当たり GDP（2017 年）**

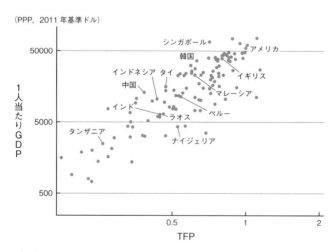

（出所）　Penn World Table 9.1
（注）　TFP はアメリカを 1 として標準化している。

というように、成長率ではなくて技術のレベル（量）を間接的に測ることも可能です。このように、もしくは同様の手法で計測した技術レベルを**全要素生産性**（total factor productivity，略して**TFP**）と呼びます。また、式（3.2）で計測される技術進歩率を**TFP成長率**といいます。

図表3-6は、各国のTFPレベルと1人当たりGDPの関係を示したものです。両者は非常に強い相関関係にあり、経済成長モデルが提唱するように、技術が経済成長の源泉であることが示されています。

3.9　資本蓄積 vs. 技術進歩

これまでの議論から、長期的な経済成長の源泉は技術進歩であることは、理論的にも実証的にもかなりはっきりとしてきました。しかし、それでもソロー・モデルが主張するように、短期的には設備投資による資本ストックの蓄積によって成長することが可能です。

各国が、実際にどの程度技術進歩や資本蓄積に依存しているかどうかは、成長会計によって各国の技術進歩率を計測し、それとGDP成長率や資本ストックの増加率とくらべることで明らかにすることができます。

▶ 東アジアの奇跡の要因

図表3-7の上半分は、1966年から90年までの香港、シンガポール、韓国、台湾の例を示しています。この4か国は、表に示されている通り、この当時非常に高いGDP成長率を遂げており、「**東アジアの奇跡**」とか「**NIEs**」（Newly Industrialized Economies，今でいう新興国です）と呼ばれていました。ロンドン・スクール・オブ・エコノミクス（LSE）のアーウィン・ヤングは、成長会計によって、この4か国の高成長がどこから来ているのかを測りました。その結果、GDP成長率のかなりの部分が資本ストックの成長や労働力の成長によるもので、TFP成長による部分は非常に小さいということがわかりました。特に、シンガポールのTFP成長率は0.2%と低く、ヤングの推計が正しければ、シンガポールの高成長は資本をどんどん投資した

■図表 3-7　GDP 成長率の要因分解

(単位：%)

	GDP 成長率	資本 成長率	労働力 成長率	TFP 成長率
1966–90 年				
香 港	7.3	7.7	2.6	2.3
シンガポール	8.5	10.7	4.5	0.2
韓 国	10.3	12.9	5.4	1.7
台 湾	9.4	11.8	4.6	2.6
1985–2005 年				
フィンランド	2.4	0.7	−0.2	1.9
イギリス	2.6	1.1	0.4	1.1
アメリカ	2.9	0.9	1.0	1.0

（出所）　アジア諸国（1966–90 年）については Young A. (1995). The Tyranny of Numbers: Confronting the Statistical Realities of the East Asian Growth Experiences. *Quarterly Journal of Economics*, 110(3), 641–712. 先進国（1985–2005 年）については，OECD.Stat（https://stats.oecd.org）.

ことによって達成されていて，技術はほとんど成長しなかったことになります。

　図表 3-7 の下半分は，参考までに最近の先進国，フィンランド，イギリス，アメリカについて成長会計をしたものです。これら 3 か国の GDP 成長率は高度成長期の元 NIEs よりも低いですが，GDP 成長率の 1/3 から 8 割程度が TFP 成長によるものです。それを考えると，シンガポールだけではなく，香港，韓国，台湾の高成長も技術進歩が主導したとは到底言えないことがわかります。

　ノーベル経済学賞を受賞したプリンストン大学のポール・クルーグマンは，ヤングの推計と新古典派的成長論を基にして，1994 年に Foreign Affairs 誌に「アジアの奇跡をめぐる神話」と題した論文を書きました。クルーグマンは，技術進歩ではなく投資に依存したアジアの成長は長続きしないと説きましたが，その後 1997 年にアジア金融危機が起きて，アジア諸国が軒並みマイナス成長となったために，クルーグマンの予測が当たったと言われました。

　ちなみに，クルーグマンの論文に触発されたのか，シンガポールは 1990

■図表 3-8　研究開発従事者数

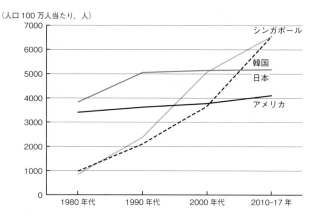

（出所）　世界銀行『世界開発指標』，Lederman D. and Saenz L.（2005）. Innovation and Development around the World, 1960-2000, *World Bank Policy Discussion Paper*, No. 3774.

年代後半から科学技術立国を目指して，研究開発活動に力を入れるようになりました。図表 3-8 は，1990 年代から 2000 年代にかけてシンガポールの研究者が急激に増えて，人口比では先進国に追いつき，追いこすほどになったことを示しています。21 世紀になってもその勢いはとどまらず，現在では技術進歩なしで成長したと言われたのがうそのようです。韓国も同様に，研究者数が急増しています。

▶ 全要素生産性を利用する際の留意点

　さて，このように TFP 成長率を用いて技術進歩率を推計することによって，様々な分析が可能となります。ただし，式（3.2）によって得られる TFP 成長率は，必ずしも正しく技術進歩率を表しているとは限らないことも知っておかなければなりません。

　なぜなら，式（3.2）で計測した技術進歩率は，GDP 成長率から資本ストックの成長率，労働者数の成長率にウェイトをかけて引いたものであって，例えば資本ストックや労働者数の統計に計測誤差があれば，その誤差の部分

まで技術進歩率に含まれてしまうのです。

　また，例えば景気が悪くなって需要が減少しても，資本ストック（つまり設備や機械）を売り払ったり，労働者を解雇したりすることはなかなかできませんから，同じ設備，同じ労働者を使っても生産が減ってしまうことになります。この時に成長会計でTFP成長率を推計したら，低い成長率，場合によってはマイナス成長になるでしょう。しかし，この国の技術や知識のレベルが下がったわけではなく，単に需要が不足していて資本や労働が稼働率が低いことが，TFP成長率の推計値に反映されているにすぎません。

　実際，ヤングの推計には様々な反論があります。他の研究者が異なるやり方を用いた結果，シンガポールを含め，元NIEsの4か国ともにそれなりに高いTFP成長率であったと結論づけている研究もあります。TFPを利用する際には，このようなTFPの欠点をよく理解した上で使うことが必要です。

3.10　ま　と　め

1.　内生的経済成長モデルは，人口規模（または人口成長率）が大きいほど，またはイノベーションの効率性が高いほど，長期的な経済成長率が高いことを示しました。

2.　先進国の技術を模倣することで技術進歩する途上国では，人口規模が大きいほど，または模倣の効率性が高いほど所得レベルが高くなります。

3.　知識や技術には他者にタダで使われてしまうという外部性があり，知識の創造・模倣に対しての報酬はその社会的価値にくらべて十分ではありません。その結果，市場経済では十分に技術進歩が起きませんから，政府が経済に介入することで，より高い経済成長，より高い国民の厚生が達成できます。

4.　これらのモデルの結論を，前章のソローの新古典派成長モデルの結論と対比させたものを，図表3-9にまとめてあります。

	定常状態での1人当たり GDP に対する効果	1人当たり GDP 成長率に対する効果	
		定常状態に至る経路（短期的）	定常状態（長期的）
現在の1人当たり GDP		−（条件付き収束）	×
物的資本投資	＋	＋	×
人的資本投資	＋	＋	×
人口成長		−（ソロー）	＋（ジョーンズ）
人口規模	＋		＋（ローマー）
技術進歩・模倣における効率性	＋	＋	＋

キーワード

内生的経済成長論，内生的，発明，知識，競合性がない，排除性がない，市場の失敗，外部性，補助金，AK モデル，ラーニング・バイ・ドゥーイング，経験による学習，社会的に最適，研究開発，R&D，ローマー・モデル，規模効果，模倣，模倣の効率性，技術ライセンシング，ジョーンズのモデル，成長会計，全要素生産性，TFP，TFP 成長率，東アジアの奇跡，NIEs

練習問題

(1)　閉鎖経済を仮定して，ソロー・モデルとジョーンズ・モデルの両方が正しいとします。この時，もしある国で人口成長率が下がると，1人当たり GDP はどのように変化するでしょうか。短期的な影響と長期的な影響を区別して考えてください。

(2)　現在の日本では少子化が進み，人口が減少しています。ローマー・モデルとジョーンズ・モデルを使って，日本の人口減少が経済成長に及ぼす影響を考察しましょう。その結果は，ローマー・モデルとジョーンズ・モデルとでは異なるでしょうか。

(3)　幕末から明治初期の歴史において，藩，幕府，明治政府が西洋の技術の模倣を促進するために採用した政策にはどのようなものがあったでしょうか。

第4章

貧困の罠

　途上国の中には，長期間にわたって所得レベルが停滞する国もあります。このような長期の経済停滞は，前の2章で紹介した標準的な経済成長理論では十分に説明することができません。したがって，貧困がさらに貧困を呼び込んでそこから抜けられない「貧困の罠」を説明する理論モデルが考えられました。この章では，それらのモデルとその政策的な含意について論じます。

4.1　貧困の罠とは

　第2章や第3章の理論モデルによると，条件付き収束が予測されていました。つまり，貯蓄率や人口成長率（ソロー・モデルの場合），人口規模や模倣の効率性（内生成長モデル）が同じ2つの国は，長期的には同じ所得レベルに収束していきます。また，長期的な均衡状態に至る前の段階では，その2つの国のうち，その時点で貧しい国ほど所得の成長率が高くなります（第2章2.5節や第3章3.5節）。

　しかし現実には，サハラ以南アフリカの多くの国では，1960年代の独立後からごく最近になるまでの40年余りの間，非常に貧しいにもかかわらずほとんど所得レベルが上がっていない，もしくはむしろ下がるという状態が続いていました（第1章図表1-4や図表1-5）。これらの事実は必ずしも第2章・第3章の理論分析を完全に否定するものではなく，これらの国の貯蓄率や模倣の効率性などが著しく低いために，長期均衡での所得レベルも低いと

いうことで説明が可能です。サハラ以南アフリカの国々の貯蓄率は，実際に低いのです（第2章図表 2-8）。

とはいえ，40年という長期にわたって経済が完全に停滞してしまっている国が多く存在するという事実から，貧しさが貧しさを呼ぶといった貧困の悪循環が存在しており，「貧困の罠」と呼ばれるような状態に陥っていてそこから抜け出せないでいるのではないかという考え方も現れました。この章では，貧困の罠を説明する理論を2つ紹介しつつ，貧困の罠が現実に存在するのか，もし存在するとするならば，どうやってそこから脱出できるのかについて考えます。

4.2　貧困の罠の理論モデル（1）

貧困の罠の一つの原因は，非常に貧しい国では生存ぎりぎりの所得レベルで生活しているために，所得がほとんど使われてしまって，貯蓄をする余裕がないことです。貯蓄は，銀行や企業を経て投資に使われて，将来の所得の増加につながります。しかし，貧しすぎて貯蓄できない国では，投資が進まないために所得が増えません。所得が増えなければ貯蓄ができませんから，まさに貧しさが貧しさを呼ぶ貧困の罠に陥ってしまうのです。

▶ 理論モデルの仮定

これを，第2章のソロー・モデルを少し変えたモデルを使って，より詳しく説明してみましょう[1]。もともとのソロー・モデルでは，所得の大小にかかわらず一定の貯蓄率が仮定されていました。年間 500 ドルの所得で生存ぎりぎりの生活をしている人も，年間 500000 ドルの所得の富豪も，所得のうち決められた割合，例えば 10% を貯蓄するという仮定になっているのです。この仮定の下では，1人当たり資本ストック量と投資量（つまり，投資によ

1　Azariadis C. and Stachurski J.（2005）. Poverty Traps. In P. Aghion and S. N. Durlauf（Eds.）, *Handbook of Economic Growth*. Amsterdam: Elsevier B.V.

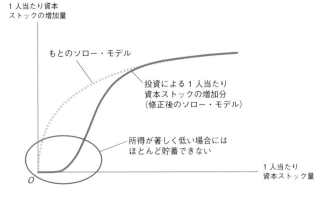

■図表 4-1　貧困層の貯蓄率が低い場合の資本ストックの増加

る 1 人当たり資本ストックの増加分）との関係は，図表 4-1 の点線のように
なります。投資量（＝貯蓄量）は生産量に貯蓄率をかけたものですが，1 人
当たり資本ストック量が多いと，生産量すなわち所得も多いので，貯蓄も投
資も多くなるのです。ですから，図表 4-1 の点線は右上がりです。さらに言
うと，左上に凸形となっているのは，資本の限界物が逓減するために 1 人当
たり資本ストック量と生産量の関係も左上に凸形となっているからです（第
2 章の 2.2 節や図表 2-2）。

　しかし実際には，上で述べたように，ぎりぎりの生活をしている人は貯蓄
する余裕などないでしょうから，貯蓄率が所得にかかわらずに一定であると
いう仮定には，若干無理があるかもしれません。ですので，ソロー・モデル
の仮定を少し変えて，所得の非常に低い人の貯蓄率はゼロで，所得が上がる
と貯蓄率が上昇し，一定の所得以上になると定率の貯蓄率になるとしてみま
しょう。

▶ 理論モデルの均衡

　そうすると，現在の 1 人当たり資本ストック量と投資によるその増加量の
関係は，図表 4-1 の実線のようになります。なぜなら，1 人当たりの資本ス
トック量が非常に小さい場合には，所得が小さくなりますので，貯蓄はゼロ

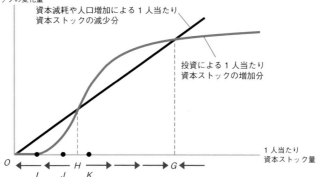

となり，投資もゼロです。1人当たり資本ストック量が増えるにしたがって，だんだん貯蓄もできるようになり，投資も増えていきます。

　貯蓄率一定のソロー・モデルの均衡は第2章の**図表 2-3**で表され，どのレベルの1人当たり資本ストック量から出発しても，必ず同じ定常状態（長期均衡）に収束しました。これは，現在の1人当たり資本ストックが小さいと，資本の限界生産物が大きく，投資することで大きく所得が増えるからです（第2章2.2節）。

　しかし，貧困層の貯蓄率が小さい場合にはそうなりません。**図表 4-2**を見てください。点 *I* や *J* のように1人当たり資本ストック量が非常に小さい状態から出発するとしましょう。この時，投資による1人当たり資本ストックの増加分（青線）にくらべて，資本減耗や人口増加による減少分（黒線）の方が大きく，1人当たりストック量はどんどん減ってしまいます。そして，長期的には点 *O*，つまり資本ストックがゼロで所得もゼロの状態に収束していくのです。簡単に言えば，所得が小さい時にはあまり貯蓄ができないので，投資も少なく，資本ストックは時間とともに価値が減少して減ってしまいます。すると，ますます所得が少なくなって，貯蓄も投資も減り，さらに貧しくなっていくというわけです。

ところが，点 K のように，1人当たり資本ストックが点 H の状態よりも大きい状態から出発する時はどうでしょうか。この時には，青線は黒線よりも上にありますから，1人当たり投資量が資本減耗や人口増による1人当たり資本量の減少を上回り，1人当たり資本ストックは増加していきます。ですから，貯蓄率一定のソロー・モデルと同様，点 G に収束していきます。

つまり，この理論モデルでは2つの長期均衡が存在し，どちらの長期均衡に収束していくかは，初期条件，つまり最初の時点でどの程度の1人当たり資本ストック量があるかで決まります。今の時点で1人当たり資本ストック量が十分に多ければ所得は成長できますが，そうでなければ（あまりにも貧しければ），貯蓄ができないためにさらに貧しくなってしまうという貧困の罠に陥ってしまうのです。

4.3 貧困の罠の理論モデル（2）

次に，ノーベル経済学賞受賞者のプリンストン大学のポール・クルーグマンの理論モデルを紹介します[2]。まず，モデルの概要を説明しましょう。このモデルでは，**近代産業**と**伝統産業**の2つの産業があります。ただし，ここで言う「近代産業」とは，IT とかバイオ・テクノロジーなどの科学技術の最先端をいく産業ではなく，現代の先進国で一般的な近代的な産業（工業に代表されますが，農業，サービス業も含みます）を指し，「伝統産業」とは，産業革命以前の先進国や現代の途上国で見られる零細な農業や家内制手工業を指すと考えてください。

さて，このモデルでは近代産業は規模とともに生産性が上がると想定されています。すると，近代産業ではある程度の規模がなければ利益が上がりません。ですので，現時点で近代産業があまりにも小さければ，利益の出ない近代産業はむしろ衰退して，近代産業がない貧困状態が続くことになります。

2　Krugman P.（1991）. History versus Expectations. *Quarterly Journal of Economics*. 106(2), 651-67.

▶ 理論モデルの仮定

　もう少し，モデルを詳しく説明していきましょう。話を簡単にするためにここでは資本は考えず，近代産業，伝統産業のどちらでも労働者と技術を使って生産が行われているものとします。また，近代産業では，第3章3.3節のAKモデルで見たように，経験することで新しい工夫や知識が生まれ（ラーニング・バイ・ドゥーイング），それが他の労働者と共有されることで産業全体の技術レベルが向上すると想定します。つまり，近代産業では，労働者がたくさんいればいるほど技術進歩によって生産性が上昇し，労働者1人当たりの生産量が増えていきます。例えば，近代産業で200人の労働者が働く時の生産量は，100人が働く時にくらべて2倍以上になります。つまり，労働者1人当たりの生産量は，200人が働いている時の方が100人の時よりも多くなります。経済学では，これを規模に関して収穫逓増，もしくは規模の経済と言います。この時，近代産業では規模に伴って労働者1人当たりの生産量が増えることから，規模（近代産業における労働者数）に伴って労働者の賃金も増えていきます[3]。

　しかし，伝統産業ではそのような規模の経済がないと想定します。例えば，伝統的な機織り機で布地を織ることを考えてください。機織りは職人芸で，一人ひとりが独立して全工程を作業し，またその技能もなかなか共有できないので，たくさん労働者がいたとしても1人で織れる布地の量は増えないのです。ですから，伝統産業の生産は規模に関して収穫一定で，産業全体の生産量がいくら大きくても労働者の生産性も賃金も上がることはありません。

　このような生産量と賃金の関係を，近代産業と伝統企業について図表4-3に表してみました。この図から明らかなように，近代産業の賃金と伝統企業の賃金が同じになる近代産業の生産量が存在します（2つの線の交点）。その生産量だけ近代産業が生産を行っている時の近代産業における労働者のシェアを A とします。

3　厳密に言えば，労働市場が競争的な時には，労働者の賃金は労働の限界生産物，つまり労働者が1人増えた時の生産物の増加分で決まります。このことについては，ミクロ経済学の教科書を参照してください。

■図表 4-3　近代産業と伝統産業の違い

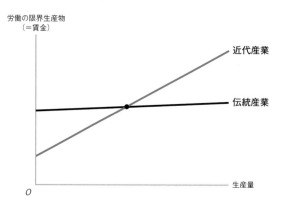

労働の限界生産物
（＝賃金）

近代産業

伝統産業

生産量

O

▶ 理論モデルの均衡

　すると，最初の段階で近代産業のシェアが A よりも大きいか小さいかで，長期的な均衡は変わってきます。もし，近代産業のシェアが A よりも大きければ，近代産業の労働者の賃金は伝統産業よりも高いので，ますます近代産業に労働者が転職してきます。そうすると，近代産業では，学習による効果によってさらに生産性が高まり，ますます賃金が上昇します。ですので，どんどん近代産業が成長していき，長期的にはその国は近代産業だけが存在して，生産性が高く，賃金も高い先進国になるのです。これを表したのが，図表 4-4 の点 B や点 C から出発する経路です。

　半面，もともと近代産業のシェアが A よりも小さければ，近代産業は規模の経済による利益を十分に享受できず，伝統産業の方が賃金は高いのです。すると，伝統産業に労働者が移ってきますから，ますます近代産業の生産量が下がり，したがって生産性も下がり，賃金も下がるということになります。この場合には，長期的には近代産業が衰退し，伝統産業しかない賃金が低い貧困国になってしまいます。これが，図表 4-4 の点 D や点 E から出発する経路です。

　ですので，前節のモデルと同様に，このモデルでも 2 つの長期的な均衡が存在し，どちらの均衡に収束していくかは初期条件，この場合は近代産業の

■図表 4-4　2 種類の長期的均衡

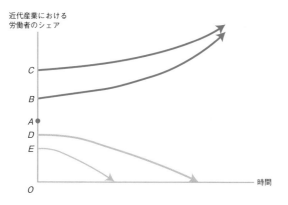

シェアによって決まります。近代産業のシェアが小さいということは，その国全体の賃金も低いということです。ですから，前節のモデルと同様，もともと貧しい国はますます貧しくなるという貧困の罠が存在しています。反面，もともとある程度発展していた国は近代産業がますます発達し，産業化に成功して高い所得レベルを達成することができるというわけです。

4.4　経路依存性と成長期待

▶ 経路依存性

以上の 2 つのモデルは，いくつかの重要なことを示唆しています。まず第 1 に，経済成長にとって初期条件が重要であるということです。「初期」といっても特定の時期を指しているわけではありません。いずれにせよ，ある時点での状態がその後どうなるかを決めているということです。これを**経路依存性**と言います。歴史的な経緯によってその後の経路が決まるという意味で，英語では History matters（「歴史が大事」）と表現したりもします。

ただし，貧困の罠のモデルは，外生的な変化によって経路が変化することをも否定しているわけではありません。もし，ある時点で何らかのことが偶

然に起こって，貧困国の条件が変化すれば，長期的な成長経路に移ることも可能なのです。

　例えば，モデル(1)で気候変動によって農業の生産量が上がって所得が向上したとしましょう。すると，図表4-2の点 J にいた貧困国は点 K に移動して成長経路に乗ることができます。つまり，所得の向上に伴って貯蓄をする余裕が出て，種もみや農機具，家畜などに投資をすることができるようになって，経済は成長していくのです。そもそも，狩猟や採集に依存して何百万年にもわたって長く生存ぎりぎりのレベルだった人類の消費水準が成長しはじめたのは，約1万年前に農耕が始まってからですが，これはそのころに氷河期が終わって気候が温暖化したことに伴うものです。つまり，氷河期の終わりという歴史的な出来事によって，狩猟や採集に依存した貧困の罠から人類が脱出することができたと言えます。

　また，植民地時代に植民者が近代的な産業を移植することで，モデル(2)の図表4-4の点 D から点 B に移って成長することもあり得るのです。例えば，アメリカが世界の超大国になったのは，イギリスなどの西欧諸国による植民地化によって，近代的な産業が移植されたことに端を発しています。

　むろん，逆に天候の変化や植民地化によってむしろ資本ストックや近代産業が破壊されてしまうこともあり得ます。この場合には，逆に成長経路から貧困の罠へと転換することになります。例えば，サハラ以南アフリカでは，逆に植民地化によって貧困が固定されてしまったように見えます。

　このように，歴史的な偶然の出来事によって成長経路が左右されるという意味でも，History matters という表現が使われます。なお，植民地化によって経済成長が促されたり，逆に貧困の罠にはまったりすることについては，第9章で詳しく説明します。

▶ 成長期待の役割

　さらに，4.3節の理論では，これまでの歴史に加えて，これからの経済成長に対する期待も重要な役割を果たします。例えば，現在図表4-4の点 D にいて，伝統産業の賃金の方が近代産業よりも高いとしましょう。しかし，国民の多くが将来その国の近代産業が発達して経済成長することを信じてい

るならば，その人たちは今は賃金が低くても，今後賃金が上がることを見越して近代産業に転職するはずです。そうした人たちがたくさん出てくれば，いつかは近代産業が十分に大きくなって，規模の経済のために生産性が上がって賃金も上昇します。国民の成長期待が実際の成長を呼び込むのです。

このような理論的予測を，History matters（「歴史が大事」）に対して，Expectations matter（「期待が大事」）と表現します。また，期待するからこそその期待が実際に達成されるという意味から，このような期待を「自己充足的な予言」と呼びます。

4.5 政策の効果

▶ ビッグプッシュ

では，貧困の罠にはまっている最貧国は，罠から抜け出すためにどのような政策をとればよいでしょうか。4.4節で偶然の出来事が成長経路を変え得ると言いましたが，政府の政策も成長経路を変える力があります。ここで重要なのは，貧困の罠から脱出するには，小規模の政策を小出しに行うのではなく，大規模の政策を一気に行うことが必要だということです。

例えば，図表4-2の点Iにいる貧困国を考えましょう。この国が，先進国からの政府開発援助や借入によって，もしくは自国民から税金を徴収して，資本ストックを少し増やして点Jになったとしても，長期的には結局点Oに収束してしまいますので，そのような政策は無意味です。長期的な成長経路に乗るためには，大規模な援助や借入を受け入れて，点Hを飛び越えて，例えば点Kにまで一気に資本量を増やすようにしなければならないのです。

4.3節の理論を使っても同じようなことが言えます。貧困国であっても，借入や税金を使ってある程度の規模の近代産業を無理にでも一気に創出すれば，その後は順調に成長できるということになります。貧困の罠を脱出すれば，その後の所得向上によって外国からの借入も返済できますし，国民も重税をとられたことに納得できるはずです。

このような大規模な政策を「ビッグプッシュ」と呼びます。経済成長にビ

ッグプッシュが必要なことは，古くは 1940 年代にポール・ローゼンスタイン-ロダンによって提唱されました[4]。

▶ **成長期待の形成**

　もう一つ有効な政策は，国民の間に，今後自国が経済的に成長するという予測を形成することです。4.5 節で明らかにした通り，近代産業を持たない貧困国であっても，国民が将来近代産業が発展するという信念を持っていれば，人々は将来を見越して潜在的な成長産業に参入します。その産業に規模の経済が働くのであれば，規模が大きくなることで生産性が上がり，安定的な成長経路に乗ることができます。ですから，そのような信念・期待を国民の間に起こすことができれば，実際に経済成長できるということになります。

　このような政策は，実はそれなりに行われています。例えば，日本でも 1960 年に池田勇人内閣が 10 年で所得を 2 倍にするという「所得倍増計画」を決定し，国民の間に成長期待を喚起しました。そして，企業は成長を期待して投資を活発に行い，実際に日本の実質 GDP はわずか 8 年ほどで倍増したのです。現代の途上国でも，政府が経済の 5 か年計画などで，国際機関や民間の予測よりも高い経済成長目標を立てることはよく見られることです。

　このように，貧困の罠を予見するこれらの理論モデルは，市場の失敗のために貧困の罠にはまってしまう場合には，政策によって人々の厚生（消費による幸福度）を引き上げることができることを示しています。とはいえ，本当にこの理論やその政策的な帰結は正しいのでしょうか。

4.6　政府の失敗

▶ **標準モデルにおける政策の役割**

　この章の理論から導き出されるビッグプッシュや期待を醸成する政策の有効性は，第 2 章・第 3 章で説明した標準的な経済成長理論からは導き出され

4　Rosenstein-Rodan P. N.（1943）. Problems of industrialisation of eastern and south-eastern Europe. *The Economic Journal*. 53（210／211）, 202-11.

ません。第2章の新古典派成長モデルでは，例えば貯蓄率を向上させるような政策を行うことで，短期的な所得成長や長期的な所得レベルが向上することが示されました（第2章2.6節）。新古典派成長モデルの場合には，貯蓄率を上げることができれば，小規模な政策であっても所得レベルに対して長期的にも効果を発揮します。第3章の内生成長モデルでも同様で，研究開発や模倣を促進するような政策を小規模に行ってもいくらかの効果は期待できます。また，新古典派成長モデルでも内生成長モデルでも，国民が経済成長を予測するだけで，実際に経済成長率が上昇することは考えられません。

▶ 政府も失敗する

　現実の途上国にとっては，この2つのタイプの理論の政策的示唆の違いは大問題です。貧困の罠の理論が正しくて，貧困国が実際に罠に陥っているのであれば，国民から強制的に資金を集めるなり，外国から援助してもらうなりして，何とか大規模な政策を行って一気に経済を発展させなければなりません。

　しかし，第2章の新古典派成長モデルや第3章の内生成長モデルのように，1つの長期均衡しかない標準的な成長理論が正しければ，小規模でも政策を実施すれば少しは経済は好転します。むしろ，ビッグプッシュ的な急進的な政策をやれば，経済成長に対して逆効果になってしまう可能性もあります。

　なぜなら，政府が得た資金をどの産業に投資するかを決める時に，政府に将来を見通す力が十分になければ，潜在的に成長力のない産業に投資してしまって，結局は無駄になってしまうからです。例えば，1980年代にブラジルは当時成長産業だと考えられていたパソコン機器産業を育成するために大規模な政策を動員しましたが，結局は世界市場で競争できるレベルにはなれませんでした。その結果，補助金の無駄使いだという批判のために，1990年代には保護政策をやめています（第6章6.6節）。インドネシアは航空機を製造する産業を育成するために国営企業を設立しましたが，その費用に対して十分な効果が上がっているとは言えません。さらに，政府が汚職などで腐敗している場合には，資金を政治的な理由で取り巻きなどにばらまいてしまって，有効に活用されないこともあります（第10章）。

期待を高める政策も同様で，もし標準的な成長理論が正しければ，いくら政府が「この国は成長する！」とキャンペーンを張っても何の効果もないはずで，キャンペーンにかける費用が無駄になるだけです。

このように，本来は市場の失敗を修正して国民の厚生を高めることができるはずの政府が，その能力の欠如や腐敗した制度のために，むしろ政策によって厚生を悪化させてしまうことを「政府の失敗」と言います。

4.7　貧困の罠はあるのか？

では，この章の貧困の罠の理論と第2章・第3章の標準的な成長理論とでは，実際にはどちらの理論が正しいのでしょうか？　理論的にはどちらの場合もあり得ますから，問題はどちらの理論が現実とより整合的なのかということです。しかし，貧困の罠の理論が正しくとも，例えば図表4-2の点 H よりも右にある国や図表4-4の点 A よりも上にある国は，標準的な成長理論で予測されるように成長しますので，そのような国だけを見ている限りでは，どちらの理論が正しいのかがはっきりとわかりません。では，貧困の罠に陥っている国が見つかればよいのですが，それもなかなか難しいのです。サハラ以南アフリカの最貧国を見ても，貯蓄率が低いから定常状態の所得レベルが低いだけだというソロー・モデルによる説明もできます。しかし，貯蓄率が低いことが貧困の罠に陥っている証拠であるという考え方も可能です。

▶ 貧困の罠の実証

ですから，この論争に対して回答するためには，一つひとつの国を見るのではなく，世界各国を全体として見た分析が必要です。ニューヨーク大学のジェス・ベンハビブらは，2つの長期均衡のある理論と1つしか均衡がない理論の両方を考え，どちらの理論が世界のデータによりあてはまりがよいかを調べました[5]。

5　Benhabib J. and Spiegel M. M.（2005）. Human Capital and Technology Diffusion. In P. Aghion and S. N. Durlauf（Eds.）, *Handbook of Economic Growth*. Amsterdam: North Holland.

ベンハビブらの理論は，第3章3.5節で示した技術の学習（模倣）によって途上国が成長する内生成長モデルに似ています。第3章では，技術を学習する時に先進国と途上国の技術レベルの差が大きければ大きいほど，途上国はよりたくさん模倣する余地があり，より簡単に模倣をすることができると仮定していました。この時には長期均衡は1つです。

しかし，あまりにも技術レベルの差が大きすぎると，むしろ学習が難しくなることがあるかもしれません。第3章3.5節にならって，例えば，小学生がプロ選手からサッカーを習うのと中学生から習うのとをくらべてみましょう。もし，プロが小学生のレベルまで下りてきて親切に説明してくれれば，プロから習う方がたくさん学べるはずですが，プロが難しいことを言いすぎるのならば，小学生にとっては中学生が教えてくれた方がよい，ということになってしまいます。

ベンハビブらは，世界各国のデータを用いて，確かに途上国と先進国の技術差が大きすぎると模倣が難しくなっている傾向にあることを見出しました。さらに，国民の教育レベルが十分に高ければ模倣の困難を乗り越えて成長経路に乗れるのですが，教育レベルが低すぎると模倣ができずに貧困の罠に陥ってしまうことも明らかにしました。

ただし，データから明らかになった境目となる教育レベルは，国民（厳密には全労働者）が受けた平均的な教育年数が2年間とかなり低いものでした。つまり，理論上は貧困の罠は存在しているけれども，国民が平均的に小学3年生以上の教育を受けていれば，実際には貧困の罠に陥る心配はないということになります。

ハーバード大学のバローらが作成した教育に関するデータベース[6]によると，2010年時点で15歳以上の人の平均教育年数が2年以下の国は，データが得られた146か国中，マリ，モザンビーク，ニジェールの3か国（すべてサハラ以南アフリカの国です）しかありません（図表4-5）。1960年には，このような国は50か国もありましたが，この50年間で途上国でもずいぶんと教育が普及してきたのです。サハラ以南アフリカのリベリア，ベナン，中

6　Barro R. J. and Lee J. W. (2013). A new data set of educational attainment in the world, 1950-2010. *Journal of Development Economics*. 104, 184-98.（http://www.barrolee.com/）.

■図表 4-5　15 歳以上の平均教育年数

(単位：年)

	1960 年	2010 年
マ　リ	0.20	1.97
モザンビーク	0.82	1.93
ニジェール	0.38	1.88
リベリア	0.73	4.20
ベナン	0.61	4.43
中央アフリカ共和国	0.50	3.76
ガンビア	0.47	3.77
シエラレオーネ	0.50	4.23
スーダン	0.48	3.21
ネパール	0.13	4.23
日　本	7.76	11.60
世界平均	3.46	8.34

(出所)　Barro R. J. and Lee J. W. (2013). A new data set of educational attainment in the world, 1950-2010. *Journal of Development Economics*. 104, 184-98. (http://www.barrolee.com/).

央アフリカなどや，アジアでもネパールといった国々は，1960 年には平均教育年数が 1 年以下でしたが，2010 年にはいずれも 4 年前後にまで伸びてきています (図表 4-5)。

　ですから，50 年前には貧困の罠は当たり前に存在していたのかもしれません。教育レベルが低いために先進国技術の学習が進まず，ますます学習が難しくなってしまうことが十分にあり得たからです。しかし現在では，少なくともこのような形での貧困の罠はほとんど存在していないと考えられます。

▶ 近年の貧困の罠の可能性

　さらに，図表 4-6 を見てみましょう。これは，1950 年から 1998 年までの世界の 122 か国の年率の 1 人当たり GDP 成長率と，その時点での 1 人当たり GDP との関係を示したものです。一つひとつの点がある年のある国の 1 人当たり GDP とその成長率を表します。かなりばらけてはいるのですが，1 人当たり GDP に対する平均的な成長率が実線で表されています。

　これによると，平均的には，1 人当たり GDP が 1000 ドル程度の最貧国の

■図表 4-6　1950〜1998 年の 122 か国の年間成長率

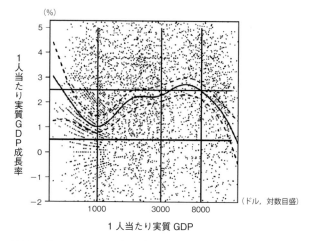

（出所）　Fiaschi D. and Lavezzi A. M.（2007）. Nonlinear Economic Growth: Some Theory and Cross-Country Evidence. *Journal of Development Economics*. 84（1）, 271-90.

レベルでは成長率は非常に低く，その後 5000 ドル程度の中所得国になるまでは成長率も上昇し，その後 10000 ドル超の先進国になるにつれて成長率が低下します。しかし，最貧国の成長率は低いとはいえ，平均的にはゼロよりも大きく，ノロノロとではあるものの成長はしているということになります。貧困の罠で予測されているのは，ゼロもしくはマイナス成長です。ですから，最貧国であってもゼロもしくはマイナス成長している例はそれほど多くないことからも，実際に貧困の罠にはまっている国は必ずしも多くはないのではないかと思われます。

　そもそも，貧困の罠が開発経済学者や政策担当者の間で議論されるようになったのは，サハラ以南アフリカの国々のほとんどの国で，20 世紀後半に経済が長期的に停滞していたためでした。しかし，21 世紀に入ると，第 1 章の図表 1-6 で明らかなように，多くのアフリカ諸国でも高い経済成長が始まりました。それを考えると，貧困の罠はもしかしたら以前は広範に存在していたのかもしれないものの，現代ではかなりの程度解決してきたのかもしれません。

したがって，現代の貧困国において，貧困の罠にはまっていることを前提に，ビッグプッシュ的な政策や期待を醸成する政策を行うことは，あまり勧められません。特に，ビッグプッシュ的に資本を国内外から借金をかき集めて一気に産業化を進めようとする政策は，その国が罠にはまっていない時には効果がありません。罠にはまっていたとしても，政府の失敗のために資金が非効率的な投資に回ってしまう可能性が大きく，実施に当たっては相当に慎重にならなければなりません。それよりもむしろ，第2章・第3章で述べたように，貯蓄率や模倣の効率性を上げるような政策を地道にやっていく方が，おそらくほとんどの途上国にとって経済の成長を促進すると考えられます。

4.8 まとめ

1. 貧困の罠とは，貧困が貧困を呼ぶような悪循環のために，ある国が貧困から抜けられない状態を言います。

2. このような貧困の罠は，貧しいから貯蓄ができず，その結果投資も進まないことや，近代産業が発展していないためにその生産性が低いままで，その結果ますます発展できないことなどで，理論的に説明できます。

3. 貧困の罠にはまった国は，ビッグプッシュと呼ばれる大規模な政策や成長期待を醸成させる政策によって，罠から脱出することができます。

4. しかし，実際には貧困の罠にはまっている国は現代ではそう多くはないこと，罠にはまっていたとしてもビッグプッシュ的な政策は政府の失敗によって逆効果となる可能性もあることから，実際の運用には慎重さが必要です。

キーワード

貧困の罠，近代産業，伝統産業，規模に関して収穫逓増，規模の経済，経路依存性，これからの経済成長に対する期待，自己充足的な予言，ビッグプッシュ，所得倍増計画，厚生，政府の失敗，教育レベル

(1) 第2章のソロー・モデルにおいて，貯蓄率を上げることは短期的に1人当たり GDP 成長率を上げ，長期的に1人当たり GDP のレベルを上げることを示しました（2.4節）。また，そのための政策として，モバイル・バンキングなどの金融制度を農村部でも普及させることを例に挙げました（2.6節）。本章4.2節のモデルにおいて，このような貯蓄率を上げる政策はどのような効果があるでしょうか。

(2) 第2章の図表 2-8 を見ると，投資率が高いにもかかわらず1人当たり GDP が低い国がサハラ以南アフリカを中心にいくつも存在しています。これらの国は貧困の罠にはまっているのでしょうか。もしはまっていないとすれば，どのような説明が可能でしょうか。

(3) 日本の幕末から明治初期に，ビッグプッシュ的な政策は行われたでしょうか。また，第2次世界大戦後の高度成長期にはどうだったでしょう。もしビッグプッシュ的な政策が行われたと考えるのであれば，そのような政策がなかったら日本の経済成長はどうなっていたと考えますか。

第5章

中所得国の罠

前章では，最貧国が成長できない「貧困の罠」について論じましたが，最近は中所得国の成長が停滞する「中所得国の罠」が注目されています。この章は，その現象を説明する理論モデルとその実証的な含意について論じます。

5.1　中所得国の経済成長

前章の最後に述べたように，サハラ以南アフリカの国々が21世紀に入って経済成長しはじめるとともに，貧困の罠の脅威は薄れてきたようです。反面，1人当たり名目GDPが1000ドル程度から12000ドル程度の中所得国[1]において，それまで順調に成長してきた経済が停滞して，なかなか先進国の仲間入りができないという「中所得国の罠（または中進国の罠）」が，政策の場でも学界でも注目されてきています。なお，1人当たり名目GDPが1000ドル程度から12000ドル程度とは，これまでの章でよく使ってきた購買力平価（PPP）調整済みの1人当たり実質GDPを使えばおよそ3500ドルから25000ドルとなります（第1章の図表1-13を参照してください）。

1　世界銀行は，1人当たりGNI（国民所得）が1026ドルから12375ドルの国を中所得国（middle income countries），そのうち3996ドル以上の国を高中所得国（upper middle income countries）と定義しています（2019年）。

▶ 現在の先進国と中所得国の成長経路の違い

では，いくつかの国について，中所得国になった時，つまり1人当たり実質 GDP（PPP）が 3500 ドルを超えた時からの所得レベルの軌跡をグラフに書いてみましょう。図表 5-1（1）は，アジア諸国について示したものです。図の横軸は，1人当たり GDP が 3000 ドルを上回った年から何年たったかを示しています。ですから，国によって横軸の「0」が意味する年は国によって異なり，日本であれば 1956 年ですが，タイでは 1982 年，インドネシアでは 1992 年を表します。この図によると，日本，韓国，台湾は似かよった軌跡をたどっており，1人当たり GDP が 3000 ドルを超えてから 30 年から 35 年で 25000 ドルに到達しています。しかし，それにくらべるとマレーシア，タイ，インドネシアの歩みは遅く，マレーシアは 35 年たっても先進国の所得レベル（25000 ドル）にはるか及ばず，45 年たってやっと近づいてきています。

1993 年に世界銀行から出版されて話題を呼んだ『東アジアの奇跡』[2] というレポートの中では，現在はすでに先進国入りした日本，シンガポール，香港，台湾，韓国の5か国に加え，マレーシア，タイ，インドネシアを非常に高い経済成長を達成した「東アジアの奇跡」と呼びました。しかし，図表 5 -1（1）を見る限りでは，これらの3国の経済成長はその後必ずしも順調に行っていません。図表 5-1（2）はラテンアメリカ諸国について，同様の図を書いたものです。ラテンアメリカ諸国は比較的早くに 3000 ドル超えを達成して中所得国となりましたが，その後 50 年ちかくたってもマレーシアと同じく先進国のレベルには到達できていません。

2001 年には，ゴールドマン・サックスの投資向けレポート[3] が，ブラジル，ロシア，インド，中国を BRICs と呼び，その高成長に注目しました。しかし，ブラジルの経済成長はその後停滞しており，2010 年から 2018 年までの1人当たり GDP の平均的な年率成長率は −0.003％ でした。中国の経済成

2　世界銀行（白鳥正喜（訳））（1994）『東アジアの奇跡──経済成長と政府の役割』，東洋経済新報社（原書は 1993 年の出版）。

3　O'Neill, J. (2001). "Building Better Global Economic BRICs," *Global Economics Paper*, No. 66, Goldman Sachs（https://www.goldmansachs.com/insight/archive/archive-pdfs/build-better-brics. pdf）.

■図表 5-1　成長の軌跡

（1）アジア諸国

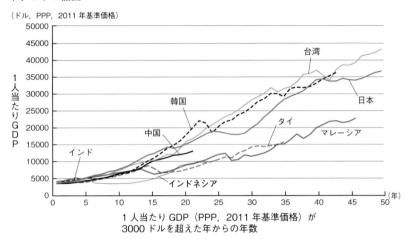

（ドル，PPP，2011 年基準価格）

1人当たりGDP（PPP，2011 年基準価格）が
3000 ドルを超えた年からの年数

（2）ラテンアメリカ諸国

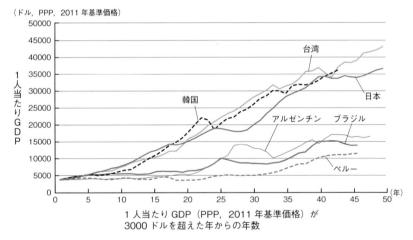

（ドル，PPP，2011 年基準価格）

1人当たりGDP（PPP，2011 年基準価格）が
3000 ドルを超えた年からの年数

（出所）　Penn World Table 9.1. Aiyar M. S., Duval M. R. A., Puy M. D., Wu M. Y. and Zhang M. L.
　　　　（2013）. Growth slowdowns and the middle-income trap, *IMF Working Paper*, No. 13/71, In-
　　　　ternational Monetary Fund を参考に作成。

長はいまだに目を見張るものがありますが，2000 年代には年率 9.5% だっ
た 1 人当たり GDP 成長率は 2010〜18 年には平均 6.7% にまで減少しまし
た（世界銀行『世界開発指標』）。

▶ 別の角度から見た成長経路の違い

さらに別の角度から，これらの中所得国の経済成長の軌跡を見てみましょ
う。図表 5-2 は，1960 年から 2017 年までを 10 年一区切りとして，アジア
諸国のそれぞれの期間の 1 人当たり GDP とその成長率とを対比させたもの
です。これを見ると，すでに先進国となった東アジアの 5 か国は，時期は違
えども，驚くほど似かよった経路で成長してきていることがわかります。例
えば，1 人当たり GDP（PPP 調整済）が 5000 ドル程度の中所得国の時代に
は，6〜10% 程度の高い成長率を達成していますが，その後所得レベルが増
えるにつれて，成長率は低下しています。これは，第 2 章・第 3 章で説明し
た「条件付き収束」の考え方と整合的です。つまり，先進国に近づくにつれ，
資本の収益率が減少したり（新古典派経済成長ソロー・モデル），模倣がよ

■図表 5-2　先進国への経路と中所得国の罠（1960〜2017 年）

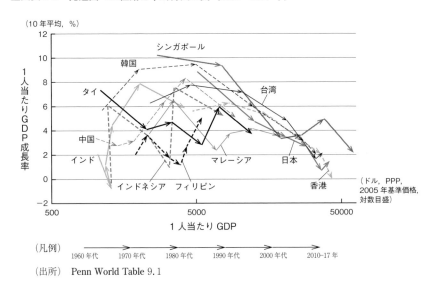

（凡例）
1960 年代　1970 年代　1980 年代　1990 年代　2000 年代　2010-17 年

（出所）　Penn World Table 9.1

り困難になったり（内生成長モデル）するために，成長が鈍化するのです。近年では，成長の停滞が続く日本以外では，およそ2%程度の成長率となっていますが，これは先進国としては平均的な数字です。

　逆に言えば，PPP調整済みの所得レベルが5000ドル程度では6～8%，10000ドル程度では4～6%の経済成長率で成長していかないと，なかなか先進国となることは難しいと言えるのかもしれません。

　では，現在まだ中所得国であるアジア諸国（中国，マレーシア，タイ，インドネシア，フィリピン，インドなど）はどうでしょうか？　これらの国々は，必ずしも先進国化したアジア5か国のように順調な成長経路をたどっておらず，同じ1人当たりGDPのレベルでくらべると成長率が低いことがわかります。中国，マレーシア，タイ，インドネシアは2010年代になってからは先進5か国の経路に近づいていますが，それでも現時点での所得レベルにくらべてその成長率は十分ではありません[4]。ましてやフィリピンとインドは，1人当たりGDPが約5000ドルに達しているにもかかわらず，成長率は5%程度にすぎません。日本や韓国が同じくらいの所得レベルだった時に，9%ほどの成長を達成したこととくらべるとかなり低いと言えます。この程度の成長率では，東南アジアやインドはなかなか先進国に追いつくことはできないでしょう。

　これは，図表5-3に示されたラテンアメリカ諸国でも同じです。これらの国々は，1960年にはすでに中所得国に近いレベルにまで達していましたが，その後50年以上にわたり，高成長を達成することなく，いまだに中所得国のままでいます。図表5-3は韓国の成長経路も参考のために載せています。1960年には，ラテンアメリカ諸国は韓国よりも豊かだったにもかかわらず，50年にわたる経済停滞の結果，韓国に完全に追い越されてしまったのです。

4　図表5-2では，より長期のデータが得られるPenn World Tableを利用していますが，中国の2010～17年の1人当たり実質GDP成長率は年率4.8%と，他のデータと比較するとかなり小さくなっています。例えば，世界銀行の世界開発指標によると，同時期の成長率は6.8%です。この数字を使えば，中国はアジア先進5か国とほぼ同じ経路をたどっていると言えます。

■図表 5-3　ラテンアメリカ諸国の成長

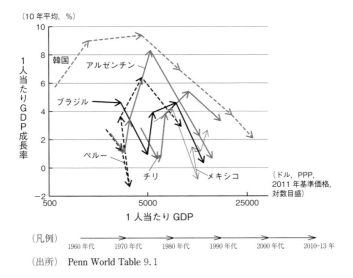

（凡例）
1960年代　1970年代　1980年代　1990年代　2000年代　2010-13年

（出所）　Penn World Table 9.1

5.2　中所得国の罠とは

　では，このように経済成長率が低い中所得国は，罠にはまってしまってい
て，先進国になれないのでしょうか？

　これを考えるには，「中所得国の罠」を定義しなければなりません。その
ためには中所得国や先進国の定義をもう少し厳密にする必要があります。先
に，中所得国を1人当たり名目GDPで1000〜12000ドル程度，購買力平価
を調整した実質値で3000〜25000ドル程度と定義しました。しかし，100年
後の中所得国とは何かを考えた時，今と同じ所得レベルで定義するのか，そ
の時点での所得レベルの分布の中ほどに位置する国として定義するのかは，
考え方次第です。言い方を変えれば，中所得国は絶対的な所得レベルでも，
相対的な所得レベルでも定義できます。

■図表 5-4　先進国になるのにかかる年数

	2018 年の1人当たり GDP (PPP, 2011 年価格)	2013-18 年の1人当たり GDP 年率平均成長率	絶対的な先進国になるのにかかる年数	相対的な先進国になるのにかかる年数
中　国	16182	6.3%	7.1	10.5
タ　イ	16905	2.7%	14.5	54.5
インドネシア	11606	3.8%	20.8	45.0
ペルー	14284	1.7%	32.4	不可能

（出所）　世界銀行『世界開発指標』

▶ 絶対的中所得国

　絶対的な所得レベルで中所得国を定義した場合，罠にはまって先進国になれないとは，ある絶対的な所得レベル（名目所得で 12000 ドル，PPP 調整済みで 25000 ドル）を超えられないということです。この定義に従えば，経済成長率が低くてもプラスでさえあれば，時間はかかってもいつかは先進国になれます。現在の中所得国のほとんどはプラス成長していますから，その意味では罠にはまっていないと言えます。

　例えば，ペルーの 2018 年の1人当たり GDP（PPP）は，14283 ドル，2013 年から 2018 年の平均成長率は 1.7% でした（世界銀行『世界開発指標』）。この成長率は中所得国としては低いものですが，この低い成長率のままでも，32 年かければ1人当たり GDP が 25000 ドルの先進国となることができます（図表 5-4）。タイやインドネシアでも成長率は高くないとはいえ，15 年から 20 年で絶対的な先進国になれます。ですから，ペルーもタイもインドネシアも中進国の罠にはまっていないと言えます。

▶ 相対的中所得国

　しかし，相対的な所得レベルで中所得国を定義すると，話は違います。この場合，罠から脱出するとは現在の先進国に追いつくということです。現在の先進国の成長率はだいたい 2% 程度ですから，先進国に追いつくためには中所得国は 2% 以上の成長率を達成しなければなりません。ですから，現在

の成長率のままであれば，ペルーは中所得国の罠にはまって先進国に追いつけないということになります。

　半面，2018年時点で1人当たりGDP（PPP）が11,606ドルで，その前の5年間の成長率が3.8％のインドネシアは，このままの成長率を保つことができれば，45年ほどで先進国に追いつきます。同時期の成長率が6.3％弱の中国は，約10年で先進国に追いつけるでしょう。ですから，相対的に中所得の罠を定義したとしても，これらの2国は罠にはまっていないと言えます。

　ちなみに，タイの場合には，2013-18年の平均成長率が2.7％と低く，この低い成長率のままでいけば，先進国に追いつくことはできるものの，55年もかかってしまいます。追いつけるとはいっても相当な時間がかかることから，相対的な定義を使えば，中所得国の罠にはまっていないとは言いきれないともいえます。

　このように見ていくと，中所得国の罠を厳密に定義することは困難で，ある国が中所得国の罠にはまっているか，はまっていないかについて，万人が納得できる答えはありません。ですから，ここでは中所得国の罠の定義にこれ以上こだわらないことにしましょう。問題なのは，中国を除く現在の中所得国のほぼすべてが，第2次世界大戦後に先進国になった東アジアの5か国が中所得国だった時代にくらべると，明らかに低い成長率である（図表5-2）ことです。以下では，このような中所得国の低成長の原因について考えていきましょう。

5.3　収束による理論的説明

　実は，中所得国が先進国になる前に低成長になってしまう可能性については，第2章・第3章に説明した条件付き収束の概念で説明できます。例えば，第2章の新古典派成長理論では，投資が進めば投資の収益性（限界生産物）が下がってくるために経済成長率が低下してきます。しかも，図表2-11で表されているように，投資率が低い，もしくは人口成長率が高い国では，長

期的に蓄積される1人当たり資本ストックの量が少なくなり，長期均衡における所得レベルも低くなります。したがって，このような国では所得レベルが高くなる前に低成長に陥ってしまうのです。

第3章の内生的成長理論でも，図表3-3で表されるように，人口規模が小さい，もしくは先進国技術を模倣する能力が低ければ，先進国の技術を十分に吸収することができませんので，長期的な所得レベルは低くなります。すると，中程度の所得レベルを達成した段階で長期的な均衡に達してしまい，その後は先進国と同様の比較的低い成長率で経済が成長していくこととなります。これが中所得国の低成長の原因と考えられます。

なお，この時には，図表2-11や図表3-3で示されているように，中所得国の1人当たりGDPは成長し続けますから，絶対的な意味ではいつかは必ず先進国になれます。しかし，その成長率は長期的には先進国と同じになりますから，相対的な意味では先進国にはなれない，つまり先進国に追いつくことはできないのです。

5.4　複数均衡モデルによる理論的説明

中所得国の低成長の原因として考えられる別の要因は，大量の安い賃金の労働者に依存した労働集約的産業中心の途上国型経済構造から，知識や技術に優れた技術者や管理者を活用する技術集約的産業中心の先進国型経済構造への転換が進まないことです[5]。このような産業構造の転換が進まないことは，前節の説明では必ずしもうまく説明できません。ですので，この節では，第4章で見たような複数の長期均衡を持つ理論モデルによって，中所得国の罠の説明をしてみましょう[6]。

5　Felipe J., Abdon A. and Kumar U. (2012). Tracking the middle-income trap: What is it, who is in it, and why?, *Levy Economics Institute, Working Paper*, No. 715.

6　Todo Y. (2005). Technology Adoption in Follower Countries: With or Without Local R&D Activities? *Topics in Macroeconomics*. 5(1).

▶ **理論モデルの設定**

　まず，第3章の3.5節のように，途上国が先進国の技術を取り入れることで自国の技術レベルを上げていくことを想定しましょう。しかし，3.5節とは違って，先進国の技術を取り入れるのには2つの異なる方法があるとします。一つは，3.5節と同様に自国で研究者や技術者が努力する，つまり自国の**研究開発活動**（R&D活動）を行うことで先進国技術を模倣するというやり方です。もう一つは，外国企業に自国で操業をしてもらう，つまり**海外直接投資**（Foreign Direct Investment を略して，これ以降 FDI と呼びます。FDI については第6章で詳述します）を呼び込むことで，高い技術を使って生産をしてもらうという方法です。例えば，外国企業が新しい機械を使って途上国で生産をすれば，新しい技術を使ってより品質の高い製品をより効率のよく生産できることになります。

　この2つのやり方は，次の2つの点で異なります。第1に，途上国自身のR&Dによる技術の模倣にも，外国企業のFDIによる技術導入にもコストがかかりますが，R&Dによる模倣のコストは途上国の技術レベルが上がるのに伴って下がります。反面，FDIによる技術導入には，途上国の技術レベルと無関係に一定のコストがかかるとします。そうすると，技術レベルが十分に高い国ではR&Dによる模倣の方が安く，そうでない国ではFDIによる技術導入の方が安上がりです。

　第2に，途上国で模倣が行われるということは，途上国の研究者・技術者が先進国の技術を学習してそれを真似するということですから，途上国の技術レベルが上がります。しかし，FDIによって技術を導入するということは，途上国の工場で新しい機械を導入して生産をするだけなので，品質のよい製品を効率よく生産できるといっても，それは機械のおかげであって，途上国自身の技術レベルが上がったわけではありません。途上国の研究者，技術者がその機械を自分で作れるようになるわけではないのです。

▶ **理論モデルの均衡**

　このような状況では，途上国の初期の技術レベルによって長期的な均衡が異なります。もし，最初の時点で十分に途上国の技術レベルが高ければ，途

上国自身の R&D による模倣の方が FDI による技術導入よりもコストが安いので，模倣によって外国技術を取り入れます。そうすると，外国技術を学習することで途上国の技術レベルはさらに上がりますから，ますます模倣の方がコストが安く，模倣による技術移転が進みます。したがって，この途上国は長期的には技術集約的な産業構造への転換を成し遂げ，先進国に追いついていきます。

しかし，最初に途上国の技術レベルが低ければ，コストが安い FDI による技術導入に依存するがために，自国の研究者が外国技術を学習できません。すると，途上国の技術レベルが上がらないので，FDI への依存が続きます。この場合には，技術集約的な産業構造への転換ができずに，途上国は先進国には追いつけないことになります。この状態が中所得国の罠だと言えます。

これを図表 5-5 と図表 5-6 を使って説明しましょう。点 A は，途上国自身の R&D による模倣と FDI による技術導入のコストが等しくなる技術レベルを表しています。すると，それより技術レベルが高い点 B や点 C にいる途上国は，模倣によって成長していき，その 1 人当たり GDP は長期的には先進国に近づいていきます。しかし，技術レベルが低い点 D や点 E にいる途上国は，それ以上技術レベルが上がらずに所得の成長も停滞します。

▶ 理論モデルの予測は実証的に正しいか

この理論が正しければ，自国の R&D 活動に依存して高度な成長を遂げる国と，外国からの FDI に依存してほどほどの成長を遂げる国の 2 種類が存在しているはずです。図表 5-7 は，R&D 支出額と FDI の流入額の対 GDP 比の 1970 年から 2018 年までの推移を，いくつかの国について表したものです。一つひとつの矢印がある 10 年間の動きを表しています。

これを見ると，日本と韓国はほとんど FDI を受け入れずに，自国の R&D に依存することで高度な成長を遂げてきたことがわかります。反面，低成長に陥っている中所得国，例えばインドネシア，タイ，インド，ペルー，チリなどでは FDI の流入は増えているものの R&D 支出は伸び悩んでいます。ですから，このような複数均衡の存在によって，中所得国の罠を説明することがそれなりにできています[7]。

■図表 5-5　中所得国の罠の理論

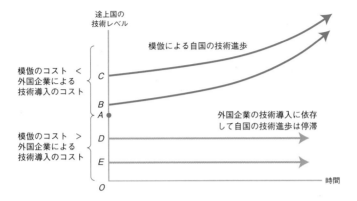

■図表 5-6　成長経路

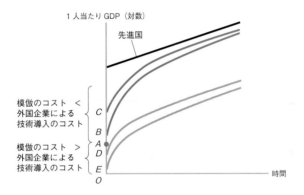

　ただし，理論の予測からは若干外れている国々も見受けられます。例えば，シンガポールは自国のR&DとFDIの両方を活用して先進国にキャッチアップしています。中国やマレーシアは，初期にはFDIに頼りながらも，近年では自国のR&Dを急増させています。香港はFDIに強く依存して自国でのR&Dは活発ではありませんが，高い経済成長を遂げています。

7　前掲のTodo（2005）は，データを利用して統計学的にそれを示しています。

■図表 5-7　研究開発支出と外国直接投資

（1）全　体

（対 GDP 比，％）

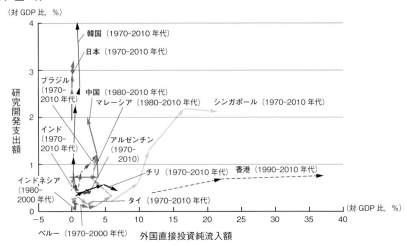

（2）一部分を拡大したもの

（対 GDP 比，％）

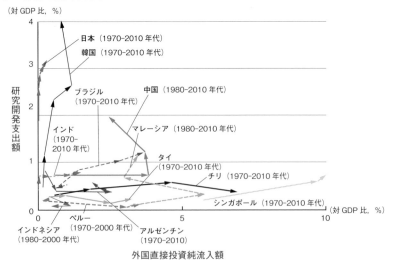

（凡例）　1970 年代平均　1980 年代平均　1990 年代平均　2000 年代平均　2010-18 年平均

（出所）　世界銀行『世界開発指標』, Lederman D. and Saenz L.（2005）. Innovation and Development around the World, 1960–2000, *World Bank Policy Discussion Paper*, No. 3774.

▶ 中所得国の罠から脱却するための政策

　しかし，これらの国の経済成長のあり方は，必ずしもこの理論と対立して
いるわけではありません。それを説明する前に，この理論モデルから，罠に
はまっている中所得国はどのような政策をとればよいかを考えてみましょう。

　技術レベルが低いために R&D による模倣のコストが大きく，FDI による
技術導入に頼ってしまっている中所得国では，模倣のコストを下げるために，
R&D に対して補助金を与えたり，高等教育を拡充させたりすることが必要
です。そうすれば，比較的技術レベルが低い場合でも，自国での R&D を誘
発することができ，それによって技術レベルは上がっていきます。十分に技
術レベルが上がれば，その後は R&D の補助金を廃止しても，模倣の方が
FDI による技術導入よりもコストが安くなっているので，政策なしで高い成
長が持続して，先進国にキャッチアップしていきます。このように中所得国
の罠から脱出することで，補助金を出したとしても国民の差し引きの厚生
（幸福度）は向上します。

　上で述べたようなシンガポール，中国，マレーシアの成長過程は，まさに
このような R&D を奨励するための政策を行ったためであると考えられます。
実際，シンガポールでは 1990 年代から海外から優秀な研究者を誘致し，高
度な研究を基盤としたハイテク産業の育成に対して手厚い補助をしてきまし
た。中国では，外国企業に中国での R&D センターを設立するように奨励し，
科学技術特区では R&D 活動に対して税制の優遇をしています。このような
政策の結果，これらの国々では初期には外国企業に依存しつつも，だんだん
と自国の R&D 活動を育成していくことができたのです。

　なお，この節の理論では，外国企業による技術導入によって自国の技術レ
ベルは一切上がらないという極端な場合を想定しました。しかし，次章で詳
しく述べるように，外国企業の技術が自国の企業に伝播して自国の技術レベ
ルが向上することは十分にあり得ます。外国企業からうまく技術を学習でき
れば，図表 5-7 の香港のように FDI に依存しながらも高い成長を達成する
ことは可能です。ですから，実際の中所得国においては，うまく自国の R&
D と FDI とをミックスさせて技術レベルの向上に努めるべきでしょう。

　ただし，罠にはまっていると考えられる中所得国の多くでは，自国の R&

■図表 5-8　研究開発支出と所得レベル

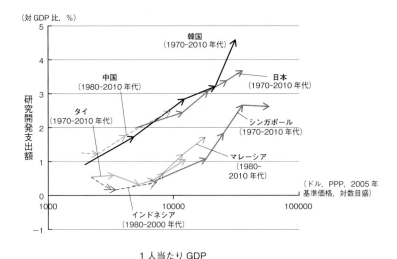

（凡例）

1960 年代平均　1970 年代平均　1980 年代平均　1990 年代平均　2000 年代平均　2010-18 年平均

（出所）　世界銀行『世界開発指標』，Lederman D. and Saenz L.（2005）. Innovation and Development
around the World, 1960–2000, *World Bank Policy Discussion Paper*, No. 3774.

D があまりにも貧弱なこともまた事実です。図表 5-8 は，研究開発支出額の
対 GDP 比と 1 人当たり GDP の関係をいくつかの国について示したもので
す。この図から明らかなように，タイとインドネシアの研究開発支出額は完
全に停滞している上，同程度の所得レベルにあった時代の日本，韓国，中国
と比較すると，非常に低いレベルです。ですから，これらの国では R&D 活
動を促進させるような政策を行うことが，中所得国の罠から脱出するために
は不可欠です。

5.5 まとめ

1. 中所得国の罠を定義することは難しいのですが，多くの中所得国では，すでに先進国になった東アジア5か国が中所得国だった時代にくらべて，経済成長率が低いことは事実です。

2. 中所得国の成長鈍化は，第2章・第3章の標準的な経済成長理論を用いて，低い長期均衡に収束するためであると説明できます。

3. 中所得国の成長鈍化は，外国企業による技術導入に頼りすぎ，自国の研究開発が不足していることでも説明できます。

4. 多くの中所得国では，実際に研究開発支出が少なく，政策的に拡大していくことが望ましいと考えられます。

キーワード

中所得国の罠，東アジアの奇跡，BRICs，絶対的な所得レベル，相対的な所得レベル，労働集約的産業，技術集約的産業，産業構造の転換，研究開発活動，海外直接投資，FDI

練習問題

(1) 中所得国の罠が存在することは，日本を含めた先進国の立場から考えてよいことなのでしょうか。悪いことなのでしょうか。経済的な側面，政治的な側面など様々な側面から議論してみましょう。

(2) 本章で説明した理論以外に，中所得国の罠を説明できる理論を考えてみましょう。例えば，農業が大きなシェアを占める貧困国において，工業の成長を促進するような政策が採用されにくいとすると，それはなぜでしょうか。そのような政策は，民主的な貧困国と独裁的な貧困国とではどちらが採用されやすいでしょうか（この点については，本書の後半で明らかになっていきます）。

第 2 部

経済発展の諸要因

第6章

国際貿易・海外直接投資

　近年，経済のグローバル化が進んでおり，国境を越えた取引が急増しています。この章では，グローバル化に伴う外国との貿易（国際貿易）や外国からの直接投資が，途上国の経済発展にとってどのような意味を持つのかを，プラスとマイナスの両面から論じます。

6.1　貿易・海外直接投資の発展

▶ 貿易・海外直接投資の急増

　世界の国際貿易や外国からの直接投資（海外直接投資，Foreign Direct Investment を略して，これ以降は FDI と呼びます）は，この 10 年余りで急増しています。FDI とは，ある国の企業が別の国に投資をして，その国で生産をしたり，販売をしたり，サービスを供給したりすることを言います。例えば，日本企業が外国に工場を建てて生産をするのが一つの例ですが，すでに外国にある企業を買収したり，合併したりすることも FDI です。ただし，外国企業の株式を少しだけ買うことも投資は投資ですが，その企業の経営をコントロールできるくらいの大きな投資でなければ，「直接」投資つまり FDI には含まれません。

　図表 6-1 と図表 6-2 は，それぞれ先進国と途上国の輸出額（財とサービス）および FDI 流入額の世界の GDP 総額に対する割合の 1989 年から 2018 年までの 30 年間の推移を表しています。これを見ると，世界全体の貿易額

■図表 6-1　輸出額の対世界総 GDP 比

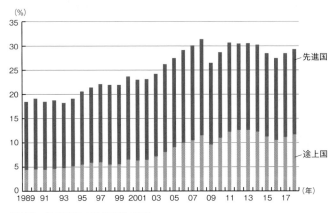

（出所）　世界銀行『世界開発指標』

■図表 6-2　海外直接投資の流入額の対世界総 GDP 比

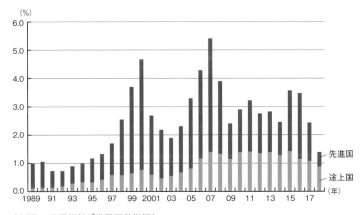

（出所）　世界銀行『世界開発指標』

の対 GDP 比は 1989 年に 18% 程度だったものが，2008 年には 31% にまで増えています。特に，2000 年以降の伸びが顕著です。FDI の伸びはさらに顕著で，1989 年には GDP の 1% 程度だったものが 2007 年には 5.4% にまで増えています。さらに，貿易や投資における途上国のプレゼンスも増していて，1989 年から 2017 年にかけて世界の輸出総額における途上国のシェアは 18% から 30% に，FDI の流入総額においては 20% から 42% にまで増えました。

ただし 2000 年代後半以降は，貿易も FDI も停滞もしくはむしろ縮小しています。これは，2008 年のリーマンショック後に世界金融危機が起き，国際的な取引に対する警戒感が高まったためです。さらに，その後グローバル化が先進国での所得格差を拡大したことなどから，アメリカをはじめとする先進国で保護主義的な政策が採られたことで，国際貿易や FDI の停滞が長期化することになりました。グローバル化が所得格差に及ぼす影響については，第 10 章の最後で議論していますので参照してください。

▶ グローバル・サプライチェーンの展開

貿易や FDI が 2000 年代はじめまでは急増した大きな理由の一つは，世界経済でグローバル・サプライチェーンと呼ばれる国際的な生産ネットワークが，途上国をも巻き込む形で発展していることです。サプライチェーンとは，企業が何らかの財やサービスを生産する上で，中間財（素材や部品など）や必要なサービス（マーケティングなど）を他社から調達することで張り巡らされる企業間のネットワークのことを指します。

日本では，もともと国内のサプライチェーンが自動車産業などで発展していました。例えば，トヨタ自動車が電子機器をデンソーから調達し，デンソーがさらにその下請け企業から部品を調達するといったものがその典型例です。それが，近年では企業がより安価な調達先や組立工場を求めて海外に進出し，国境を越えたネットワークが形成されるようになっているのです。

なお，このような企業間ネットワークは，部品の輸出入といった貿易関係だけでつながっている場合もありますし，さらに親会社と子会社といった資本関係がある場合もあります。つまり，例えば日本企業がタイから部品を調

達するとして，タイの地場企業から調達する場合もあれば，日本企業がタイ
に直接投資をして作った海外子会社から調達する場合もあります。

　例えば，トヨタの東アジアにおける海外子会社ネットワークを見てみまし
ょう[1]。トヨタは新興国のニーズに合わせた「IMVシリーズ」という車種を
世界各国で販売しています。IMVシリーズのディーゼルエンジンはタイで，
ガソリンエンジンはインドネシアで，マニュアルトランスミッションはフィ
リピンやインドで生産されており，これらの部品をタイ，インドネシアで組
み立てるという流れになっています。日本からの部品の供給は全体の数％に
しかすぎません。

　スイスの国際・開発研究大学院（Graduate Institute）のリチャード・ボー
ルドウィンは，このような生産における分業の流れを「**第2の解体**」（sec-
ond unbundling）と呼んでいます[2]。産業革命期に鉄道や海運が発達するこ
とで，生産地と消費地を分ける「第1の解体」が起きました。それまでは，
消費地で生産する必要があったものが必ずしもそうではなくなり，生産コス
トの安い場所で生産し，それを消費地に運ぶということが可能になったので
す。その後，1985年から1990年代後半にかけて，交通インフラのさらなる
発達に加えて，IT技術が発達することで，遠隔地とのコミュニケーション
をとることがより簡単になりました。そこで，さらに生産活動を細かな工程
（例えば，自動車であればエンジンと車体と内装）に分け，それぞれの工程
ごとに最も効率のよい場所で生産するという第2の解体が可能となったので
す。

▶ データに見るグローバル・サプライチェーン

　このようなグローバル・サプライチェーンは，東アジア・東南アジアで最
も発達しており，アメリカとメキシコ，西欧と東欧との間にも形成されつつ
あります。東アジアでは，日本，韓国，香港，シンガポール，台湾などの先
進国だけではなく，中国，マレーシア，タイ，インドネシア，フィリピンな

6.1
貿易・海外直接投資の発展

1　トヨタ自動車『トヨタ自動車75年史』，（http://www.toyota.co.jp/）。
2　Baldwin R. (2011). Trade and industrialisation after globalisation's 2nd unbundling: how building
and joining a supply chain are different and why it matters, *NBER Working Paper*, No. 17716.

どの中所得国もこのようなネットワークにしっかりと組み込まれています。2017年の世界の部品の貿易総額のうち，約49%がアジアからの輸出ですが，その半分以上の29%がアジア域内（アジアからアジアへ）の貿易です[3]。

　例えば，2016年のタイの輸入総額のうち機械関係（電気機械，電子機器，自動車を含む）の完成品のシェアは約17%でしたが，機械関係の部品のシェアは約20%でした。また，輸出総額のうち，機械関係の完成品が約26%，部品が約19%でした[4]。つまり，タイの産業構造は，もはや農産物を輸出して工業製品を輸入するという一昔前の途上国型ではありません。機械部品を輸入して加工し，より高度な部品もしくは完成品を生産して輸出するという，グローバル・サプライチェーンに深く組み込まれた構造となっているのです。他のアジアの中所得国でも，同じような傾向が見られます。

　図表6-3は，2000年から2010年にかけて東アジアのサプライチェーンが急速に発展したことを示しています。また，図表6-3はグローバル・サプライチェーンが多様化していることも示しています。2000年には，東アジアの生産ネットワークの中心は日本であり，その主なプレーヤーは日本企業とその海外子会社，およびその取引先でした。しかし，すでに2010年には中国や韓国，シンガポールなどの他のアジア諸国の企業も中心的なプレーヤーとなっているばかりか，2016年にはベトナムなどの後発国もグローバル・サプライチェーンに組み込まれており，多極化した構造になっています。2015年のASEANへの投資の14.5%は日本からのものでしたが，それより多い18.4%は他のASEAN諸国からの投資であり，6.8%は中国から，4.7%は韓国からの投資でした[5]。

　さらに，これらの企業間ネットワークは，生産だけではなく，研究開発や経営管理の面からもつながりはじめています。例えば，先に例として挙げた

3　Fujita M. and Hamaguchi N. (2014). Supply Chain Internationalization in East Asia: Inclusiveness and risks, *RIETI Discussion Paper*, No. 14-E-066, Research Institute of Economy, Trade and Industry を参考に，RIETI-TID 2017 (rieti-tid.com) を利用して計算。

4　Ando M. and Kimura F. (2013). Production Linkage of Asia and Europe via Central and Eastern Europe. *Journal of Economic Integration*. 28(2), 204-40 を参考に，RIETI-TID 2017 (rieti-tid.com) を利用して計算。

5　ASEAN, Foreign Direct Investment Statistics, (http://www.asean.org/).

■図表 6-3 東アジアにおける中間財貿易

(1)2000年

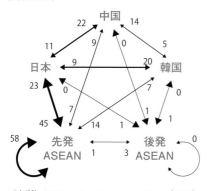

(2)2018年

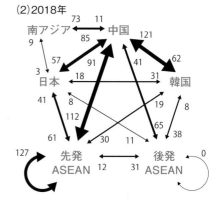

(出所) Fujita M. and Hamaguchi N.（2014）. Supply Chain Internationalization in East Asia: Inclusiveness and risks, *RIETI Discussion Paper*, No. 14-E-066, Research Institute of Economy, Trade and Industry を参考に United Nations, UN Comtrade,（https://comtrade.un.org/）を利用して作成。

(注) 矢印の横の数字が輸出額（10億ドル）を表す。矢印の幅は貿易額の大きさを表す。先発 ASEAN はシンガポール，マレーシア，タイ，インドネシア，フィリピン，後発 ASEAN はベトナム，ラオス，カンボジア，ミャンマー。南アジアはインド，パキスタン，バングラデシュ。中間財は，国際連合の Broad Economic Categories の 22（Processed industrial supplies not elsewhere specified），42（Parts and accessories, capital goods（except for transport equipment），and parts and accessories thereof），および 53（Parts and accessories, transport equipment and parts and accessories thereof）で定義される。

　トヨタとその子会社の東アジアにおけるネットワークは，シンガポールにある子会社によって効率よく運営できるように管理されています。この子会社は，アジア全域のマーケティングも担当しています。しかも，タイには 2003 年に設立された研究開発拠点があり，トヨタは設計—生産—物流—販売・マーケティングといった様々な活動について国境を越えたネットワークを構築しているのです。もちろん，これはトヨタだけに限らず，世界中の多くの企業が行っています。このように部品の供給を越えた国際的な企業ネットワークを**グローバル・バリューチェーン**と呼びます。

▶ グローバル・サプライチェーンの展開の要因

　グローバル・サプライチェーンの発展を後押ししてきたのは，一つにはすでに述べたような交通インフラや IT 技術の発達がありますが，制度的な要因としては，2国間・多国間の**自由貿易協定**（free trade agreement, **FTA**）が発展してきたことがあります。FTA とは，もともとは物品の輸入に対する関税や数量規制などの貿易の障壁を撤廃ないしは削減するための協定で，2国間，もしくは2国以上の国の間で結ぶものです。最近は，関税だけではなく，貿易に関わる規制（自動車の排気ガス規制など），サービス産業（金融業，会計業，コンサルタント業など）の規制，FDI に関する規制などを緩和することで，物品の貿易だけではなく，サービスの貿易や投資をも活発化させようとする FTA が増えています。その意味で，日本では FTA ではなく，**経済連携協定**（economic partnership agreement, **EPA**）と呼ぶことも多いのです。

　2国間・多国間 FTA は，世界貿易機関（World Trade Organization, WTO）による世界全体を包括的に含んだ自由貿易協定の交渉が停滞していることもあり，2000 年には 40 程度しかなかったものが，2020 年には 165 に

■図表 6-4　**世界の締結済み FTA の総数**

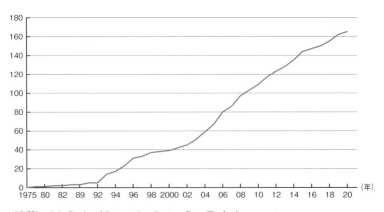

（出所）　Asia Regional Integration Center. Free Trade Agreements,
　　　　（https://aric.adb.org/fta）.

まで増えています（図表 6-4）。

　途上国もこのような FTA に参加しており，例えば東南アジアのすべての国が属する ASEAN（東南アジア諸国連合）は 2015 年末に域内での貿易を自由化し，ASEAN Economic Community（AEC）を構築しています。同時に，ASEAN は日本，中国，韓国，インド，オーストラリアとも FTA を結び，域外国とのネットワークをも構築しています。このような FTA の構築が，東アジアにおける生産ネットワークの発展を促したのは間違いありません。

▶ 経済発展における貿易・海外直接投資の役割

　このようにその存在が増してきている貿易や FDI は，世界経済において，そして途上国の経済成長にとってどのような役割を果たしているのでしょうか。

　まず第 1 に，貿易や FDI には，労働力や資本などの限られた資源を効率よく配分するのを助けるという働きがあります。例えば，ある国で国内で消費する以上にコメがとれるのであれば，その国の中だけで売って余らせるのではなく，コメが欲しいのにあまりとれない国にも輸出した方が，両方の国にとって得です。また，ある国で資本ストック（設備，機械など）が十分にあるのにまだ資金に余裕があれば，さらに国内に投資するのは効率的ではありません。それよりも，資本ストックが十分でなく，資本の収益率の高い他の国に投資をした方が，その投資家にとっても得ですし，資本の足りない外国の利益にもなります。

　しかし，国際貿易や FDI が経済成長に果たす役割はそれだけではありません。様々な国々が貿易や投資のネットワークでつながることで，モノやカネだけではなく，知識や技術が国境を越えて伝わりやすくなります。それによって，先進国ではイノベーションがより活発に起こりますし，途上国では先進国の技術をより活発に取り入れることができます。第 3 章では，途上国は模倣によって先進国技術を導入するための効率性を上げれば，長期的により高い所得レベルを達成できるということを示しました（図表 3-3）。その意味で，国際貿易や FDI に対して開放的な経済体制は，技術導入の効率性を上げ，途上国の経済成長に貢献するはずです。

以降では，貿易や海外投資の役割について，理論的，実証的に説明していきます。

6.2　リカードの比較優位の理論（1）

まずは，国際貿易で最も基本的なリカードの比較優位に関する理論について説明しましょう。これは，2国が国際貿易をすることで双方が利益を得ることを見出した理論で，貿易による利益を理解するには不可欠のものです。

▶ リカード・モデルの一例

まず，比較優位を理解するための簡単な例として，無人島でAさん，Bさんの2人だけが生活していることを考えましょう。2人は海で魚を獲り，ヤシの木に登ってその実を獲って暮らしています。Aさんは，漁だけをすれば1日で魚を4匹獲れます。ヤシの実狩りだけをすれば，1日で4個獲れます。しかし，Bさんは1日それぞれの作業に専念しても，魚は2匹しか，ヤシの実は1個しか獲れません（図表6-5 (1)）。つまり，Bさんは漁も木登りもAさんよりは苦手です。これを，AさんはBさんに対して「絶対優位」を持つと言います。

この状況で，漁もヤシの実狩りも自分の方が得意だからといって，AさんはBさんとは獲物を交換したりはせず，自分だけで魚やヤシの実を獲って暮らした方がよいのでしょうか？　実はそうではありません。例えば，AさんとBさんが話しあって，Aさんは今より1日だけ漁をする日を減らして，その代わりに1日多くヤシの実を獲り，Bさんは2日だけヤシの実を獲る日を減らして，その代わりに2日多く漁をすることにしたとします。そうすると，Aさんが獲る魚は4匹減り，ヤシの実は4個増えます。Bさんが獲る魚は4匹増え，ヤシの実は2つ減ります。すると，2人の獲る魚を合わせた数は前と変わりませんが，2人が獲るヤシの実の数の合計は2個増えます（図表6-5 (2)）。ですから，Bさんが魚を4匹Aさんに渡す代わりに，Aさんがヤシの実を3つ渡すことにすれば，2人とも調整前にくらべてヤシの実を

■図表 6-5　比較優位の例

(1) 1日当たりの収穫量

	魚	ヤシの実
A さん	4	4
B さん	2	1

(2) 労働日数を変えた時の収穫量の変化

	労働日数の増減		収穫量の増減		A さんがヤシの実 3 つを B さんに，B さんが魚を 4 匹 A さんにあげると	
	魚	ヤシの実	魚	ヤシの実	魚	ヤシの実
A さん	−1	+1	−4	+4	±0	+1
B さん	+2	−2	+4	−2	±0	+1
A さんと B さんの 合計の収穫量の増減			0	+2		

1個多く得られることになります。

　さらに，A さんが今よりも 2 日多くヤシの実狩りをして，その代わりに B さんが 4 日多く漁をすると，2 人合わせるとヤシの実を 4 つ多く得られます。となると，時間の許す限り，A さんはヤシの実を獲ることに専念し，B さんは漁に専念して，2 人でうまく収穫を交換すれば，2 人ともよりたくさんの魚もヤシの実も得られるということになります。

　A さんが漁もヤシの実狩りもどちらもが B さんよりも勝っている（絶対優位を持つ）ことを考えると，これは一見不思議な結果です。しかし，B さんはヤシの実は A さんの 1/4 しか獲れませんが，魚は A さんの 1/2 を獲ることができますから，B さんは魚を獲るのが比較的得意（ヤシの実にくらべれば，魚を獲る方がまだまし）です。これを，B さんは魚を獲ることに比較優位を持つと言います。上の例は，それぞれの経済主体が自分が比較優位を持つ仕事に専念して生産し，その生産したものを他人と交換すれば，1 人ですべての仕事をするよりも多くのものを得ることができるということを表しています。しかも，このことは，ある経済主体がすべての仕事で優れていたとしても成り立つのです。

▶ 貿易による利益

今「不思議な結果」と言いましたが，実はこのことは世の中のすべての人が実践していることです。1人で食料も服もスマートフォンも作って生活している人はいません。自分が比較的得意なこと（比較優位を持つ仕事）をしてお金を稼ぎ，そのお金を他の商品と交換して暮らしているのです。

そして，このことは人を国に置き換えて考えても同じです。それぞれの国がそれぞれの比較優位を持つ（比較的生産性の高い）モノに特化して生産活動を行い，その生産したものを海外に売って（つまり輸出して），他の必要なものを海外から買う（輸入する）ことで，貿易をせずにすべてを自国で生産するよりも，より多くのものを消費できるようになるのです。

強調しておきたいのは，このことは絶対劣位を持った国，つまりどんな財の生産についても他の国よりも生産性が劣っている国であっても成り立つことです。その国が比較優位を持ったモノ，つまり他のモノにくらべるとまだましというモノはどんな場合でも存在するからです。つまり，どんなものを生産するにしても非常に生産性が低い最貧国でも，貿易をすることによって，国民の厚生（消費による幸福度）を上げることができるのです。

6.3　リカードの比較優位の理論（2）

▶ 理論モデルの設定

さて，この比較優位の理論を別の方法で説明してみましょう。無人島は忘れて，たくさんの国を想定してください。ただし，説明を簡単にするために，この世界にはコメと自動車の2種類の財のみが存在し，労働力だけを使ってその2つの財の生産をすると考えます。その中の X 国は，人口が1000人で，1人の労働者は1年間にコメを1トン，自動車なら2台を生産できるとします。すると，X 国の国民全員がコメの生産に特化すると，1000トン生産でき，自動車に特化すると2000台生産できます。コメに800人，自動車に200人が従事すると，それぞれ800トン，400台が生産できます。ですので，労働力を2つの産業に振り分けると，図表6-6の線 AB 上のいずれか

■図表6-6　多数の国を想定したリカード・モデル

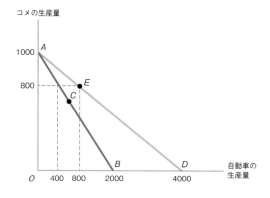

の点で表されるようなコメと自動車の生産量の組合せを達成することができます。この時，線 AB を「この線までなら生産が可能」という意味で，X 国の生産可能性フロンティアと呼びます。

　さて，X 国が鎖国をしていて外国と全く貿易をしていない「閉鎖経済」であるとします。この時は，X 国は生産可能性フロンティア上のどこかの点で生産をして，それを自国のみで消費します。どこで生産するかは，自国の消費者の嗜好によって決まります[6]が，例えば図表6-6の点 C が選ばれるとしましょう。いずれにせよ，X 国の国民はコメだけ，もしくは自動車だけを消費したいとは思わず，両方とも消費したいと思うはずですから，点 A（コメだけを生産して消費する）や点 B（自動車だけを生産して消費する）が選ばれることはないはずです。

　さてここで，さらに世界にはコメと自動車の市場があり，そこではコメが 1 トン 400 万円，自動車が 1 台 100 万円だとします。また，X 国は非常に小さな国で，X 国がコメや自動車の世界市場に参加してもそのシェアは非常に小さく，世界市場の価格形成に一切影響を与えないとします。これを，国際経済学では「小国の仮定」と言います。

6　厳密には，直線 AB と消費者の「無差別曲線」との接点で決まります。無差別曲線については本書では説明しませんが，興味のある人はミクロ経済学の教科書で学んでください。

▶ 理論モデルの均衡

この時，もし X 国が閉鎖経済から自由に貿易が可能な開放経済に移行すれば，何をどの程度生産して，何をどの程度消費するでしょうか？ それは，X 国の比較優位によって決まります。X 国は，労働者1人でコメを1トン，自動車を2台生産しますから，世界市場の価値で言えば，コメなら400万円分，自動車なら200万円分生産するということです。ですから，X 国の労働者は同じ働くのであればコメの生産をした方が多く稼げる，つまりコメの生産に比較優位を持っているのです。すると，X 国はコメの生産に特化して，余分なコメは世界市場で売って，そのお金で自動車を買った方がよいということになります。

それを図表 6-6 で考えてみましょう。コメの生産に特化した点 A で生産を行って，その一部を世界市場で売って，そのお金で自動車を買えば，X 国は線 AD 上のいずれの点でも消費が可能です。例えば，すべてのコメを売って，その代金1000トン×400万円/トン＝40億円で自動車を買えば40億円÷100万円/台＝4000台買えます。これが点 D で表されています。200トンだけコメを売って，その分自動車を買えば，200×400万÷100万＝800台買えます。これが点 E です。どれだけコメを売ってどれだけ自動車を買うかは，消費者の嗜好によって決まりますが，例えば点 E が選ばれたとすると，この点は閉鎖経済における消費を表す点 C よりも，コメの消費も自動車の消費も多いということになります。ですから，X 国は貿易によって明らかに国民の消費による厚生を上げることができるわけです。

6.4 輸入代替工業化の理論

▶ 輸入代替工業化政策とは

以上のようなリカードの比較優位の理論の最も重要な結論は，発展が遅れた最貧国であっても，最先端の技術を持つ先進国であっても，国を閉鎖するよりも開放して貿易をすることによって国民の消費による厚生（幸福度）が上がるということです。しかし，実は理論モデルの仮定を少し変えると，こ

の結論は変わってきます。むしろ，一時的には国内経済を閉鎖して，現在は十分に発展していないものの，潜在的には成長する可能性のある産業を育成することで，長期的には経済が成長するということがあり得るのです（ただし，常にそうなるわけではありません）。

そもそも，途上国は工業よりも農業に比較優位を持つことが多いと考えられます。ですから，自由貿易によってむしろ農業に特化してしまい，工業化が停滞するということはあり得ます。これを防ぐには，工業化を進める過程では一時的に工業製品の輸入をやめて，自国の工業を育てる方がよいという考え方があり得ます。このような方法を「幼稚産業保護」，もしくは「輸入代替工業化」と呼びます。このような政策は，1950 年代・60 年代に，アルゼンチンの経済学者であり，国連貿易開発会議（UNCTAD）の事務総長でもあったラウル・プレビッシュらによって強く主張され，実際にラテンアメリカ諸国において実行されてきました。

▶ 輸入代替工業化を理解するための理論モデル

ここでは，幼稚産業保護・輸入代替工業化の是非を理論的に理解するために，前節のリカード・モデルを少し変更したものを考えましょう。もとのリカード・モデルでは，労働者 1 人が生産できるモノの量が常に一定であると仮定していました。生産するための投入財は労働だけだと仮定していますので，これは規模に関して収穫一定だということです。しかし，第 4 章の 4.3 節の理論のように，自動車産業だけが規模に関して収穫逓増である，つまり生産すればするほど生産性（1 人当たりの生産量）が上昇するとしてみましょう。これは，労働者 1 人だけが自動車生産に携わっていたら，その 1 人は 1 年に 2 台の自動車を生産できますが，多くの労働者が自動車生産に携わっていたら，1 人当たり 2 台以上の生産ができるということです。このような「規模の経済」が作用する理由は，多くの労働者が生産することで，分業ができて無駄が省けることもあるでしょうし，1 人の労働者が生み出した生産の工夫を皆が共有できるからということもあります。

ここでは一つの例として，自動車の生産に携わる人が 500 人以下であれば 1 人当たり 2 台しか生産できませんが，500 人以上であれば，500 人を超え

■図表 6-7　規模の経済がある産業を想定したリカード・モデル

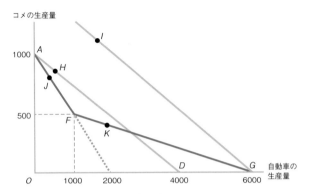

（出所）　Harrison A. and Rodriguez-Clare A.（2010）. Trade, Foreign Investment, and Industrial Policy for Developing Countries. In D. Rodrik and M. Rosenzweig（Eds.）, *Handbook of Development Economics*, 4039–214. Amsterdam: North-Holland を参考に筆者作成。

る労働者は 1 人につき 10 台生産できるとします。すると，1000 人全員が自動車の生産に携われば，500×2＋500×10＝6000 台が生産できますので（点 *G*），生産可能性フロンティアは図表 6-7 の折れ線 *AFG* となります。この時，*X* 国がコメの生産に特化して，コメを輸出して自動車を輸入すると前節と同じような点 *H* で消費できます。しかし，自動車の生産に特化すれば，規模の経済によって生産を大幅に拡大できますから，例えば点 *I* で消費することが可能です。

▶ 理論モデルの均衡

点 *I* は点 *H* よりもコメも自動車も消費量が大きいので，*X* 国は自動車の生産に特化した方が国民の厚生は上がります。しかし，実際には *X* 国が必ずしも自動車の生産に特化するとは限りません。そのことをわかりやすくするために，労働者が職場を変えるには，研修を受ける必要があるために時間がかかると仮定しましょう。さらに，*X* 国がはじめは閉鎖経済であり，労働者のほとんどがコメの生産に従事していたとします（点 *J*）。

その状態で鎖国状態をやめて経済を開放するとどうなるでしょうか？　点

J では，コメの生産性の方が自動車よりも高く，したがってコメ生産者の所得は自動車生産者よりも高くなっています。しかも，自動車生産には規模の経済が働くとはいえ，点 J の状態ではコメの生産者 1 人が自動車産業に転職しただけでは自動車産業の生産性は上がりません。ですから，X 国が点 J にいる場合には，むしろだんだん労働者が自動車産業からコメ生産に移動していきます。その結果，最終的にはコメの生産に特化して（点 A），コメを売って自動車を買うことで点 H の消費を行うことになります。

半面，何らかの事情ですでに自動車生産がそれなりの規模で行われている点 K に X 国がいる場合には，コメ生産者が自動車産業に転職すれば，規模の経済のために自動車生産の生産性が上がり，自動車産業での賃金が上昇します。ですので，この時はコメ生産者はどんどん自動車産業に転職していき，最後には自動車の生産に特化して，点 I の消費を享受することになります。

▶ 輸入代替工業化政策の役割

つまり，第 4 章の貧困の罠の理論と同様，この理論モデルには 2 つの長期均衡があり，初期状態によってどちらの均衡に収束していくかが決まっているのです。コメが主要産業である状態から出発しても，自動車の生産に特化すれば，コメに特化するよりも多くの量を消費できるはずなのですが，コメに特化した「罠」にはまってしまって，そこから抜け出ることができないのです。

ちなみに，この時，点 H は点 J よりもどちらの財の消費量も多いので，コメの生産に特化しても，閉鎖経済の状態よりは国民の厚生は高まります。その意味では，もともとのリカード・モデルの「貿易によってどのような国も恩恵を受ける」という結論は揺らぎません。

しかし，罠にはまった国が，一時的な鎖国政策によってさらに高い厚生（点 I）を達成することができることは否定できません。点 J にある国が，自動車の輸入をストップして国内の自動車産業を育成する政策，つまり幼稚産業保護もしくは輸入代替工業化をしたとしましょう。そうすれば，だんだんと自動車の生産量が増えていき，点 J から点 F に向かって進み，最終的には点 F を超えて生産可能性フロンティアの直線 FG の部分に到達するこ

とができるかもしれません。そうなれば，輸入規制をやめて自由貿易体制に移行しても，規模の経済によってどんどん自動車産業が大きくなって，最後には自動車生産に特化した工業国になることができます。そうすれば，鎖国時代には一時的に低い消費水準に甘んじなければならないかもしれませんが，長い目で見れば消費レベルが向上して国民の厚生は上がる可能性があります。ですから，幼稚産業保護政策は，規模の経済を考慮した複数均衡のあるモデルによって，理論的には正当化することが可能なのです。

　実際，高度な産業には規模の経済が存在している可能性は十分にあります。例えば，製薬やコンピュータ・ソフトウェアなど新製品を開発するのに大きな費用がかかる産業では，最初の1つの製品を作るのには膨大な費用がかかりますが，その後はたくさん作れば作るほど1つ当たりのコストは安くなります。

　ただし，だからといって，途上国の産業発展のためにはどんな場合でも自由貿易ではなく幼稚産業保護をした方がよいと結論づけられるわけではありません。次に，規模の経済があっても，**貿易による技術伝播**が起こるのであれば，また結論が変わってくることを説明しましょう。

6.5　貿易による技術伝播を想定した理論

▶ 貿易による技術伝播はなぜ起きるか

　この節では，前節の理論に加えて，貿易を通じて外国から国内に技術が伝わることを想定します。貿易を通じて技術が伝播することは，いろんな経路を通じて起こり得ます。まず，そもそも貿易をするということは，外国に行ったり外国人と話したりする機会が増えるわけですから，自国では得られない情報や知識にふれる機会は大きくなります。

　さらに，途上国企業が外国に輸出する場合には，外国の求める品質に適合した製品を作る必要がありますから，外国の技術を積極的に学ばなければなりません。しかも，外国の輸入業者が技術指導をしてくれることもあります。これは，輸入業者からすると，高い品質の製品を輸入したいがためです。例

えば，EU諸国に食品を輸出するにはHACCPという認証をとる必要があります。EUの輸入業者が途上国の食品企業を指導して，HACCPをとるのを支援することも多いのです。そのような技術支援を通して，途上国企業は食品加工の衛生管理の手法などを学んでいくことができます。

　輸出だけではなくて，輸入によっても技術を学ぶことができます。外国の製品を輸入して，それを分解してその構造を学ぶということは，リバース・エンジニアリングと呼ばれ，しばしば実際に使われる手法です。例えば，1930年代に作られたトヨタの最初の乗用車の試作車「A1」型は，シボレーのセダンを解体して部品をそっくり模倣し，クライスラーのデザインを真似てできたのです。また，外国から新しい技術が詰まった機械やコンピュータ・ソフトを輸入してそれを使っているうちに，その技術が身についていくということもあります。

▶ 理論的考察

　もし，このように貿易によって外国の技術が国内に伝わり，国内の生産性が上昇するとすれば，前節の結論は変わってしまうのです。例えば，図表6-8でコメ産業の比重の高い点Jにある国があったとします。前節の理論では，自由貿易政策をとれば，だんだんコメの生産に特化する点Aに近づい

■図表6-8　**貿易による技術伝播を想定したリカード・モデル**

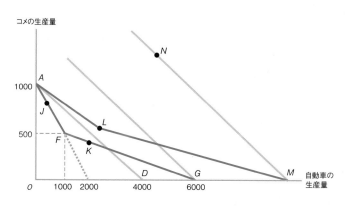

ていきます。これは，コメを輸出して自動車を輸入しているということですが，そうすると，リバース・エンジニアリングなどのために輸入によって自動車を生産するために技術が X 国に普及していくとします。技術力が上がるということは，同じ労働力でもより多くの自動車が生産できるということですから，X 国の生産可能性フロンティアが AFG から ALM に移行していきます。すると，現在コメ生産に特化していて点 A にいるとしても，コメ生産よりも自動車生産の方が生産性が高い，すなわち労働者 1 人当たり生産額が自動車の方が大きいので，コメ産業から自動車産業に労働者が転職していきます。最終的には，自動車産業に特化して，点 M で生産して点 N で消費することになります。

　このことは，貿易による技術伝播の程度が十分に大きければ，貿易を制限するよりも自由にする方が，より高い消費レベルに到達できることを示しています[7]。ですから，自由貿易と輸入代替工業化のどちらが途上国の経済成長に有効かは，貿易を通じて技術が伝播するかどうかにかかっていると言ってもいいでしょう。

6.6　貿易の経済成長効果の実証

　前節までの議論は，貿易が経済成長に及ぼす効果について，理論的には様々な可能性があることを示しました。ですので，この節では，実際に輸入代替工業化政策が産業の育成に役に立ったのか，逆に貿易を積極的に行うことが経済発展に貢献してきたのかを，データを利用して実証的に見てみましょう。

---

[7]　厳密には，この結論を得るには，輸出によっては技術は伝播しない，コメ生産の技術は貿易によって変化しないことを仮定しなければなりません。しかし，以下の論文では，より自然な仮定の下でも，このような結論が得られることを示しています。

　　Young A. (1991). Learning by Doing and the Dynamic Effects of International Trade. *Quarterly Journal of Economics*. 106(2), 369-405.

　　Baldwin R. E., Martin P. and Ottaviano G. I. P. (2001). Global Income Divergence, Trade, and Industrialization: The Geography of Growth Take-Offs. *Journal of Economic Growth*. 6(1), 5-37.

▶ 輸入代替工業化の事例

　まず，いくつかの国について，貿易を制限することによる産業保護の程度と1人当たり GDP 成長率を比較してみましょう。関税や数量規制などによって工業製品の輸入を制限し，国内の工業を育成しようとすると，国内の製造業は海外にくらべて生産性が低い（生産コストが高い）ので，国内価格は世界市場での国際価格にくらべて高くなってしまいます。この時，国内価格が国際価格にくらべて何%高くなっているかを保護率と呼び，これによって国内産業の保護の程度を測ることができます。さらに，製品の最終的な価格ではなく，価格から原材料や中間財のコストを引いた「付加価値」の部分について国内市場と国際市場を比較した時の保護率を「実効保護率」と呼び，より正確に産業の保護の程度を示すものとして利用されます。

　例えば，国際価格が100円のものに20% の関税がかかっていると，国内価格は120円になって，保護率は20% です。しかし，この製品が60円の原材料から作られていて，その原材料には10% の関税がかかっているとすると，国際市場での付加価値は100−60＝40円に対し，国内市場では120−60×1.1＝54円です。ですので，この時は実効保護率は（54−40）÷40＝35% となります。

　図表6-9は，東アジアとラテンアメリカのいくつかの国について，工業製

■図表 6-9　東アジアとラテンアメリカの産業保護と経済成長

	工業製品に対する実効保護率 (%)		1人当たり GDP 成長率 (%)	
	1960 年代	1970-80 年代	1960-80 年	1980-2000 年
シンガポール	0 (1967)		6.58	2.45
韓　国	−17 (1968)	5 (1978)	7.19	7.17
フィリピン	99 (1965)	44 (1980)	2.71	0.61
ブラジル	45 (1967)	23 (1980)	4.80	2.25
コロンビア	4 (1969)	55 (1979)	3.35	−0.50
チ　リ	217 (1967)		1.69	2.02

（出所）　実効保護率は世界銀行（1987）『世界開発報告 1987』，1人当たり GDP 成長率は Penn World Table 8.0 より。

品に対する実効保護率と1人当たり GDP 成長率を示しています。ラテンアメリカ諸国は，1950〜70 年代に輸入代替工業化政策を採用しましたが，このことはこれらの国の高い実効保護率に表れています。アジアでは，シンガポールや韓国では実効保護率は 0% 前後と低いのに対して，フィリピンではラテンアメリカ以上に高いものでした。その結果，シンガポールや韓国は 1960 年から現在まで高成長を持続し，先進国となりました。半面，フィリピンやラテンアメリカ諸国は，1960 年代，1970 年代にはそれなりの成長率であったものの，1980 年以降は持続した成長率を達成できていません。

　ラテンアメリカ諸国の多くは 1980 年代以降に徐々に貿易を自由化していきましたが，それでも保護主義的な政策はなかなかなくなりませんでした。例えば，1980 年代にブラジルは国内のパソコン機器産業を育成するために外国製品の輸入をほぼ完全に禁止しました。それによって，確かに国内企業の生産性は上がり，パソコンの国内価格は下がっていきました。しかし，結局ブラジルのパソコンの生産性はアメリカに追いつくことはできず，そのために価格的に国際市場で競争力を持つことはできませんでした（図表 6-10）。逆に，国内価格が外国での価格よりも高いために，パソコンを使用する国民や企業から反対の声が上がり，結局ブラジル政府は 1992 年には，保護政策を撤廃することになりました。

　これらの事例は，輸入代替工業化が国内の産業を一定の程度は育成することができるものの，保護だけで国内産業が国際的に競争力を持つようになることはまれで，長期的には経済成長を停滞させることが多いことを示しています。東アジアの成功事例を見れば，むしろ貿易障壁を取り除き，国内産業を国際競争にさらし，外国の技術が活発に流入するような環境を整えることで，高い経済成長を持続することが多いと言えます。

▶ 貿易量と GDP の関係の実証

　さらに，世界全体のデータを見てみましょう。図表 6-11 は，世界の 175 か国について貿易額の対 GDP 比と 1 人当たり GDP の関係を見たものですが，確かにこの 2 つには正の相関関係があるようには見えます。むろん，この図だけでは，貿易をすれば経済成長して所得が高くなるか，逆に所得が高

■図表 6-10　ブラジルとアメリカにおけるパソコン価格の推移

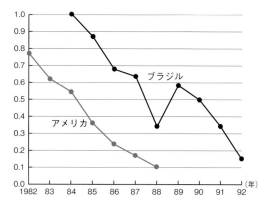

（出所）　Luzio E. and Greenstein S.（1995）. Measuring the performance of a protected infant indus-
try: the case of Brazilian microcomputers. *The Review of Economics and Statistics*. 77（4）, 622–
33.
（注）　性能を同じとした場合の価格指標を表す。

■図表 6-11　**貿易と 1 人当たり GDP の相関**（2018 年）

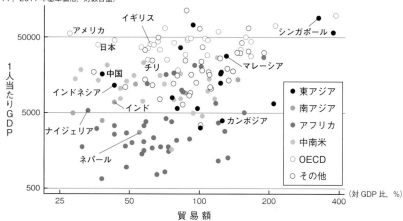

（出所）　世界銀行『世界開発指標』

くなると貿易をより活発にするのかは，必ずしもはっきりしません。しかし，それをうまく切り分けるための**計量経済学**の手法を利用すると，多くの研究成果で貿易量を増やすことで1人当たりGDPが向上していくという，貿易から所得への因果関係を示す結果が得られています[8]。貿易を自由化することによって，1人当たりGDP成長率が平均的には1～1.5%ポイント増加することを示した研究もあります[9]。

また，1つの国の中の数万社にものぼる企業のデータを使った研究もあります。チリやインドネシアのデータを用いて行われた研究は，貿易自由化政策によって国内企業が生産性を向上させたことを示しています[10]。企業が国際競争にさらされることで国内の資源がより効率的に配分されることや，輸出や輸入によって外国の技術を学べることによることが，企業のデータによって明らかになっているのです。

このことは，エジプトの零細なじゅうたん製造業者を対象とした社会実験でも確かめられています。海外の商社を紹介された製造業者は，商社から技術を学んで輸出することで生産効率を上げ，高い利益を上げるようになったのです[11]。

ですから，理論的には貿易を制限することで産業が成長することは否定できないとはいえ，実証的には貿易は経済成長を促す働きがあることがかなり

8　Frankel J. A. and Romer D.（1999）. Does Trade Cause Growth？ *American Economic Review*. 89(3), 379-399.

　　Wacziarg R.（2001）. Measuring the Dynamic Gains from Trade. *World Bank Economic Review*. 15(3), 393-429.

　　Sachs J. D. and Warner A.（1995）. Economic Reform and the Process of Global Integration. *Brookings Papers on Economic Activity*. 1995(1), 1-118.

9　Wacziarg, R. and Welch K. H.（2004）. Trade Liberalization and Growth: New Evidence. *Journal of International Economics*. 64(2), 411-439.

10　Pavcnik N.（2002）. Trade Liberalization, Exit, and Productivity Improvements: Evidence from Chilean Plants. *Review of Economic Studies*. 69(1), 245-76.

　　Amiti M. and Konings J.（2007）. Trade Liberalization, Intermediate Inputs, and Productivity: Evidence from Indonesia. *American Economic Review*. 97(5), 1611-38.

　　Blalock G. and Gertler P.（2004）. Learning from Exporting Revisited in a Less Developed Setting. *Journal of Development Economics*. 75(2), 397-416.

11　Atkin D., Khandelwal A. K., and Osman A.（2017）. Exporting and Firm Performance: Evidence from a Randomized Experiment. *Quarterly Journal of Economics*. 132(2), 551-615. この論文では，ランダム化比較試験（RCT）と呼ばれる方法を使っています。RCTについては第13章を参照してください。

の程度示されていると言っていいでしょう。これは，貿易に伴って国境を越えて技術が伝播するために，貿易による利益がリカードが提唱した比較優位仮説の想定よりも大きいからだと考えられます。

ただし，いくつかの研究では必ずしも貿易が所得レベルにプラスの効果があるわけではないとの結果も出ており，若干の注意が必要です。特に，19世紀における事例研究や国レベルデータの分析では，貿易を制限することで経済が成長したとの結論を示しているものがあります（そうでないものもあります）。例えば，19世紀初めにナポレオン戦争の影響で，フランスの一部の地域ではイギリスとの貿易が途絶えたことで紡績機が輸入されなくなりました。その後，貿易が途絶えた地域では，そのほかの地域にくらべてむしろ国内の生産力が向上したことがわかっています[12]。

しかし，第2次世界大戦後のデータを利用した研究では，貿易が経済成長に対して必ずしもプラスの効果はないという結果を見出したものはあっても，マイナスの効果があるという結果を見出したものはありません。19世紀と現代とで若干結果が異なるのは，もしかしたら19世紀には貿易に伴う技術伝播の程度が小さかったからかもしれません。いずれにせよ，少なくとも現代においては貿易には経済成長を促進する力があると考えて，ほぼ間違いはないと思われます[13]。

6.7　海外直接投資の経済成長効果の実証

第5章の5.4節では，FDIに依存しすぎて自国での研究開発活動が停滞すると，先進国に追いつけず，中所得国の罠にはまってしまう可能性があることを理論的に示しました。しかし，FDIに伴って外資企業の技術や知識が受

12　Juhász R. (2018). Temporary Protection and Technology Adoption: Evidence from the Napoleonic Blockade. *American Economic Review*. 108(11), 3339-3376.

13　より詳しく実証研究の結果について知りたい場合には，以下の文献を参照してください。
　　戸堂康之（2008）『技術伝播と経済成長——グローバル化時代の途上国経済分析』，勁草書房。
　　Harrison A. and Rodriguez-Clare A. (2010). Trade, Foreign Investment, and Industrial Policy for Developing Countries. In D. Rodrik and M. Rosenzweig (Eds.), *Handbook of Development Economics*, 4039-214. Amsterdam: North-Holland.

入国の地場企業に伝播するのであれば，香港のように FDI に依存すること
で，またシンガポールや中国のように FDI 依存から自国の研究開発を活発
に行う経済に変化することで，高度成長を達成することも可能です。

　つまり，貿易と同じく，FDI が途上国の経済成長にプラスの効果があるか
どうかは，それによって技術が伝播するかどうかに依存していると言えます。
ですので，実際に FDI を通じて外国の技術や知識は受入国に伝わっている
かを実証的に分析した研究を紹介しましょう。

▶ 直接投資による技術伝播はなぜ起きるか

　そもそも，受入国が先進国か途上国かに限らず，FDI による**外国資本企業**
（外資企業）と，その国の地場資本の企業とでは，外資企業の方が生産性が
高いことが多いのです。FDI をするには現地仕様の製品を作ったり，現地で
販売網を構築したりするための初期費用がかかりますから，それを払ってで
も利益が出るような生産性の高い企業しか海外進出できません[14]。

　途上国が受入国である場合には，FDI は先進国からくる場合がほとんどで
すから，外資企業と地場企業との生産性の差は顕著です。例えば，図表 6-
12 は中国の北京にある中関村科学技術園という IT 特区における，2003 年時
点での地場企業と外資企業の生産性指標（全要素生産性）の平均値を表して
います。これによると，外資企業は平均で 10% 程度地場企業よりも生産性
が高く，中でも日系企業は 20% 近く高いということがわかります。

▶ 直接投資による技術伝播の実証

　このように外資企業が地場企業よりも高い生産性を持つことから，FDI に
よって外国の高い技術が国内に移転されることが期待できます。さらに，そ
のような技術は外資企業の中にとどまらず，外資企業と地場企業の経営者や
技術者同士のコミュニケーションや転職によって，地場企業にも伝播してい
くこともあり得るでしょう。このような外資企業から地場企業への技術の伝
播（スピルオーバーとも呼びます）が実際にあるのかを企業レベルのデータ

14　Helpman E., Melitz M. J. and Yeaple S. R.（2004）. Export Versus FDI with Heterogeneous
　　Firms. *American Economic Review*. 94(1), 300-16.

■図表6-12 地場企業と外資企業の生産性の違い

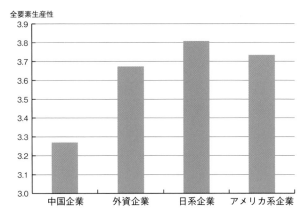

（出所） Todo Y., Zhang W. and Zhou L. -A.（2009）. Knowledge Spillovers from FDI in China: The Role of Educated Labor in Multinational Enterprises. *Journal of Asian Economics*. 20（6）, 626–39.

を用いて分析した研究は多くあります。

　これらの実証研究の中には，FDIを通じた地場企業への技術伝播を見出したものもあれば，必ずしもそのような技術伝播は見出されなかったとするものもあります。ただし，一定の条件の下ではFDIによる技術伝播が起きることが，最近の研究ではっきりとしてきました。

　例えば，外資企業が地場企業から原料や部品を調達する場合もありますが，このような地場のサプライヤーへの技術伝播は，インドネシアやベトナムなどのデータによって見出されています[15]。これは，外資企業は高い品質の原料，部品を調達するために，サプライヤーに対して技術指導を行うことが多いからだと考えられます。

15　Javorcik B. S.（2004）. Does Foreign Direct Investment Increase the Productivity of Domestic Firms？ In Search of Spillovers Through Backward Linkages. *American Economic Review*. 94（3）, 605–27.

　　Blalock G. and Gertler P.（2008）. Welfare Gains from Foreign Direct Investment through Technology Transfer to Local Suppliers. *Journal of International Economics*. 74（2）, 402–21.

　　Newman C., Rand J., Talbot T., and Tarp F.（2015）. Technology Transfers, Foreign Investment and Productivity Spillovers. *European Economic Review*. 76, 168–187.

　さらに，現地で研究開発活動をする外資企業から地場企業に技術が伝播することも，インドネシア，中国，日本のデータによって見出されています[16]。受入国が途上国の場合には，研究開発活動といっても大規模なものである必要はありません。外資企業が現地に合わせて製品を改変するための些細な開発活動でかまわないのです。例えば，味の素はベトナムにおいて現地の嗜好に合わせた風味調味料を開発して，売上を伸ばしています。そのような開発活動を通じて外資の技術が地場の技術者に伝えられるのです。

　さらに，世界の国のデータを使った実証研究の結果を見てみると，必ずしもFDIの受入額と1人当たりGDP成長率との間には明確な関係が認められません。しかし，教育レベルが十分に高い国や，金融セクターが十分に発達した国では，FDIが経済成長を促すことが見出されています[17]。

　これらの分析結果は，6.1節で述べたようなFDIの流入の拡大は，それを受け入れる途上国への技術の伝播を通じて，その経済成長を促進する可能性があることを示しています。しかし，そのためにはサプライチェーンや製品開発を通じて外資企業と地場経済が密接に関わる必要があります。また，外資企業から技術を学ぶためには，途上国自身が教育レベルを向上させるなどして技術吸収力をアップさせる必要があるのです。

　逆に言うと，地場の産業から隔離された外資向けの輸出加工区などに外資企業を誘致するだけでは，外資の技術を学ぶことはできません。このような「飛び地」に外資を誘致する制度は国内雇用の役には立つでしょうが，外資企業からより大きな利益を得るためには，外資企業と地場産業との密接なつながりが不可欠なのです。

　この章のはじめ（6.1節）では，グローバル・サプライチェーンが世界で

16　Todo Y. and Miyamoto K. (2006). Knowledge Spillovers from Foreign Direct Investment and the Role of R&D Activities: Evidence from Indonesia. *Economic Development and Cultural Change*. 55(1), 173-200.

　　Todo Y., Zhang W. and Zhou L.-A. (2011). Intra-Industry Knowledge Spillovers from Foreign Direct Investment in R&D: Evidence from a Chinese Science Park. *Review of Development Economics*. 15(3), 569-85.

　　Todo Y. (2006). Knowledge Spillovers from Foreign Direct Investment in R&D: Evidence from Japanese Firm-Level Data. *Journal of Asian Economics*. 17(6), 996-1013.

17　Borensztein E., De Gregorio J. and Lee J.-W. (1998). How does Foreign Direct Investment Affect Economic Growth? *Journal of International Economics*. 45(1), 115-35.

発展していることを見ました。このようなネットワークは，部品や機械の供給といったいわゆるサプライチェーンの枠を超えて，研究開発やマーケティング，経営管理の面でも構築されはじめています。このようなグローバル・バリューチェーンを通じて途上国を含む様々な国の企業が密接につながっているわけで，それを通じて知識や技術が国境を越えて伝播しているはずです。その意味で，このようなネットワークは途上国の経済成長に大いに貢献していると考えられます。

6.8　途上国の経済成長に利する貿易・投資政策

　以上のような議論は，途上国の経済発展のためには国際貿易やFDIを制限せずに，むしろ開放的にしていくべきだということを示唆しています。ですから，6.1節で紹介した２国間や多国間のFTA（自由貿易協定）を拡大することは，途上国にとって利益となると考えられます。ただし，貿易による資源再配分に加えて，貿易に伴う外国技術の伝播が成長にとって重要であること，貿易だけでなくFDIも技術伝播の重要な経路であることを考えると，FTAは単に関税などの物品に関する貿易障壁を取り除くだけではなく，海外投資やサービス貿易，高度人材の国際移動に関する規制を緩和することで，知識や技術の伝播をできる限りスムーズにすることを含んだものにする必要があります。

　さらに途上国においては，外国から多くの技術を吸収するために教育投資をしたり，外国企業と地場企業との部品供給を通じた取引を奨励したり，外国企業が国内で研究開発をすることを奨励したりする必要があるのです。例えば，中国やシンガポールは外資企業の研究開発活動を税制優遇などによって強く奨励してきましたが，この２国が外資のみに依存した状態から脱して国内での研究開発を活発化させて高度成長を保っていることから（第５章図表5-7），このような政策は有効であると思われます。

　つまり，貿易や海外投資による成長効果を最大化するためには，単に自由貿易を行うだけではなく，その上で技術伝播が活発となるような政策をして

いく必要があるのです。

6.9　ま　と　め

1.　貿易が経済成長や厚生（消費による幸福度）に与える効果は，理論的には様々な可能性があります。リカードの比較優位の理論によると，自由貿易はすべての国の厚生を向上させます。しかし，ある未熟な産業に規模の経済が存在していた場合，貿易を制限することでその産業を発展させることは理論的には可能です。しかし，さらに貿易に伴って外国から技術が伝播するとすれば，自由貿易によって未熟な産業を発展させることも可能です。

2.　実証的には，貿易によって技術の流入や経済成長が促進されることは，多くの研究によって見出されています。貿易が経済成長に必ずしも効果がないことを見出した研究もありますが，現代のデータを使った研究では貿易のマイナスの効果は見出されていません。

3.　海外直接投資の流入によっても技術が伝播し，経済が成長することが実証されています。ただし，そのためには外資企業と地場経済との密接なつながりや，投資受入国で教育レベルが十分に高いことが必要です。

キーワード

海外直接投資，FDI，生産ネットワーク，サプライチェーン，第2の解体，自由貿易協定，FTA，経済連携協定，EPA，2国間・多国間FTA，AEC，絶対優位，比較優位，生産可能性フロンティア，閉鎖経済，小国の仮定，幼稚産業保護，輸入代替工業化，貿易による技術伝播，リバース・エンジニアリング，関税，数量規制，保護率，実効保護率，貿易障壁，計量経済学，外国資本企業，サプライヤー，飛び地

練習問題

(1)　幕末の開国に伴い，日本の各地で生糸を生産して輸出する地域が多く生まれました。これらの地域は，愛知県東部や東京都多摩地区などのように，その後機械産業が集積する地域として生まれ変わったところもあります。このような転換がどうして可能となったのかを，貿易による技術伝播をキーワードとして

考えてみましょう。

(2)　日本の多国籍企業，例えばトヨタ，ホンダ，パナソニック，日立などのウェブサイトを訪れて，アジアのどの国で何を生産していて，何を販売しているのかを調べてみましょう。また，アジアに研究開発拠点を持っているか，持っているとしたらどのような研究開発活動を行っているかを調べてみましょう。そのことから，日本企業がどのような戦略を持ってアジアに展開しているか，そしてその日本企業の活動が途上国にどのような影響を及ぼしているのかを考えてみましょう。

第7章

産 業 集 積

　産業集積とは，同じ業種もしくは関連した業種の企業が地理的に限定された地域に多く集まっていることを指し，先進国でも途上国でも広く見られます。この章では，産業集積がどのように形成され，どのように経済発展に影響を与えるかについて考察します。

7.1　産業集積とは

　産業集積の典型例は，アメリカ西海岸にあるシリコンバレーです。もともと当地にあったスタンフォード大学の大学院生が1939年にヒューレット・パッカード社を創業したのを皮切りに，この地域にコンピュータ機器，コンピュータ・ソフトに関連した多くの企業が創立され，集積していきました。今では，アップル，インテル，Google, Facebook など世界のIT産業を牽引する多くの企業がこの地域に立地しています。

　日本にも，多くの産業集積があります。東京都大田区や大阪府東大阪市には，機械関係の中小企業が集積しています。福井県鯖江市にはメガネフレーム製造の企業が集積していて，日本で作られるメガネフレームの90％は鯖江市製です。新潟県燕三条地域は，作業工具，刃物，金属洋食器などの金属加工の集積地として知られています。このように，大都市だけではなく，地方都市にも様々な特色を持った産業集積があるのです。

▶ 途上国の産業集積

　途上国の産業集積としては，自動車関連企業が急速に集積しつつあるタイの首都バンコクとその周辺地域が好例です。もともとは，1960 年代にトヨタ，ホンダなどの日系メーカーが組立工場を作ったことで集積が始まり，今では日系を含め外国のメーカーに部品を供給する地場企業も多く育ってきて，「アジアのデトロイト」と呼ばれるまでになっています。2018 年のタイの自動車の生産台数は 217 万台で，世界第 11 位の自動車生産国です。

　ただし，途上国の産業集積は，バンコクの自動車産業のように高度なものだけではありません。零細で家内制手工業的な低いレベルにとどまっている企業，もしくは企業ともいえないような生産者が集積する地域も数多くあります。

　例えば，筆者らが調査したエチオピアの地方都市における市場（いちば）に集積した縫製業を紹介しましょう。エチオピアの首都のアジスアベバから 175 キロほど離れたところにアセラという人口 7 万人くらいの町があります。その町の中心に市場があって，生活用品や食品，農業用具など様々なものが売られています。図表 7-1 に示されるように，この 200 メートル四方ほどの市場には，200 ほどの縫製業企業，つまり衣類を作る企業が集積しています。ただし，企業といってもその半数は従業員は 1 人，つまりオーナー 1 人がミシンを 1 台持って布地から服やテーブルクロス，カーテンなどを作っているだけの超零細企業で，仕立屋さんと言った方が適切かもしれません（図表 7-2）。また，1 企業当たりの売上高の平均は年間 10 万円程度しかありません[1]。

　このような貧困国における零細企業の集積は，先進国の産業集積や，途上国であってもバンコクの自動車産業の集積とは全く異なるもののように見えます。しかし，高度に発達した産業集積もいくつかの零細企業から始まったものも少なくありません。例えば，新潟の燕三条地域の金属加工業の集積も，江戸時代に農家の副業として行われていた和釘の生産に端を発しています。シリコンバレーにおける世界最大の IT 企業の集積も，ビル・ヒューレット

1　Ishiwata A., Matous P. and Todo Y. (2014). Effects of Business Networks on Firm Growth in a Cluster of Microenterprises: Evidence from rural Ethiopia, *RIETI Discussion Paper*, No. 14-E-014.

■図表 7-1　エチオピアの縫製業企業の集積

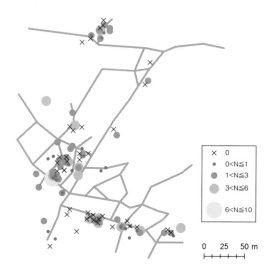

×	0
·	0<N≦1
●	1<N≦3
●	3<N≦6
◯	6<N≦10

0　25　50 m

（注）　各点は1つの企業を表す。点の大きさや色は，その企業が協力企業として挙げた他企業の数
　　　を表す。

■図表 7-2　エチオピアの零細な仕立屋

とデイブ・パッカードが借りた小さなガレージから始まっているのです[2]。では，どのようなプロセスで零細企業の集積が高度な産業集積に成長するのか，そしてそのような集積は経済発展や技術進歩にどのように役に立っているのかを見ていきましょう。

7.2　集積の利益

　そもそも，なぜ企業は地理的に集積するのでしょうか？　19世紀の経済学者アルフレッド・マーシャルは，なぜ都市が存在しているのかを考察し，地理的な集積は企業にとって次の3つの利益をもたらすと考えました。まず第1に，集積することで知識や情報の伝播が容易になります。集積地に立地していれば，企業は近隣の他の企業から有用な情報を得たり，新しい技術を学んだりして成長することが可能となります。第2に，企業が地理的に集積することで，その地域に専門的な知識や技術を持った高度な人材の労働市場ができます。例えば，シリコンバレーにはIT技術者が多く集っていますから，企業がIT人材を獲得することが容易になります。第3に，ある産業の集積地では，その産業の生産に必要な原料や部品，機器の生産も行われるようになり，これらの中間財の調達も容易になります。中間財を遠方から調達する場合にくらべると，輸送コストを節約することができるのです。

　これらの3つの利益は，地理的な集積による「外部性」です。第3章3.2節で述べたように，外部性というのは，経済活動が市場を通さないで他の経済主体に影響を及ぼす副作用のようなものです。集積することでこれらの3つの利益が発生しても，利益の受益者（例えば，情報や知識を得た企業）はそれに対して報酬を支払う必要はありません。その意味で，市場を通さない副作用なのです。

　このような外部性がある場合，ある地域に企業が集積すればするほど，その地域の企業の生産効率が高まり，生産性が上昇していくことになります。

2　ヒューレット・パッカードの公式ウェブサイト，

（http://www.hp.com/hpinfo/abouthp/histnfacts/publications/garage/innovation.pdf）。

つまり，地域の生産規模が大きければ大きいほど生産性が高いという，地域単位の規模の経済が働いているのです。そうすると，ある程度産業が集積した地域では生産性が高いので，ますます企業がその地域に立地し，ますます生産性が上がっていきます。このような**集積と生産性上昇の好循環**が，地理的な集積の一つの要因です。

さらに，このように生産面で集積が進むと，多くの労働者がその地域に居住することになりますので，地域に最終消費財に対する大きな需要が生まれます。その需要がさらにその地域に最終消費財を生産する企業を呼び込むことになり，ますますその地域での産業の集積が進みます。このような地域需要が産業集積に及ぼす効果を，**ホーム・マーケット効果**と言います。

しかも，消費者も産業が集積した大都市に引きつけられます。なぜなら，大都市では多様な財が容易に手に入れることができるからです。例えば，レストラン一つをとっても，大都市には比較的安い庶民的なところからオシャレで高級なところまでいろいろとそろっています。消費者は多様な財を消費することでより幸せを感じる傾向にありますから，消費者から見ても大都市に住むことはメリットがあります[3]。

このように，産業集積は生産者の生産性や消費者の厚生を向上させます。ですから，途上国が経済発展するには国内に産業集積を構築していくことが不可欠です。先進国を見ても，発展した東アジア諸国を見ても，都市に産業が集積することなしに経済発展した国はないと言っていいでしょう。

7.3　空間経済学の理論モデル

▶ 理論モデルの設定

集積のメカニズムをより深く理解するために，ポール・クルーグマンによる理論モデル[4]を簡単にしたものを紹介しましょう。このモデルでは，1つ

3　ただし，あまりにも集積が進みすぎると，都市の混雑や不動産価格の上昇で不幸せを感じることもあります。

4　Krugman P. (1991). Increasing Returns and Economic Geography. *Journal of Political Economy*. 99(3), 483-99.

■図表 7-3　産業別の生産性

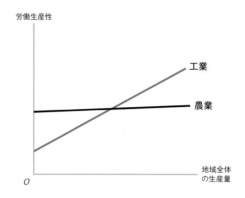

の国の中に2つの地域を考えます。2つの地域の人口はもともとは同じですが，労働者は引越し費用を支払えば地域間を移動できるものとします。また，産業の構成は，第4章4.3節で紹介したクルーグマンの貧困の罠のモデルによく似ており，近代産業（工業）と伝統産業（農業）の2種類の産業があり，労働力のみを使って生産が行われています。工業は各地域の中で規模の経済が働きますが，農業では規模の経済は作用しません。つまり，**図表 7-3** に示されるように，ある地域の工業生産量が増えれば増えるほど，工業における労働生産性（労働者1人が生産する平均生産量）が増えます。農業における労働生産性は一定です。さらに，工業製品を1つの地域から他の地域へ輸送するのには費用がかかりますが，農産品の輸送は費用がかからないものとします。

▶ 理論モデルの均衡

　この理論モデルの均衡で，この国の工業と農業が2つの地域にどのように分布するのかを考えてみましょう。まず，農業については規模の経済が働かない上，**輸送費**は0ですので，どこで生産しても違いはありません。ですので，農業は2つの地域に同じだけ存在します。

　工業の地域分布は，次のような2つの力が働いて決定されます。まず第1

に，工業では規模の経済が働きますので，生産のことだけを考えるのであれば，工業はある1つの地域だけに集積するのが最も効率的だということになります。言い方を変えれば，工業が1つの地域に集積することで，その国の工業生産量は最大化されます。半面，工業製品には輸送費がかかります。工業が1つの地域だけに集積していれば，工業製品をもう一つの地域の消費者（農業従事者）に送る必要があります。つまり，工業に対しては，規模の経済によって1つの地域に集積させようとする力が働き，輸送費によって2つの地域に分散させようとする力が働きます。

　ですので，工業の地域分布は，規模の経済の程度と輸送費の大きさで決まります。もし規模の経済の集積力にくらべて輸送費が十分に低ければ，工業は1つの地域に完全に集積してしまって，もう一つの地域には農業しかないという状態になります。逆に，輸送費が高いと，どちらの地域でも工業生産が行われていて，各々の地域が自給自足している状態となります。

　では，輸送費が低い場合には，2つの地域のうちどちらの地域に工業が集積するのでしょうか？　実は，この理論モデルの最初の想定のようにもともと2つの地域に全く差がない場合には，どちらの地域に集積するのかは偶然に決まります。

　ただし現実には，地域間には地理的，歴史的な違いがあって，ある地域では他の地域より工業の生産性がもともと高いということが十分にあり得ます。例えば，歴史的に工業が発達していて，すでに他の地域よりも生産性が高い地域もあるでしょう。そのように工業の生産性の高い地域では，工業労働者の賃金が高くなりますから，別の地域から労働者が移動してきて，工業の集積が進みます。すると，規模の経済の効果でますますその地域の生産性が高くなりますので，その地域での工業の集積が進むことになります。つまり，第4章の貧困の罠のモデル，第5章の中所得国の罠のモデルのように，このモデルでも2地域のうちどちらかに工業が集積するという2つの均衡が存在するのですが，実際にどちらの均衡にたどり着くかは初期条件で決まるのです。「歴史が重要」（History matters）というわけです。

　ある地域で工業が集積していくということは，もう一つの地域では逆に工業が衰退するということになります。つまり市場均衡では，ある地域では工

法学新刊

グラフィック［法学］2
グラフィック 憲法入門 第2版

毛利　透 著　　　　　　　　　　　A5判／264頁　本体2,250円

憲法研究の第一線にいる著者の平明で信頼感ある解説と左右見開き構成・2色刷により初学者に好適の書として幅広く好評を得ているテキストの最新版。本文解説の拡充や近時の判例追加のほか，憲法にかかわる新しいトピックを紹介し掲載データのアップデイトを行った。

ライブラリ 判例で学ぶ法学 2
判例で学ぶ法学 行政法

原田大樹 著　　　　　　　　　　　A5判／280頁　本体2,100円

本書は行政法学の中でも極めて重要で代表的な判例を素材に，行政法学の概念を具体的なイメージを伴って理解することを目的として編まれた判例集である。厳選した判例84件には比較的最近出された判決も含まれ，一度行政法を学んだ方が学び直すニーズにも対応している。

ライブラリ 商法コア・テキスト 3
コア・テキスト 会社法

川村正幸・品谷篤哉・山田剛志・尾関幸美 共著

A5判／304頁　本体2,450円

コーポレート・ガバナンス，企業組織再編等についての重要な規定が盛り込まれた令和元年会社法改正を含め，債権法改正にも完全対応した最新テキスト。会社法のコアを形成する論点と会社法領域の理解にとって重要な議論とを中心に，初学者にもわかりやすく解説する。2色刷。

ライブラリ 現代の法律学 A13
刑法総論 第2版

小林憲太郎 著　　　　　　　　　　A5判／416頁　本体2,900円

本書は，気鋭の刑法学者による刑法総論の基本書の改訂版である。講義を受けた学生・読者からの「より親切な教科書を」との要望に応えて，改訂にあたっては個々の問題に関する説明を初版よりもはるかに詳細かつ分かりやすくした。

法学新刊

ライブラリ 法学基本講義 14
基本講義 刑事訴訟法

福島　至 著　　　　　　　　　　　A5判／344頁　本体2,980円

大学・法科大学院で教鞭をとる傍ら弁護士として刑事事件に取り組んできた著者による最新の概説書。初学者を配慮した平易な叙述に努め，基本的な判例・学説を網羅的に掲げながら，実務経験に基づいた「無辜の不処罰の理念」を中心として刑事裁判のあるべき姿を説く。2色刷。

ライブラリ 新公務員試験問題研究 1
問題研究 憲法

渡邉剛央 著　　　　　　　　　　　A5判／392頁　本体1,950円

指導経験豊富な著者が，国家総合職試験合格に向けて要所と解法を説く。出題傾向の分析→各テーマのアウトライン解説→精選された過去問の演習→実力練成のための問題（詳解付）という構成とし，章末には2次試験における記述問題も掲載し解答例を付した。2色刷。

コンパクト法学ライブラリ 13
コンパクト 労働法 第2版

原　昌登 著　　　　　　　　　　　四六判／288頁　本体2,100円

労働法のエッセンスを親しみやすく紹介した好評入門テキストの改訂版。これまでにない大きな制度変更となった「働き方改革」の内容を盛り込んで見通しよく解説した。見やすい2色刷。

ライブラリ 民法コア・ゼミナール
コア・ゼミナール 民法

平野裕之 著

民法の事例問題には，定義・要件・効果の理解に加えて，問題文から「論点」を発見する能力が求められる。本書は，民法におけるCASE（設問）をまとめ，多様なCASEに取り組み，その解答・解説を読むことを通して問題を解く力を養成する，「事例問題の千本ノック」ともいうべき画期的演習書である。

I	民法総則	A5判／184頁	本体1,400円
II	物権法・担保物権法	A5判／248頁	本体1,700円
III	債権法1 債権総論・契約総論	A5判／256頁	本体1,600円
IV	債権法2 契約各論・事務管理・不当利得・不法行為		
		A5判／256頁	本体1,600円

ライブラリ 経済学15講 7

国際金融論15講

佐藤綾野・中田勇人 共著　　　　　　　　A5判／288頁　本体2,400円

グローバル化がすすむ今日，国境を越えるお金のやりとり，そして海外の経済を考慮した場合のマクロ経済の知識は，重要性を高めている。本書はこうした国際金融論の基礎が理解できるよう，多くの図表やコラムを援用して解説した最新の入門テキストである。読みやすい2色刷。

経済学叢書 Introductory

開発経済学入門 第2版

戸堂康之 著　　　　　　　　　　　　　　A5判／320頁　本体2,600円

開発途上国が経済的に発展するメカニズムやそのために必要な政策について，わかりやすく解説した好評入門書の最新版。統計データをアップデートし，RCTの研究紹介を拡充して，最新の途上国経済の状況と学術研究の流れを踏まえた内容とした。2色刷。

例題から学ぶ マクロ経済学の理論

武隈愼一 著　　　　　　　　　　　　　　A5判／168頁　本体1,480円

例題を用いてマクロ経済学の基礎的な理論を速習することを目的に編まれた書。収載された例題61問，練習問題56問に取り組むことで読者はマクロ経済学の理論を速やかにマスターすることができる。見やすく読みやすい2色刷。

ライブラリ 経済学15講 A4

実験経済学・行動経済学15講

和田良子 著　　　　　　　　　　　　　　A5判／336頁　本体2,700円

実験経済学と行動経済学について，イラストも交え初学者にも親しみやすく愉しく説き明かす入門テキスト。それら2つの学問の研究成果と相違点をテーマごとに解説し，現実の問題への応用や手法についても紹介する。図表を豊富に採り入れたビジュアルな構成＋2色刷。

ライブラリ 経済学15講 10

経済数学15講

小林　幹・吉田博之 共著　　　　　　　　A5判／256頁　本体2,200円

数学的知識が経済学においてどのように使われるかを解説したテキスト。二部構成として，前半では標準的計算問題の解法を，後半では中級レベルの経済理論における数学の適用例を説明する。例題と多数の練習問題を設け理解の定着を配慮した。2色刷。

経営学・会計学新刊

グラフィック経営学ライブラリ 4
グラフィック マーケティング

上田隆穂・澁谷　覚・西原彰宏 共著　　　　A5判／296頁　**本体2,550円**

各章の冒頭にCASEを置き，具体的イメージをもって解説内容が理解できるよう配慮。2色刷として左頁に本文，右頁に図表・関連内容のコラム・BOXを対応させた見開き構成により，これまでにない読みやすさを実現したマーケティングテキスト。

ライブラリ 経営学コア・テキスト 1
コア・テキスト 経営学入門 第2版

高橋伸夫 著　　　　　　　　　　　　　　A5判／328頁　**本体2,450円**

この一冊で，あらゆることが経営の問題として見えるようになり，自分でその答を導き出す姿勢と作法が身につく！　経営戦略・経営組織・マーケティングについての解説拡充のほか，コーポレート・ガバナンスなど近年経営学が直面する問題も採り上げた。読みやすい2色刷。

グラフィック経営学ライブラリ 9
グラフィック 経営統計

森　治憲 著　　　　　　　　　　　　　　A5判／328頁　**本体2,700円**

データから引き出された分析結果を理解し，適切な経営判断を下す能力を修得するための，新時代の経営統計テキスト。とくに推測統計学の手法については現実の問題を適用しながら具体的に解説している。左頁に本文解説，右頁に図表・コラム等を配置した左右見開き構成＋2色刷。

仕訳でかんがえる会計学入門

平野智久 著　　　　　　　　　　　　　　A5判／216頁　**本体1,850円**

「仕訳は単に財務諸表を作るための手段ではなく，企業の経済活動の表現技法である。」本書は，こうした視点から簿記の考え方の本質的な理解と企業会計の基礎を有機的に結びつけ，段階を追って解説する。仕訳の背後になる考え方をつかみ財務会計のエッセンスを理解する構成として，要点を確認する練習問題編を設け，理解の定着をはかった。2色刷。

発行 **新世社**　　発売 **サイエンス社**

〒151-0051　東京都渋谷区千駄ケ谷1-3-25　　TEL (03)5474-8500　FAX (03)5474-8900
ホームページのご案内 https://www.saiensu.co.jp　　　　　　＊表示価格はすべて税抜です。

業が集積し，もう一つの地域では農業に特化するという状況が固定化されてしまうのです。

この時，農業に特化した地域に工業を興すにはどのような政策が必要でしょうか。もし，農業地域で工業の生産性を上げるような政策をしたとしても，もう一つの地域よりも生産性が低いのであれば，結局は農村地域に工業を持続的に発展させることはできません。ですから，農村地域での工業の生産性を一気に上昇させて，もう一つの地域との競争に勝てるようにする必要があります。その一つの手段は，工業生産をする企業や工場を大規模に誘致して規模の経済によって生産性を上げることです。これは，第4章・第5章のモデルでも見たような「ビッグプッシュ」的な政策です。逆に言えば，政策的に小規模に工業部門を誘致しても，工業部門が一定以上の生産性を達成することができなければ，長期的には工業部門は縮小して，政策は無駄になってしまうのです。

多地域・多産業のケース

上のモデルでは，できるだけ簡単に考察するために，工業と農業の2つの産業だけ，2つの地域だけを想定しました。現実には，工業といっても様々な産業が存在しますし，工業，農業だけではなくサービス業もあります。また，地域もたくさんあります。このような現実世界では，産業ごとの規模の経済と輸送費の程度によって，それぞれの産業内の企業は異なる地理的分布を描くはずです。

例えば，コンピュータ・ソフトウェア，金属加工，理髪業の3つの産業について考えてみましょう。まず，コンピュータ・ソフト産業では知識を活用してアイデアを生み出すことが非常に重要です。ですので，技術者が近隣の技術者から新しい知識を得たり，刺激を受けたりすることによる利益が大きく，技術伝播を通じた規模の経済が大きく働いています。半面，コンピュータ・ソフトのプログラムはインターネットを通じて他の地域に販売することができるので，輸送費は非常に安いと考えられます。ですから，コンピュータ・ソフト会社は集積することによる利益が大きく，したがってたくさんの地域があったとしてもごく少数の地域に大規模に集積します（図表 7-4）。

■図表 7-4 産業別の地理的分布

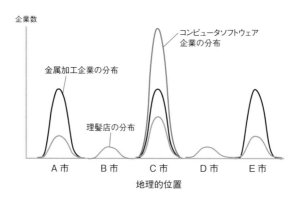

　それにくらべて，金属加工業でも技術は重要ですが，企業内での職人的な技術の習得が重要で，他社からの技術伝播による利益はそれほど大きくありません。しかも，金属製品は重いので，輸送費はかかります。ですから，コンピュータ・ソフト産業にくらべて，金属加工業では集積しようとする力はそれほど大きくは働きません。ですので，金属加工業は，1つの大都市に大規模に集積するのではなく，比較的多くの中規模の都市に中程度の規模で集積します（図表 7-4）。

　理髪業は非常に輸送費の高い産業です。つまり A 市の人が B 市の理髪店のサービスを受けるためには，その人が B 市に行くか，理髪店の従業員が A 市に出張してきてくれなければなりません。移動にかかる時間的なコストも考えると，単にモノを輸送するよりも，人の移動は相当高くつきます。ですので，理髪業では集積するメリットがほとんどありませんから，理髪店は各地に分散しています（図表 7-4）。ただし，上で述べたホーム・マーケット効果のために，より産業集積の進んだ C 市ではより多くの理髪店があり，コンピュータ・ソフト産業や金属加工業のない B 市や D 市では理髪店も多くはありません。

7.4　規模の経済の実証分析

　以上の理論的な考察の大前提となっているのは，地域単位での規模の経済，つまり地域内の経済規模が大きくなればなるほど生産性が上昇するということです。これは実際に成り立っているのでしょうか。

　図表7-5は日本の都道府県別の中小企業の純資産利益率（資産額に対する利益の割合）と事業所密度（1km²当たりの企業の事務所や工場などの事業所数）の関係を表していますが，この2つには明確に正の相関関係があることがわかります。実は，この図からだけだと，事業所密度が高くなるとその県の収益率が上昇すると言えるのかは必ずしもはっきりしません。収益率が高い県で事業所が開設されることが多いという，逆の因果関係の可能性もあるからです。

■図表7-5　都道府県別の中小企業の純資産利益率と事業所密度の関係

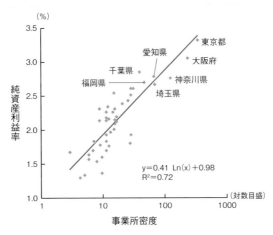

（出所）　徳田秀信（2010）「わが国中小企業の収益性と競争力——主要国との国際比較に基づく実証分析と政策課題の検討」，『みずほ総研論集』，2010年Ⅳ号。

（注）　純資産利益率＝（当期純利益／売上高）×（売上高／純資産）×100
　　　事業所密度＝事業所数／面積（km²）

■図表7-6　エチオピアの縫製業の技術レベルの測定

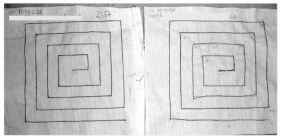

高技術レベルの例　　　　　低技術レベルの例

（出所）　Ishiwata et al.（2014）前掲書。

　しかし，このような相関関係から因果関係を切り分けるための手法を駆使した研究も数多くあり，その多くが地域単位の規模の経済があることを実証的に示しています。例えば，都市経済学の大家であるブラウン大学のバーノン・ヘンダーソンはアメリカのデータを使い，同じ郡（市よりも大きく，州よりも小さい地域単位）の労働者の総数が2倍になると，企業の生産性（同じだけの投入量で得られる生産量）が8～12％増加することを見出しています[5]。

　この章のはじめに紹介した筆者らのエチオピアの研究では，零細縫製企業が町の市場に集積することで技術レベルが上がっていくかを調べました。企業の技術レベルを測るのは，特に途上国においては難しいのですが，ここでは各企業に同じパターンの縫製をしてもらい，そのパターンからどの程度ずれているかによって計測しています（図表7-6）。その結果，取引や情報交換などを通じたつながりのある企業が多いほど，企業の技術レベルが高くなることを見出しました。この結果は，狭い地域で集積することで顔の見える

5　Henderson J. V.（2003）. Marshall's scale economies. *Journal of Urban Economics*. 53（1），1–28. また，これらの研究のサーベイについては，Rosenthal S. S. and Strange W. C.（2004）. Evidence on the nature and sources of agglomeration economies. In J. V. Henderson and J.-F. Thisse（Eds.）, *Handbook of regional and urban economics*, 2119–71. Amsterdam: Elsevier B. V. を参照してください。

関係の構築が容易になり，それによって技術が伝播するというマーシャルの洞察が正しかったことを示唆しています。

7.5　産業集積の事例

　このように地域単位の規模の経済があれば産業集積が起こるわけですが，では実際にどのようなプロセスで産業集積は起きるのでしょうか。いくつかの事例を見ていきましょう。

▶ 燕市の金属加工業の歴史

　まず，上でふれた新潟県燕市の金属加工業の集積です。この地域は歴史的に水害が多く，農業だけでは生計が立ちませんでした。ですから，江戸時代初期に大谷清兵衛という代官が江戸から和釘職人を招聘して和釘の生産技術を農民に指導させました。これが燕三条地域の和釘生産の始まりで，その後この地域は日本の和釘の主要な生産拠点となりました。燕市では，その後仙台からの流れ職人から銅器の製造を学び，近隣に銅山があったことからも，矢立[6]，煙管（きせる），彫金などの銅器の生産が増えていきます。明治以降には和釘の需要が減少したことから，銅器の生産が中心となりましたが，20世紀に入ると銅器の需要も衰え，スプーン，フォーク，ナイフなどの洋食器の製造に転換しました。近年になると，ヨーロッパで技術を学んだ高級洋食器や，IT関連などのより高度な精密金属加工を含む金属加工の集積地となっています[7]。

　燕市の事例からわかるのは，産業集積が起きるには，何らかのきっかけが必要だということです。理論的にも，もともとある産業の生産性が高い地域でその産業が集積し，規模の経済によってさらに集積が強化されるという話

6　小さな壺に筒がついたもので，壺に墨汁，筒に筆を入れて持ち歩けるようにした昔の携帯用筆記用具。

7　池田庄治他（1982）『新潟県の金属加工産業』，国連大学人間と社会の開発プログラム研究報告（https://d-arch.ide.go.jp/je_archive/pdf/workingpaper/unu_jpn64.pdf）。
　燕市産業史料館公式ウェブサイト（http://tsubame-shiryoukan.jp/index.html）。

をしました（7.3 節）。燕市の場合には，農業の生産性が低いために，農業とくらべた和釘生産の生産性が他地域よりも高かった，言い換えれば燕市は和釘生産に比較優位を持っていたことが集積のきっかけとなりました。さらに，銅器の生産に転換する時には，銅山が近隣にあったことが一つのきっかけとなっています。つまり，ある地域にどのような産業の集積が始まるかは，その地域の地理的，自然環境的な特徴が重要な要素なのです。

▶ 日本のオートバイ産業の発展

もう一つの例を，第2次世界大戦後の日本のオートバイ産業に見てみましょう[8]。オートバイの生産は，戦後直後には戦前からあった陸王内燃機や富士産業（旧中島飛行機，現在の富士重工業）によって細々となされているだけでした。しかし，1940 年代後半から 1950 年代前半にかけて爆発的に企業の新規参入が起こり，一時期は年間 80 社近い参入があり，120 社を超えるオートバイ・メーカーが日本に乱立したのです（図表 7-7）。その中で熾烈な競争が起こって，技術力のない企業は淘汰されていきます。最終的には，現在のホンダ（本田技研工業），ヤマハ（ヤマハ発動機），カワサキ（川崎重工業モーターサイクル＆エンジンカンパニー），スズキの4社が生き残り，1960 年代には4社の市場シェアはほぼ 100％ となりました。競争にもまれて技術力をつけた4社は世界のトップメーカーとなり，1960 年には日本のオートバイ生産台数は世界1位となったのです。

このような産業の発展と並行して，オートバイ産業の集積が進みました。図表 7-8 で示されるように，1950 年には東京がオートバイ生産の中心であり，国内生産台数の 60％ 以上を作っていました。東京では，後にカワサキに吸収される目黒製作所，戦前にハーレー・ダビッドソンのライセンス生産をしていた陸王内燃機の流れを汲む陸王モーターサイクル，富士重工業の前身の富士産業の三鷹工場などがあったからです。しかし，ホンダが 1952 年にカブを，1958 年にスーパーカブを発売して大ヒットしたことや，ヤマハが 1955 年の富士登山レースで優勝したことなどから，ホンダ，ヤマハ，ス

8　園部哲史，大塚啓二郎（2004）『産業発展のルーツと戦略――日中台の経験に学ぶ』，知泉書館。

■図表 7-7　日本のオートバイ産業の企業数

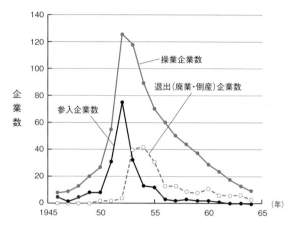

（出所）　Yamamura E., Sonobe T. and Otsuka K.（2003）. Human capital, cluster formation, and international relocation: the case of the garment industry in Japan, 1968-98. *Journal of Economic Geography*. 3（1）, 37-56.

■図表 7-8　オートバイ生産台数に対する地域別のシェア

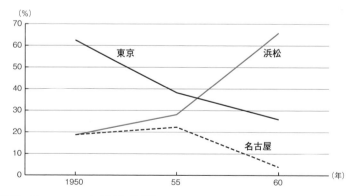

（出所）　Yamamura et al.（2003）前掲書。

ズキが生産拠点を置く浜松のシェアが急増し，1960年には60%以上となりました。その分，東京や，三菱重工業の前身の中日本重工業がオートバイを生産していた名古屋のシェアは激減しています。

このような日本のオートバイ産業の集積の歴史は，2つのことを示唆しています。一つは，歴史的な背景が集積の契機になるということです。戦前から浜松は機械産業の集積地であり，ホンダは自動車部品を，ヤマハはピアノを，スズキは紡織機を製造していました。そのような背景があったからこそ，戦後にオートバイの需要が増えたことに敏感に反応してオートバイ生産をはじめ，急速に技術力を上げることができたのです。

もう一つは，産業集積は完全に固定的なものではないということです。前節のモデルでは，いったんある地域で産業が集積すると，規模の経済によってその地域の生産性が上昇していきますから，ますます集積が進むことが示されています。ですので，この理論通りであれば，産業集積は固定的なもので，いったん集積すれば解体されることはないのです。しかし，日本のオートバイ産業の例では，はじめは東京に集積しつつあった産業が浜松へ移って行ったわけですから，この理論は少し単純すぎるようです。

産業集積が固定的でない理由の一つは，同じ産業だけではなく似たような産業間でも技術が伝播したり部品や技術者を融通したりできることです。つまり，浜松では1950年代初期にはオートバイ産業こそ集積していませんでしたが，機械産業が集積し，オートバイ・メーカーが機械関連企業から技術情報や部品を得たり，機械関連の技術者を他社から引き抜いたりすることが可能だったはずです。このように，産業をまたいだ適応力がある地域は，後発であってもうまく生産性を伸ばして追いつき追い越すことができるのです。

産業をまたいだ適応力は，前述の燕市の例でも見られました。和釘から銅器，銅器から洋食器，洋食器から精密金属加工へと，主力商品の需要が減るたびに，それまでの産業で培った技術や人材を生かして，新たな産業の集積を作り上げてきたのです。

▶ 内生的産業発展論

日本の代表的な開発経済学者である大塚啓二郎と園部哲史は，この日本の

オートバイ産業をはじめ，日本，中国，台湾，ベトナム，ガーナ，エチオピアなどで現地調査を行い，多くの集積地は同じような発展のパターンをたどっていることを発見しました[9]。彼らは，その集積による産業発展パターンを「内生的産業発展論」として定式化しています。

それによると，途上国における産業集積の発展には，始発期，量的拡大期，質的拡大期の3段階があります。始発期には，さほど学校教育を受けたわけではない商人や職人が，他の地域や外国の技術を模倣することで集積が始まります。次の量的拡大期では，先行企業から従業員が独立したりして，先行企業を模倣する企業がたくさん操業を始めます。これらの企業の大部分は十分な技術力がなく，質の低い製品しか作れませんが，生産量は増加し，産業集積が進展していきます。次の質的拡大期では，教育を受けた2代目や革新的なよそ者の参入で技術が進歩して，技術力のない企業は淘汰されていくため，質の高い産業集積が構築されていくというわけです。

▶ 中国の IT 特区

最後に，中国の北京市にある中関村科学技術園（中関村科技園）というIT特区の発展を見てみましょう。中関村は，もともと中国のトップ2の大学である北京大学と清華大学や国立の中国科学院などがある地域で，1980年代初めから電気・電子機械関連の企業や小売店ができはじめていました。1988年に北京新技術産業開発試験区が設立された後，1999年に中関村科技園となりましたが，政府は特区の設立から一貫して電子機器，コンピュータ・ソフトウェアなどのハイテク産業を政策的に奨励してきました。

例えば，法人税の優遇措置によって，研究開発（R&D）活動を活発に行う企業を誘致しています。特区の設立当初には，特に技術力の高い外資企業を誘致しようとしました。実際，1998年にはマイクロソフトがR&Dセンターを設置するなど，世界トップレベルのIT企業，しかもその研究機関の誘致に成功しています。中国政府はこれらの外資企業と国内の大学や研究機関との産学連携を奨励し，外資企業の技術が国内に伝播するように努めてい

---

9 園部・大塚（2004）前掲書。Sonobe T. and Otsuka K.（2006）. *Cluster-based Industrial Development*. Palgrave Macmillan.

るのです。また，海外のIT企業で働いている中国人や海外の大学でIT関連の博士号をとった中国人の帰国を奨励して，彼らからも技術を学ぶようにしています（このような中国人は，故郷に帰って卵を産むという意味で「海亀」と呼ばれています）。さらに，インキュベーション・センターを設立して起業のためのコンサルティングやマッチング（ベンチャー・キャピタル，取引先，従業員などの紹介）などのサービスを行ったり，大学からの起業に対して資金を供与したりして，新規の起業を奨励しています。これらの政策が功を奏し，中関村科技園は2018年の売上高が約97兆円[10]と日本のGDPの1/6程度にも上る額となり，巨大なIT特区に成長しました。

　これらの政策の効果については次節に譲るとして，ここでは産業集積における外資企業の役割を強調しておきます。第6章で見たように，中関村科技園の外資企業は中国の地場企業よりも技術レベルが高く（図表6-12），R&D活動を行う外資企業からは地場企業に技術が伝播している（6.7節）ことがわかっています。中関村ももともと大学や研究所があって技術レベルが高かったことがIT産業の集積の契機になっていて，初期条件が大事だという点では燕や浜松と同じです。しかし，それだけでは中関村は世界市場で競争できるだけの技術力を持ちえず，第6章6.6節で見たブラジルのパソコン機器産業が政策的な保護にもかかわらず衰退してしまったのと，同じ運命をたどることになったはずです。初期条件に加えて，外資企業から高い技術を持続的に吸収することで，はじめて世界市場で競争できるまで生産性を高め，IT産業の集積に成功したのです。

　外資企業からの技術伝播が途上国の産業集積をもたらしたのは，タイのバンコクの自動車産業の集積も同じです。この集積は，もともとは日系企業が1960年代にバンコクやその郊外に組立工場を作ったことに始まっています。外資企業から技術を学んだ地場企業が高品質の部品を供給できるようになったことが，「アジアのデトロイト」と呼ばれる自動車産業の分厚い集積を作り上げたのです。これらの事例は，特に途上国で高度な産業が集積するためには，外資企業からの技術伝播が不可欠であることを示唆しています。

10　NNA ASIA（https://www.nna.jp/news/show/1891093）。

7.6　産業集積のための政策

　それでは，このような産業集積を促進するにはどのような政策を行えばよいのでしょうか。7.3節の理論分析では，2つの地域があった場合，工業の生産性がもともと高い地域では工業が集積し，別の地域は農業に特化してしまうことが示されました。ですから，この理論からは，初期の生産性の劣った地域で産業を集積させるには，ビッグプッシュ的な政策によって一気に生産規模を上げ，規模の経済によって生産性を上げて国際競争，地域間競争に勝つ必要があると結論づけられます。

　このような考え方に基づき，多くの国や自治体では立地補助金や税制優遇によって大工場を誘致しています。実際，このような政策は，中国の中関村科技園のケースでは，外資企業を誘致して地場の新規開業を促して，IT産業を集積させるのに成功したように見えます。アメリカを対象とした実証分析でも，自治体が補助金によって大工場を誘致すると，その周辺の企業の生産性は上昇し，法人税収が増えて自治体の財政は必ずしも悪化しないことが見出されています[11]。

　しかし，必ずしもこのような立地政策が成功するとは限りません。ITやハイテク産業の誘致は世界各国で行われていますが，中関村科技園のような成功例の方がむしろまれです。例えば，日本では1980年代に「テクノポリス」，1990年代に「頭脳立地」と称するハイテク産業の誘致政策が各地で行われました。しかし，そのような政策によって，むしろ政府の支援がなければ生き残れないような生産性の低い事業所が誘致されてしまったことが，データによって実証されています[12]。ですから，立地補助金の政策の効果は実証的にははっきりしません。

　立地補助金以外で産業集積に効果があると思われる政策は，企業間の産産

11　Greenstone M. and Moretti E. (2003). Bidding for Industrial Plants: Does Winning a 'Million Dollar Plant'Increase Welfare ?, *NBER Working Paper*, No. 9844, National Bureau of Economic Research.

12　Okubo, T. and Tomiura E. (2012). Industrial relocation policy, productivity and heterogeneous plants: Evidence from Japan. *Regional Science and Urban Economics*. 42, 230–239.

連携，企業と大学の産学連携の強化です。そもそも集積の利点は，企業間の情報や技術の伝播が活発になることや，輸送費を含めた企業間取引のコストが下がることにありました。したがって，企業間や企業と大学の間の技術伝播や取引相手とのマッチングをより円滑にするための場を提供することは，集積の利益を拡大させます。

　実際，日本の近年の産業集積政策である「産業クラスター計画」では，「テクノポリス」や「頭脳立地」政策の失敗を踏まえてか，立地補助だけではなく，企業同士の商談会や展示会，産学連携のための研究会に対する支援など，企業間や企業と大学の連携を強化する政策を多く行っています。これらの政策を定量的に評価した研究によると，このような連携強化政策は企業のR&D活動の生産性上昇に大きな効果があったということです[13]。中関村科技園が成功した要因も，企業誘致のための優遇税制ではなく，むしろインキュベーション・センターでの起業支援や産学連携支援（外資企業を含め），「海亀」の帰国の奨励などの連携強化政策だった可能性もあります。

　なお，ここで強調しておきたいのは，ある地域に産業を集積させるのには，その地域内での連携を強化して地域内の技術伝播を円滑にすることも重要ですが，地域を超えた「よそ者」との連携も同じように，もしくはそれ以上に重要だということです。

　例えば，中関村やバンコクの集積では，外資企業との連携が発展の要因でした。燕市の主要産業が和釘から銅器へ転換する時にも，仙台の流れ職人というよそ者からの技術移転がカギとなりました。内生的産業発展論を提唱する大塚啓二郎らは，日本の備後と中国の織里のアパレル産業の集積の歴史を分析し，どちらのケースでも大都市（大阪，上海）から来た商人が技術や需要に関する情報をもたらしたことが飛躍的な発展につながったと結論づけています[14]。先に挙げた産業クラスター計画に関する実証研究でも，地域内の

13　Nishimura J. and Okamuro H. (2011). R&D productivity and the organization of cluster policy: An empirical evaluation of the Industrial Cluster Project in Japan. *Journal of Technology Transfer*. 36(2), 117–44.
　　Nishimura J. and Okamuro H. (2011). Subsidy and networking: The effects of direct and indirect support programs of the cluster policy. *Research Policy*. 40(5), 714–27.
14　園部・大塚（2004）前掲書。

企業連携よりも地域外の企業との連携の方が，企業のR&D活動の生産性を向上させることが示されています。また，日本全土をカバーした企業データを利用した筆者らの研究でも，企業の生産性は同じ都道府県内の取引先を増やしても伸びないものの，別の都道府県の取引先を増やすと伸びることが示されています[15]。

ですから，この章の最初で紹介したエチオピアの地方都市の市場に集まった零細な仕立屋さんが，高度な技術力を持った産業集積にまで発展するためには，地域内や地域外との連携を強化する政策が必要です。例えば，地域内の技術専門学校で技術研修プログラムを設けたり，大都市から商人を呼び込んで商談会を催したりすることが有効であると考えられます。

このように，人や企業の連携を促してネットワークを構築・強化するような政策を，「つながり支援」と呼びます。次章では，どうして経済発展にとって「つながり支援」が重要なのかについて詳しく述べていきます。

最後に，交通インフラ（インフラストラクチャー）の役割についても確認しておきます。インフラとは，社会の基盤となる設備のことを広く指しますが，交通インフラとは，特に道路，鉄道などの交通に関わるインフラを意味します。

交通インフラが発達していることは，産業集積の発展にとって不可欠です。ある研究では，植民地時代のインドにおいて，鉄道が開通することで地域の所得が向上したことが見出されています。同時に地域間の価格差が縮小し，地域間や海外との貿易が拡大したこともわかっており，鉄道網の発達がモノや情報の流れを促して，所得向上につながったと考えられます[16]。

また，広島県備後地方や中国の織里は衣料品産業の集積地として有名です。これらの地域は近隣の大都市（備後の場合は大阪，織里では上海）の商人と密接につながっており，商人から新しい技術や売れ筋商品の情報を得ていたことが，集積地の発展に寄与しました[17]。交通インフラによって大都市と結

15　Todo Y. and Matous P. (2015), "The Strength of Long Ties and the Weakness of Strong Ties: Knowledge Diffusion through Supply Chain Networks," *RIETI Discussion Paper*.

16　Donaldson D. (2018). Railroads of the Raj: Estimating the Impact of Transportation Infrastructure. *American Economic Review*. 108(4-5), 899-934.

17　園部・大塚（2004）前掲書。

ばれていたことが，商人の往来を可能にしたのです。

　ですから，ある地域に産業が集積するためには，つながり支援に加えて，交通インフラを整備することで地域外とのつながりを構築していくことが有効です。しかし，交通インフラ，特に道路や橋などは全ての利用者から料金を徴収することが難しいため，民間企業に任せていては十分に整備されません。ですので，政府によって道路網を構築していくことが必要です。

7.7　ま　と　め

1.　企業は地理的に産業が集積することで，知識や情報の伝播が容易になること，地域に高度な人材の労働市場ができること，中間財の輸送コストが削減できることなどの利益を享受できます。

2.　ある地域において地理的・歴史的経緯から特定産業の生産性が高ければ，その産業の集積が始まります。すると，集積の利益のために地域単位での規模の経済が生まれ，ますます地域の生産性が上昇し，産業集積が発達していきます。

3.　現実の事例では，地域外からの商人や外資企業などの「よそ者」によって新しい技術がもたらされることで，集積が発達したり，別の産業の集積に転換できたりすることがよく見られます。

4.　理論的には，立地補助金や税制優遇によって産業集積を生み出すことは可能ですが，実際の効果についてはっきりした結論が得られていません。むしろ，地域内や地域外との経済主体間の連携を深めるような「つながり支援」やインフラ構築が効果的であると考えられます。

キーワード

産業集積，零細企業，外部性，集積と生産性上昇の好循環，ホーム・マーケット効果，輸送費，顔の見える関係，内生的産業発展論，立地補助金，税制優遇，産産連携，産学連携，よそ者，つながり支援，インフラ

(1)　タイのバンコクに引き続き，インドネシアのジャカルタ近郊でも自動車産業が発展しつつあります。ジャカルタでもバンコクのような産業集積が発展するには，どのような政策が必要だと考えますか。また，その発展の障害となるのは何でしょうか。図表 7-4 や第 6 章図表 6-3 を参考にして考えてみましょう。

(2)　インドのバンガロール，台湾の新竹なども，途上国・新興国における IT 産業の集積の成功例です。これらの集積がどのようにしてできていったのかを，インターネットなどを利用して調べてみましょう。

第8章

社会関係資本・社会ネットワーク

　第6章・第7章では，経済のグローバル化や産業集積が技術伝播を通じても経済発展に寄与することが示されました。この章では，人々のつながり，すなわち社会関係資本や社会ネットワークに注目し，つながりを通じてどのように技術が普及し，経済が発展するかを論じます。

8.1　社会関係資本・社会ネットワークとは

　社会ネットワークとは，社会における人間と人間のつながり，組織と組織とのつながりを指します。例えば，友人関係も社会ネットワークの一種ですし，企業と企業の取引を通じた関係も社会ネットワークの一種です。**社会関係資本**（ソーシャル・キャピタル）とは，社会ネットワークのうち，特に共通の社会規範や価値観を共有し，信頼関係で結ばれた人と人とのつながりを指します。日本語では，「絆」と言ってもよいかもしれません[1]。

　このような社会関係資本は，様々な人間社会で成立しています。日本では，企業が独特の文化を持ち，社員は社是などで表された一定の理念を共有し（例えば，サントリーなら「やってみなはれ」，ソニーなら「自由闊達にして愉快なる理想工場の建設」など），互いに信頼しあっていることも多く見られます。これは，企業内に社会関係資本が蓄積されていることを示してい

---

[1]　澤田康幸（2012）「"絆は資本"の解明進む」，日本経済新聞 2012 年 12 月 18 日付『経済教室』。（https://www.rieti.go.jp/jp/papers/contribution/sawada/04.html）

す。

　途上国においては，このような社会関係資本はしばしば地域の共同体（コミュニティ）を単位として成立しています。特に，途上国の農村地域では，多くの人々がその地域で農業を行い，あまり遠方へ出かけることもありません。ですから，ある集落に住む人々は，毎日のように顔を合わせ，場合によっては集落全体のための共同作業，例えば灌漑設備や共有する森林の手入れを共に行います。そのような日々の活動を通して，その集落の規範を構築して，その規範を守る住民たちを信頼するようになります。ですから，途上国の農村地域では，地域共同体の中で強い絆が築かれていることが多いのです。

　このような強い絆をはじめとする社会関係資本や社会ネットワークは，途上国の経済発展にとってどのような意味を持つでしょうか。

8.2　社会関係資本・社会ネットワークと経済発展

▶ 社会関係資本の2つの効果

　社会関係資本は，次の2つの経路で経済活動に影響を及ぼします[2]。まず一つは，情報や知識，技術の伝達を助ける働きです。社会関係資本とは基本的に人と人とのつながりですから，社会関係資本がある社会では，人々の間にネットワークが発達し，それを通じて情報や知識，技術がよりスムーズに伝達します。第2章・第3章で見たように，長期的な経済成長の源泉は技術進歩であり，イノベーション（創意工夫）によって新しい知識や技術を生み出すことです。生み出された知識が経済全体に伝播して共有されれば，さらに新しい知識を生み出すことに使われますから，社会関係資本が発達した社会では，イノベーションがより活発に起き，所得レベルがより速く成長するのです。

　もう一つは，信頼関係を通じた効果です。経済活動は，しばしば情報の非対称性のために非効率になります。情報の非対称性というのは，人々が取引

2　Durlauf S. N. and Fafchamps M.（2005）. Social Capital. In P. Aghion and S. N. Durlauf（Eds.）, *Handbook of Economic Growth*. Amsterdam: Elsevier B.V.

をしている時に，同じ情報を共有しておらず，互いの持つ情報量が違う（対称的でない）ことです。例えば，銀行が企業や個人にお金を融資する場合に，銀行はその顧客がお金を返済してくれるかどうかがはっきりとわかりません。すると，銀行は返済してくれない可能性を考えて，利子率を高く設定せざるを得ません。その結果，まじめに事業を行って返済しようと考えている企業や個人にとってお金が借りにくいという事態が発生してしまいます（この点については第12章で詳述します）。

　しかし，この時銀行と顧客の間に信頼関係があり，顧客がお金を返済してくれることを銀行が確信していれば，銀行はあまり高い利子を課さなくても十分に儲かりますし，顧客にとっても借りやすくなります。ですから，適切な信頼関係のある社会では融資が円滑になされ，投資が活発になり，経済が成長します。

　同じことは銀行との取引だけではなく，質の見えにくい製品やサービス（例えば，中古品や医療など）の売買でも起こり得ます。ですから，信頼関係のある社会，つまり社会関係資本が発達した社会では，いろいろな面で経済は効率的に運営されることになります。

　情報伝達や信頼を通して社会関係資本が経済発展に及ぼす影響は，特に途上国において顕著です。なぜなら，先進国では，社会関係資本に依存せずに経済活動が円滑に進むためのインフラや制度が整っていますが，途上国では必ずしもそうではないからです。例えば，先進国では情報伝達の手段としてテレビやインターネットが発達していますし，個人や企業の信用情報がデータベース化されていたり，契約不履行や違法行為に対して法的な罰を与える仕組みが整っていたりします。しかし途上国では，そのようなインフラや制度が整っていませんから，社会関係資本がなければなかなか円滑に経済活動が進まないのです。

　なお，社会ネットワークとは，社会関係資本よりもやや緩い概念で，必ずしも信頼や共通の価値観で結ばれたつながり，強い絆である必要はありません。しかし，弱いつながりであっても，強いつながりと同様，情報や技術を伝達するのには役に立ちますから，社会ネットワークもイノベーションや経済成長にプラスの働きがあるはずです。

▶ 社会関係資本・社会ネットワークの効果の実証分析

　このような社会関係資本や社会ネットワークの効果は，いろいろな事例で実証されています。例えば，社会関係資本という概念を世に知らしめたハーバード大学のロバート・パットナムは，イタリアの北部と南部を比較し，歴史的に市民社会活動が活発で社会関係資本がより多く蓄積されていた北部は南部より所得レベルも高いと論じました[3]。

　世界銀行のステファン・ナックとフィリップ・キーファーは，世界各国のデータによる実証分析を行いました[4]。彼らは，**世界価値観調査**（World Value Survey）という，世界中で統一的な質問票を使って行われている調査[5]によるデータを利用して，2つの社会関係資本の指標を作りました。

　一つは他人に対する信頼感に関するものです。各国で「基本的には他人を信頼している」と答えた人の割合を，その国の社会関係資本の強さを表すと考えました。図表8-1は，世界のいくつかの国についてその数字を示したものです。これを見ると，欧米の先進国，特に北欧の国や中国で他人を信頼している人の割合が高く，アジアの先進国ではそれより低く，アジアの途上国，ラテンアメリカ，アフリカではさらに低いことがわかります。なお，残念ながらこれを見ると，日本は他の先進国にくらべて決して他人に対する信頼感が高いわけではありません。

　もう一つの指標は，社会規範に関するものです。世界価値観調査の中で，社会規範に反する行為，例えば「公共交通機関で料金を踏み倒す」，「落としたお金を見つけたらそのままもらっておく」，「駐車している車を傷つけてしまったらそのまま黙っている」などが示され，それぞれについて同意できるかどうかを聞く質問があります。その回答によって，各国の国民の社会規範の強さを測り，それを社会関係資本のもう一つの指標としています。

　ナックらは，これら2つの社会関係資本の指標と各国の1人当たりGDP成長率の間に正の相関関係があることを見出しました。図表8-2は，信頼感

3　Putnam R. D.（1993）. *Making democracy work:Civic traditions in modern Italy*. Princeton: Princeton University Press.

4　Knack S. and Keefer P.（1997）. Does social capital have an economic payoff ? A cross-country investigation. *The Quarterly Journal of Economics*. 112（4）, 1251–88.

5　World Value Survey,（http://www.worldvaluessurvey.org）.

■図表 8-1　他人を信頼する人の割合

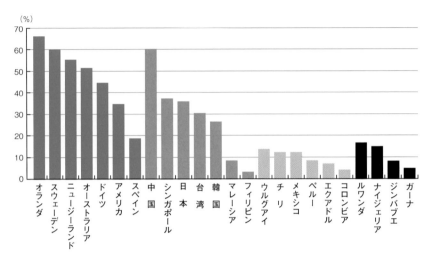

（出所）　World Value Survey,（http://www.worldvaluessurvey.org/wvs.jsp）.

■図表 8-2　信頼感と経済成長

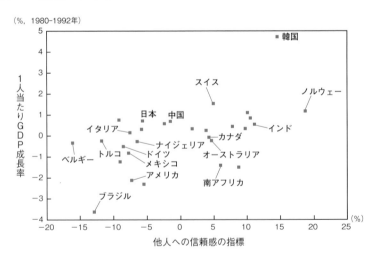

（出所）　Knack and Keefer（1977）前掲書。

■図表 8-3　社会関係資本の社会的収益率

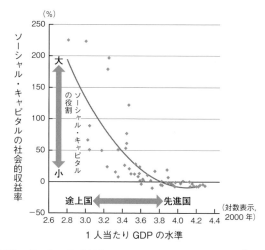

（出所）　澤田（2012）前掲書。Ishise H. and Sawada Y.（2009）[6]。

の指標と経済成長率の間の相関を表しています。さらに，これらの指標と投資率にも相関があることがわかっています。信頼関係や社会規範が強い社会，つまり社会関係資本が発達した社会では，投資をしてもだまされる心配が少ないために投資が進み，その結果として経済が成長していくのです。

　さらに，東京大学の澤田康幸らは，社会関係資本が情報伝達を促進することに着目して，情報伝達を担う新聞や郵便の量を社会関係資本の指標として，経済成長との正の相関関係を見出しました[6]。この研究では，特に信頼の有無にとらわれずに，情報の伝達量は経済成長率を引き上げることを見出していますから，社会関係資本ではなく，むしろ社会ネットワークの成長効果を示しています。

　しかも，図表 8-3 で示されるように，この社会関係資本の指標が経済成長に与える効果は，先進国では 0 に近く，途上国では大きな正の値となる傾向が見られます。つまり，社会関係資本や社会ネットワークは，物的なインフ

6　Ishise H. and Sawada Y.（2009）. Aggregate returns to social capital: Estimates based on the aug-mented augmented-Solow model. *Journal of Macroeconomics*. 31（3）, 376–93.

ラや法律などの制度が確立していない途上国においてこそ，成長に効果があると言えます。

　途上国において，農家や企業のデータを利用して，社会ネットワークが技術進歩や所得の成長に貢献していることを示した研究もたくさんあります。例えば，第7章7.4節で紹介した筆者らによるエチオピアの縫製業（仕立屋）の事例では，取引や情報交換の相手が多ければ多いほど技能レベルが高く，売上高も大きいことがわかっています。マダガスカルにおける農産物の仲買人を対象にした研究でも，知り合いの仲買人が多いほど，その売上高や付加価値額が大きくなることが示されています[7]。これらの事例は，企業が自分の持つネットワークを通じて新しい情報や知識を取り入れて，業績を上げ得ることを明確に表しています。

8.3　様々なネットワーク構造の効果

　最近，ネットワーク科学や社会ネットワーク論の手法が急速に発展して，ネットワーク全体の構造を見た上で，どのようなネットワーク構造がより迅速で多量の情報や技術の伝達をもたらすのかを分析した研究が増えてきています。これらの研究は必ずしも途上国の経済発展を対象にしたものではありませんが，途上国の経済発展を考える上で，大きなヒントを与えてくれますので，それらのいくつかを紹介しましょう。

▶ スモールワールド・ネットワーク，弱い紐帯の強さ，構造的空隙

　人間社会のネットワークの特徴として，「スモールワールド」的な構造に着目したのは，マイクロソフト研究所のダンカン・ワッツとコーネル大学のスティーブン・ストロガッツです。「スモールワールド（狭い世界）」とは，もともとは，初めて会った人が知り合いの知り合いだったことがわかった時などに使う英語表現です。つまり，スモールワールド・ネットワークとは，

7　Fafchamps M. and Minten B.（2002）. Returns to social network capital among traders. *Oxford Economic Papers*. 54(2), 173-206.

社会の人々が直接的にはそれほどつながっていなくて，知り合いの知り合い
をたどっていけば，非常にたくさんの人とつながっているようなネットワー
クを言います。例えば，世界中のどんな人でも，知り合いをたどっていけば
6人以内にアメリカの大統領に行きつけると言われていますが，こういった
状態がスモールワールド・ネットワークです。

　ワッツとストロガッツは，スモールワールド・ネットワークでは感染症の
伝染や情報の伝達が速いことを，理論モデルのシミュレーションによって示
しました[8]。ある人が感染症にかかると，知り合いにも伝染し，さらに知り
合いの知り合いにも伝染することで，伝染が急速に進むからです。同じこと
が情報や知識の伝播にも適用できるのであれば，スモールワールド的なネッ
トワーク構造を持っている社会では，技術進歩も経済成長も速いことになり
ます。

　それに関連した考え方は，スタンフォード大学の社会学者のマーク・グラ
ノベッターによってすでに1970年代に提唱されています。グラノベッター
は，就職活動において，家族や親しい友人からの情報はあまり役に立たず，
むしろあまり親しくない知り合いからの情報が有用であることが多いことか
ら，強い絆よりも弱い紐帯（つながり）が情報伝達に重要であると主張しま
した[9]。これは，普段から顔を合わせて強くつながっている人たちは，同じ
ような情報しか持たないことが多い半面，それほど頻繁には会わないよそ者
たちは自分にとって目新しい情報を持っていることが多いからだと考えられ
ます。

　同様に，シカゴ大学の社会学者ロナルド・バートは，社会の異なった集団
を結びつけるような人（これをバートは「構造的空隙」と呼びました）がい
ることが集団間の情報伝達をスムーズにすると論じました[10]。また，ある企
業の従業員を調査して，異なった集団とつながっている人は，より多くの情

8　Watts D. J. and Strogatz S. H.（1998）. Collective Dynamics of 'Small-World' Networks. *Nature*.
　　393（6684），440–42.

9　Granovetter M. S.（1973）. The strength of weak ties. *American journal of sociology*. 78（6），1360–
　　80.

10　Burt R. S.（1992）. *Structural Holes: The Social Structure of Competition*. Cambridge: Harvard
　　University Press.

■図表 8-4　構造的空隙

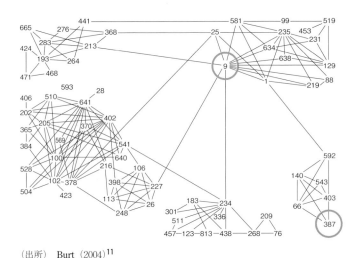

（出所）　Burt（2004）[11]

報に接することで業績や上司の評価が高い傾向にあることを見出しました[11]。
図表 8-4 は，バートの調査による従業員のつながりを表していますが，例え
ば 9 番の人はある集団に属しながらもそれ以外の多くの集団ともつながって
いて，構造的空隙の役割を担っています。半面，387 番の人は一つの集団の
中の人としかつながっておらず，よそ者とのつながりがありません。この
時，9 番の人は 387 番の人よりも業績がよいと考えられます。

▶ クラスター化されたネットワーク

　これらの議論は，社会関係資本に関するパットナムらの議論とは相反して
いるように思われます。つまり，社会関係資本を重視する研究者は，信頼に
よって結びついた強い絆こそが経済成長に役立つのだと考えます。しかし，
以上のような社会ネットワークの論者は，強いつながりよりもむしろよそ者
との弱いつながりや間接的なつながりが技術伝播に重要であると考えるので

11　Burt R. S.（2004）. Structural holes and good ideas. *American journal of sociology*. 110（2）, 349-
99.

■図表 8-5　クラスター化されたネットワーク（**A**）と
　　　　　　スモールワールド的なネットワーク（**B**）

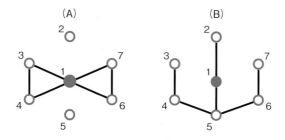

す。

　とはいえ，社会ネットワーク論でも，むしろ強い絆が技術伝播に有効であ
ることを実証した研究もあります。例えば，ペンシルベニア大学のデーモ
ン・セントーラは，インターネット上で健康関連の情報を交換するためのサ
ークルをいくつか作り，例えばヨガやサプリメントなどの健康法に関する情
報を流すという社会実験を行いました[12]。その際，サークルごとに参加者同
士のネットワークの構造を人為的に変えることで，健康法を実際に行う参加
者の増え方に違いが出るかを分析しました。

　一つのサークルでは，図表 8-5 の（**A**）のように，参加者がいくつかの小
集団に分かれていて，それぞれの小集団の中では参加者が密につながって
（皆がお互いを知っている）いました。このようなネットワーク構造を，ク
ラスター化されたネットワークと言います。もう一つは，（**B**）のように
各々の参加者の知り合い同士は知り合いではないようなスモールワールド的
なネットワークです。

　この 2 つの健康サークルにおいて，同じ健康法に関する情報をあるメンバ
ーに流してもらいます。そして，何日かたった後に，サークル内の何人の人
がその健康法を実践しているのかを比較するのです。その結果，スモールワ
ールド的なネットワークよりもクラスター化されたネットワークの方が，よ

12　Centola D.（2010）. The Spread of Behavior in an Online Social Network Experiment. *Science*.
　　329（5996）, 1194-97.

り多くの人がその健康法を実践していることがわかりました。

　この結果は，スモールワールド・ネットワークを重視するワッツらの考え
と反しています。もしワッツらの理論モデルが想定するように，人と人がつ
ながっていると行動が容易に伝播するとしましょう。すると，図表 8-5 の
(B) のようなスモールワールド的なネットワークでは，1 番の人がある健康
法を実践すると，5 番の人もそれを実践し，次に 4 番や 6 番の人も，と次々
にその健康法が伝播し，すぐに皆が実践することになるはずです。

　しかし，セントーラの結果は，実際の人間の行動の伝播はそう簡単にはい
かないことを示しています。つまり，知り合いがある健康法を実践している
からといって，人は簡単にそれを真似したりはしないのです。しかし，多く
の知り合いから同じ健康法に関する情報を受け取ると，それを実践する可能
性が高まるようです。例えば図表 8-5 の (A) で，1 番の人がある健康法を
実践してその情報を発信すると，3 番の人は 1 番の人からも 4 番の人からも
同じ情報を受け取ることになります。その結果，その健康法の効果をより信
頼して実践するというわけです。

　経済成長にとって不可欠な新しい技術の普及は，感染症の伝染よりもむし
ろ新しい健康法の普及に近いと考えられます。ですから，この結果は，技術
伝播には信頼関係のあるネットワーク，つまり社会関係資本もしくは強い絆
が必要であることを示しているのです。

▶ 多様なネットワークの補完性

　とはいえ，よそ者との弱いつながりが知識や技術の伝播に役に立たないか
と言えば，全くそうではありません。最近の研究は，信頼で結ばれた強い絆
とよそ者とのつながりが補完的であり，その両方がある時に技術がより活発
に伝播し，イノベーションがより活発に起きることを示しています。

　例えば，ドイツの自動車産業における研究者を対象にした研究[13] では，共
同研究者と頻繁に顔を合わせて強い信頼関係で結ばれている研究者ほど，質
の高い特許をより多く取得している，つまり強い絆がイノベーションに効果

13　Rost K. (2011). The strength of strong ties in the creation of innovation. *Research Policy*. 40(4), 588-604.

的であることが見出されています。さらに，その研究者がより多くの研究者と共同研究をしているほど，強い絆の効果が高くなることもわかっています。つまり，「よそ者」を含む多様な研究者と共同研究をすることで新しい知識を取り入れて，それを信頼するいつもの共同研究者の間で共有すれば，最も効率よくイノベーションが起きると言えます。このような強い絆とよそ者とのつながりの補完関係は，企業内のプロジェクトにおける連携や，企業間の共同研究を対象にした研究でも明らかになっています[14]。

▶ 途上国農村のネットワーク

ここで，途上国の事例として，エチオピアの農民のネットワークが新しい農業技術の伝播にどのような影響を及ぼすかを分析した筆者の研究を紹介しましょう[15]。新しい農業技術として取り上げたものは，牛の糞などから作る有機肥料です。高価な化学肥料にくらべて牛の牧畜が盛んなエチオピアでは比較的安価に有機肥料が作れることから，政府の農業普及機関によって有機肥料の普及が進められています。

筆者らの分析によると，多くの知り合いがいて，かつその知り合い同士も知り合いである農家ほど，有機肥料の作り方を正確に知っている傾向にありました。これは，ドイツの自動車産業の研究者と同様，自分の知り合い同士も互いに知り合いであるという強い絆と，たくさんの知り合いがいるという弱いつながりとが，技術の伝播に対して補完関係にあるということを示しています。

この研究では，もう一つ新しい農業技術の例として，正条植えを取り上げました。正条植えとは，日本の一般的な田畑で行われているように，種や苗をきちんと列を作って植えていくことを言います。筆者の調査したエチオピア農村では，このような正条植えは数年前までほとんど普及しておらず，種

14　Tiwana A. (2008). Do bridging ties complement strong ties ? An empirical examination of alliance ambidexterity. *Strategic Management Journal*. 29(3), 251–72.

　　Phelps C. C. (2010). A longitudinal study of the influence of alliance network strcture and composition on firm exploratory innovation. *Academy of Management Journal*. 53(4), 890–913.

15　Todo Y., Matous P. and Mojo D. (2014). Effects of Social Network Structure on the Diffusion and Adoption of Agricultural Technology: Evidence from Rural Ethiopia. Available at SSRN, (http://ssrn.com/abstract=2447208).

を無造作にまくのが普通でした。しかし，最近になって政府の農業技術普及機関が正条植えを農民に教えはじめて，急速に普及が進んでいます。実際，村の農業普及員を個人的に知っている農民は，ほとんどのケースでこのような正条植えを行っていました。しかし，知り合いがたくさんいることや，知り合い同士が知り合いであることは，正条植えを行っているかどうかにはほとんど影響しませんでした。

　有機肥料と正条植えの違いは，技術の複雑さです。有機肥料は，糞を適切に発酵させるために何度も糞を混ぜ合わせたりする必要があります。発酵に失敗してしまうと，単に腐敗してしまってむしろ作物の生育を妨げることにもなります。しかし，正条植えはやり方を知ってしまえば実際に行うのは非常に簡単です。

　ですから，正条植えの伝播の場合には，すでに技術を知っている普及員と知り合いでありさえすれば，すぐにその技術を取り入れることができます。これは，接触さえすれば感染する感染症と似ています。しかし，有機肥料の場合には，技術が複雑なために技術を知っている普及員を知っているだけでは実際にその技術を実践できません。自分の知り合い同士も知り合いという密度の濃いネットワークの中で新技術の情報を共有し，いろんな知り合いから新技術の情報を聞くことで，はじめてそれをよく理解し，実践することができるのです。これは，セントーラの研究における健康法の普及と似ていま

■図表8-6　**多様なつながり**

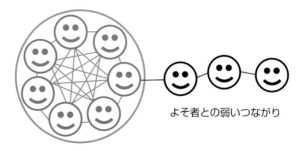

地域内・組織内の強い絆　　よそ者との弱いつながり

す。

このように，技術伝播において強い絆とよそ者との弱いつながりとのどちらが重要なのかは，各々の技術の特徴によって決まると言えます。ですから，多様な知識を取り入れて経済成長するためには，図表8-6のように，地域内・組織内の強い絆とよそ者との弱いつながりの両方をあわせ持った多様なつながりを持っていることが有効だと結論づけられます。

▶ 国際化・産業集積による多様なネットワークの構築

実は，これまでの社会ネットワークに関する議論は，第6章・第7章で述べた貿易や海外直接投資などの経済の国際化や産業の地理的な集積が経済発展に有効だという議論と密接に関連しています。

国際化によって企業の生産性が上がるのは，外国との取引，つまりよそ者とのつながりによって新しい知識や技術を学ぶことができるためだと考えられます。産業集積によって企業の生産性が上がるのは，企業や人々が地域内で強くつながっていることで，知識や情報，人材，中間財を効率よく流通させることができるためなのです。経済発展に多様なネットワークが必要であるということは，経済の国際化と産業の集積の両方が必要だということです。

7.6節で述べた日本の備後地方と中国の織里の衣料産業の集積でも，地域内の強い絆と大都市の商人という「よそ者」とのつながりの両方が補完的に作用して経済が発展するということを示しています。

8.4　強い絆の負の側面

▶ 排他性と経済停滞の悪循環

前節では，多様なつながりの重要性を強調しました。この節では，もしよそ者とのつながりがあまりなくても，地域や組織内の強い絆だけで経済発展が達成できるのかを考えてみましょう。

前節で見たように，強い絆は場合によっては知識の伝播やイノベーションを促進する働きがあります。しかし，強い絆だけでよそ者とのつながりがな

い場合には外から新しい知識が入ってきませんから，その地域や組織の発展には限界があります。この時，よそ者とのつながりの重要性に気づいて，多様なつながりを構築すれば経済は好転するはずですが，往々にしてそうはなりません。逆に，地域や組織内の絆が強いあまり，経済の停滞をよそ者の責任だとして，ますます絆が強まり，**排他的なネットワークを作り上げること**が多いのです。

メリーランド大学の故マンサー・オルソンは，ある組織が政策的に何らかの既得権益を享受している場合には，その既得権益を守るために，その組織が排他的になってむしろよそ者に対して攻撃的になるとして，強い絆の負の側面を強調しました[16]。政策研究大学院大学の故速水佑次郎も，途上国農村を念頭に，共同体の強い絆はよそ者に対する排他性によって強化されると述べています[17]。

このように，強い絆で結ばれた地域や組織でよそ者に対する排他性が増大すると，ますます経済は停滞し，さらによそ者に対して排他的になっていきます。その結果，地域や組織の絆が強すぎれば，排他的なネットワークと経済停滞が互いを強めあう悪循環が生じる可能性があるのです。

このような**強い絆の負の側面**は，様々な事例で見られます。日本の江戸時代末期において外国人を暴力によって排除しようとする攘夷運動が起きましたが，これは長期間の鎖国によって排他性と経済停滞の悪循環が行きつくところまで行きついてしまった例です。ヨーロッパのデータを使った研究では，家族や友人を大切に思う地域ほど経済成長率が低いという結果が見出されています[18]。さらに，ナチス台頭期のドイツでは，ボウリングクラブやブリーダークラブなどのコミュニティ組織が多い地域ほど，ナチスの党員加盟率が早く上昇したこともわかっています[19]。これは，地域に強い絆があれば，排外的な思想が浸透しやすいことを示しています。

---

16 Olson M. (1965). *The Logic of Collective Action*. Cambridge: Harvard University Press.

17 速水佑次郎（2000）『新版開発経済学——諸国民の貧困と富』，創文社。

18 Beugelsdijk S. and Smulders S. (2003). Bridging and bonding social capital: Which type is good for economic growth. *The cultural diversity of European unity, findings, explanations and reflections from the European values study*. 147-84.

19 Satyanath S., Voigtländer N. and Voth H.-J. (2013). Bowling for fascism: Social capital and the rise of the Nazi Party in Weimar Germany, 1919-33, *NBER Working Paper*, No. 19201.

▶ 中所得国の罠再考

第5章で議論した中所得国の罠は，このような排他性と経済停滞の悪循環の帰結として考えることもできます。例えば，中南米では，1950年代，60年代に輸入を規制することで国内産業を保護して育成しようとして，むしろ経済が停滞しました。さらに，**既得権益**を守ろうとする国内産業の圧力のためになかなか貿易の自由化ができないことで，経済停滞は長期化しました。

アジアにおける中所得国は，貿易や対内直接投資によってよそ者とのつながりを構築して，新しい知識や技術を取り入れることで成長してきました。しかし，近年には排他性を強めるような動きが出ています。例えば，インドネシアでは未加工の鉱物資源の輸出を規制して，国内の金属産業を育成しようとしています。マレーシアでは，自動車の国産化を目指して国内の自動車メーカーを保護してきましたが，自立できるには至っていません。しかし，日系企業など外資企業との連携を排除しようとしています。

第5章で見たように，現在の東アジアの中所得国の1人当たりGDP成長率は必ずしも高くなく，すでに中所得国の罠にはまっている可能性もあります（図表5-2）。さらに，このような排外的な政策を実施することで，経済成長がますます鈍化し，それによってさらに国内の絆が強化されて排他的になることで，中所得国の罠が泥沼化することにもなりかねません。

8.5　つながり支援のための政策

多様なつながりが経済発展にとって重要であることはわかりました。しかし，つながりの構築には外部性があるために，実は市場経済では十分に多様なつながりが構築されません。ですから，政府が政策的につながりを構築する必要があるのです。

外部性とは，第3章3.2節で述べたように経済活動の副作用のようなものです。つながりの構築の外部性を考えるため，例として同窓会を開くことを考えましょう。誰かが幹事をやって同窓会を開いてくれれば，参加した同窓生が（再び）つながってみんなが楽しく過ごせます。同窓生からビジネスの

ヒントが得られて自分の仕事に活用できることもあるでしょう。でも、幹事をやるのは大変なので、幹事を引き受けてくれる人はなかなか現れず、みんなが楽しみにしている割には同窓会は開かれません。経済学の言葉で言えば、皆が幹事の努力にフリーライド（ただ乗り）しようとして、結果として誰も幹事をやらないという悪い均衡に陥ってしまうのです。

新しいつながりを構築する場合も同じです。AさんとBさんがつながれば、すでにAさんとつながっているCさんもAさん経由でBさんから新しい情報や知識を得られる可能性があります。Cさんはそれにフリーライドしようとして、自分ではBさんとつながろうという努力を怠りがちです。その結果、政府の介入がない市場経済では、社会の厚生が最大化される程度までにはネットワークが構築されません。ですから、ネットワークの構築を目指す「つながり支援」政策は、経済の発展や人々の厚生の増大に寄与することができるのです。

すでにそのことについては、第6章や第7章でふれています。第6章のテーマである貿易や海外直接投資（FDI）によって外国のよそ者とのつながりが構築され、外国の新しい知識や技術が国内に入ってきます。しかも、その知識は貿易やFDIを行う企業だけではなく、その他の企業にも伝播していく可能性があります。しかし、貿易やFDIを行うためは、海外市場の情報や貿易・FDIの手続きに関する情報を集めなければなりませんから、大きな費用がかかります。ですから、自分で貿易やFDIを行わず、国際化した他社から知識を得てフリーライドしようとする企業が出てきます。その結果、市場経済では貿易やFDIが十分に行われないので、政府が海外市場や貿易・FDIの手続きに関する情報を一元的に集め、それを国内の企業に公開するといった政策が必要になってきます。

実はこのような政策は、多くの国で行われており、日本では日本貿易振興機構（ジェトロ）がその役割を担っていますし、ほとんどの途上国でも同様の機関が存在しています。これらの機関の活動を拡充することは、より多くのよそ者とのつながりの構築と、それによる新しい知識の普及を通じて、経済全体を発展させていくのです。筆者と東京大学のキム・ユリらは、ベトナムで繊維・衣料産業の中小零細企業を対象として、輸出の実際のやり方を講

義したり，輸出業者が自身の体験談を伝えて参加者と交流したりするセミナーを開催してその効果を測ったことがあります。その結果，すでに輸出の潜在力がありながら輸出はしていなかった参加企業は，セミナー後に輸出を開始する傾向にあったことが見出されています[20]。ですから，このような政策支援は確かに効果的なのです。

　第7章で述べた産業集積においても同様です。中国の中関村科学技術園の成功例が示すように，地域の産業集積を発達させるためには，地域の企業が外資企業や大学，海外経験のある労働者などとつながることが必要です。備後や織里の例は，地域外の商人とのつながりが重要であることを示しています（第7章7.6節）。そのためには，例えば交流会や研究会，展示会など，人々がつながるための機会を政策的に提供していくことが必要なのです。

8.6　ま　と　め

1.　社会ネットワークや社会関係資本は，情報，知識，技術を円滑に伝達し，イノベーション（創意工夫）を喚起することを通じて，経済が発展することに貢献します。

2.　地域や組織内の強い絆は，情報や知識の信頼度を高めることでその円滑な伝達に寄与し，よそ者との弱いつながりは，新しい情報や知識を外から取り込むことに寄与します。ですから，この両方を含んだ多様なネットワークが構築されている時，経済は最も効率よく発展します。

3.　地域や組織内の強い絆だけがあって，よそ者とのつながりが十分でない場合には，経済が停滞してしまいます。その結果，さらに地域や組織内の絆が強くなり，よそ者に対して排他的になるという，閉鎖性と経済停滞の悪循環が生じる可能性があります。

4.　ネットワークの構築には外部性があり，市場経済では十分にネットワークが構築されません。したがって，経済を持続的に発展させていくために

20　Kim Y. R., Todo Y., Shimamoto D., and Matous P. (2018). Are Seminars on Export Promotion Effective? Evidence from a Randomized Controlled Trial. *The World Economy*. 41(11), 2954–2982.

は，多様なネットワークの構築を支援する政策（つながり支援）が必要です。

キーワード

社会ネットワーク，社会関係資本，ソーシャル・キャピタル，絆，地域の共同体，コミュニティ，信頼関係，情報の非対称性，世界価値観調査，ネットワーク構造，スモールワールド，狭い世界，スモールワールド・ネットワーク，弱い紐帯，構造的空隙，クラスター化されたネットワーク，排他的なネットワーク，強い絆の負の側面，排他性と経済停滞の悪循環，既得権益，フリーライド，ただ乗り，「つながり支援」政策

練習問題

(1) 自分自身の社会ネットワークを振り返って，どのようなタイプのネットワークからどのような情報を得ているかを考えてみましょう。また，自分自身にどのようなタイプのネットワークが不足していると感じますか。

(2) 日本貿易振興機構（ジェトロ）のウェブサイト（https://www.jetro.go.jp/world.html）を訪れ，自分の興味のある国を選び，輸入や対内投資に関してその国がどのような政策を行っているかを確認してみましょう。

第 9 章

社会・経済制度

　この章では，社会や経済の制度が経済発展に及ぼす影響について考察します。理論的になぜ非効率的な制度が持続してしまうのかを論じ，実証的には途上国の経済発展に重要な私的財産所有権の制度に注目した研究を紹介します。

9.1　制度と経済発展

　先進国では**私的財産所有権**の制度が確立していて，通常は自分が所有しているものを勝手にとられてしまうことはありませんし，万一とられたとしても，それをとり返すための司法や警察機構が制度的に整備されています。しかし，多くの途上国では所有権制度が十分に確立していません。例えば，先祖代々土地を所有していたはずなのに，その土地の登記をきちんとしておかなかったために別の人に横取りされてしまったり，民間企業が政府によって突然国有化されてしまったりということも往々にして起こります。また，それに対して抗議をしようとしても，司法制度や警察機構が機能しておらず，泣き寝入りせざるを得ないことも多いのです。

　このように所有権制度が整備されていなければ，人々は土地やモノを買ったり，企業を設立したりすることを躊躇せざるを得ません。ですから，経済全体で投資が進まず，成長が停滞します。

　所有権制度だけではありません。制度には法，政治，経済，社会に関する

様々なものがありますが，いろいろな制度が人々の行動を規定し，経済発展に影響しているのです。例えば，特許制度など知的財産保護制度が確立されていなければ，研究開発をするインセンティブ（動機づけ）も削がれてしまいます。商取引で決められた約束をきちんと守らなければ罰せられるような契約履行の制度がなければ，安心して経済活動を行うことができません。

腐敗のない政治制度や官僚制度も経済発展に重要な制度です。例えば，事業を起こすにあたって必要な認可をとるために，また政府の公共事業の仕事を請け負うために，政治家や官僚とのコネが必要だったり，賄賂を払う必要があるとしましょう。すると，政治家とのコネを作ることに努力を注力して，本来の事業活動をおろそかにするような企業だけが成長していって，むしろ経済全体の発展は停滞してしまいます。

また，第6章や第8章で見たように，貿易や対内投資に対して開放的な制度は，よそ者とのつながりを通して外国の新しい知識を取り入れることでイノベーションに貢献します。ですから，世界経済に対して開放的な制度と閉鎖的な制度では，経済発展のスピードも違うはずです。

9.2 制度とは

このような制度がどのようにして生まれ，どのようにして変わっていくかを考えるために，まずそもそも制度とは何かを明確にしておきましょう。新制度派経済学における功績でノーベル経済学賞を受賞したワシントン大学のダグラス・ノースは，「制度とは，社会におけるゲームのルールであり，より正確に言えば，人間によって作られた，人間の相互作用を規定する枠組みである」と定義しました[1]。さらに，スタンフォード大学の青木昌彦は，ノースが定義したようなゲームにおける均衡として制度を定義しています[2]。つまり，ノースが制度を社会の枠組みとして定義したのに対して，青木はそ

---

1 North D. C.（1990）. *Institutions, Institutional Change, and Economic Performance*. Cambridge: Cambridge University Press, p. 3.

2 青木昌彦，奥野正寛（編著）（1996）『経済システムの比較制度分析』，東京大学出版会。

の枠組みが与えられた時に達成される社会の状態そのものを制度と考えるのです。本章では，青木の定義に従い，制度を「社会におけるゲーム（枠組み）から生じる均衡状態」だと考えることにしましょう。

均衡として定義された制度は，法や公的な規則によって定められた枠組みだけではなく，習慣的に守られているような非公式な枠組みをも含んでいます。

例えば，日本ではエスカレーターで立つ人は左に寄って，歩く人は右を歩く（大阪では逆に右に立ちます）という習慣があります。これは，政府はもちろん，鉄道会社やビル管理会社が公式に決めたことではありません。むしろ，日本エレベーター協会はむしろエスカレーター内での歩行をしないように呼びかけていますが，そのような公式の規律にかかわらず，左側に立ち，右側を歩くという慣習が，一種の制度として定着しているのです。

インドでは，結婚する女性は相手の家族に対して多額の持参金を支払わなければなりません。これもむしろ法律では禁止されているのですが，それにもかかわらず習慣的にかなりの程度厳格に守られている制度です。

そもそも，先に述べた私的所有権制度にしても，どんな途上国においても法的には明確に所有権が規定されています。しかし，所有権を確定するための手続きが不明瞭であったり，法の執行力が弱かったりするために，法的に保証されているはずの所有権保護が機能していないことがあるのです。このように，ある社会においてどのような制度が成り立っているのかは，政府によって押しつけられているというよりも，その社会全体が選択した結果として決まっているのです。

9.3 制度の決定の理論

▶ 制度の決定における戦略的補完性

では，制度の決定はどのようにしてなされるのでしょうか？ 例えば，上で述べたエスカレーターの左側に立つという「制度」を例にして考えてみましょう。エスカレーターを歩かずに利用したい人が左側に立つか，右側に立

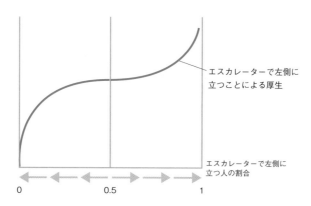

■図表 9-1　制度の決定

つかを決めるのは，他の人がどちらに立つかに依存します。社会の人々の多くが左側に立ち，右側は歩く人用に空けている時に，自分だけが右側に立ってしまうと，右側を歩く人とトラブルになったり，ぶつかってエスカレーターから転がり落ちてケガをしてしまいかねません。

　ですから，社会の人の多くがエスカレーターの左に立つならば，自分も左に立った方がよいということになります。逆に，社会の多くの人が右に立つならば，自分も右に立った方がよいということです。つまり，図表 9-1 で示されているように，エスカレーターで左側に立つことによって得られる厚生（利益）は，社会の人々の中で左側に立つ人の割合が多ければ多いほど増加します。

　ですから，もしある時点で何らかの理由で左に立つ人が多ければ，だんだん他の人も左に立つようになり，最後には人々はみな左に立つことを選択することになります。逆に，ある時点で右に立つ人が多ければ，大阪の人たちのように結局はみな右に立つことになるでしょう。また，いったん左もしくは右に立つという習慣が成立してしまえば，逆側に立つことの不利益が大きいので，その習慣をなかなか変えることはできません。

　所有権制度についても同じようなことが言えます。所有権が確立していない社会では，自分だけが所有権制度を順守し，他人の所有権を尊重しようと

しても，自分だけがモノをとられてしまうばかりで損をしてしまいます。ですから，多くの人が所有権を尊重しない社会では，自分もそれに同調した方がよいということになってしまい，結果として全員が所有権を尊重しない社会が出来上がってしまいます。これは，「赤信号，みんなでわたれば怖くない」という状況です。

逆に，多くの人が他人の所有権を順守する社会では，自分だけが人のものを奪ってしまっては，社会全体から大きな罰を受けることになるでしょう。ですから，そのような社会では誰もが所有権を守ります。誰も赤信号でわたらない時には，自分もなかなか赤ではわたれないようなものです。

政治家や官僚の腐敗についても同様です。事業をするにあたって政治家や官僚に賄賂を渡すのが当然の社会では，自分だけが賄賂を払わなければ，自分の事業を拡大することができず，損をしてしまいます。ですから，自分も賄賂を支払わざるを得ません。

これらの例は，別の人がどの制度を選ぶかによって，自分がある制度を選んだ場合の利得（利益）が変わってくることを示しています。特にこれらの場合では，他人と同じ行動をすることで得られる利益が上がる「**戦略的補完性**」があり，そのために「皆が右側に立つ」「皆が左側に立つ」など均衡が複数生じます。

▶ 選択された制度の特徴

このような均衡や均衡が達成されるプロセスには，次のような特徴があります。まず第1に，**制度の経路依存性**です。経路依存性については第4章4.4節で詳述しましたが，例えばエスカレーターの左側に立つ人がたまたま多ければ，左側に立つという均衡が達成されるように，歴史的な出来事によって現在の状況が決まってしまうことを言います。大阪では右側に立つのが習慣化しているのは，1970年の大阪万博の時に右側に立つようにという呼びかけがなされたためだと言われています。まさに，歴史的な出来事によって現在の大阪の特異な状況が決定されたのです。

第2に，選択された制度は**粘着的**で，なかなか変わらないということです。いったんある制度が決まってしまえば，自分だけがその制度に反することを

しても損をするだけなので，皆がその制度に従うことになります。これは，エスカレーターの例では顕著ですが，所有権制度についても政治の腐敗についても同じようなことが言えます。

第3に，選択された制度は必ずしも**最適な均衡でない可能性**があることです。エスカレーターの例では，皆が左側に立つ均衡でも，右側に立つ均衡でも，社会全体の厚生は全く変わりません。しかし，所有権の例では，所有権の確立した社会としていない社会とでは，経済活動を活発化させるという点で明らかに前者が優れており，前者の制度において経済発展が進みやすいと考えられます。政治家や官僚の腐敗についても同様で，賄賂のない公正な社会の方が賄賂が当然の腐敗した社会よりも経済発展が進むはずです。

しかし実際には，途上国の多くが必ずしも所有権が確立したよりよい制度，賄賂のない公正な制度を選択しているわけではありません。これは，悪い均衡にはまってしまっている時には，社会的にはよりよい均衡が存在しているにもかかわらず，個人の判断としては1人だけが別の行動をしても損をするだけなので，よい均衡が達成できないからです。

最後に，制度は粘着的であるとはいえ，選択されたある制度は絶対に未来永劫続くわけではありません。エスカレーターの例で，世界的には右側に立つ国が多いので，2020年の東京オリンピックに向けて，日本人の多くが世界標準の右側に立つべきだと考えたとします。実際に多くの人が右側に立てば，「オリンピックは関係ない，日本ではこれまで通り左に立つべきだ」と考える人が少数いたとしても，左に立つのは不利益ですから，しぶしぶ右に移っていき，最後には全員が右側に立つという均衡が達成されるはずです。このような動きは，国民の間に自発的に起きることもあるでしょうし，政府やオリンピック委員会などの公的な機関がそれを奨励することもあるでしょう。つまり，人々の**予測**によって選ばれる制度が変わる可能性があり，またそれを**政策**が後押しすることもできるのです。

これらの結論は，第4章4.4節・4.5節で述べた貧困の罠のモデルの結論と似かよっています。貧困の罠のモデルでも複数の均衡があり，その決定には経路依存性と期待の役割があり，またいったん決定された均衡は粘着的であり，なかなかそこから抜け出せなかったことを思い出してください。

9.4 制度と経済成長の実証分析

　このような制度が理論通りに成立し，経済発展に影響しているのかについての実証的な研究が近年進んでいます。特に，マサチューセッツ工科大学のダロン・アセモグルとハーバード大学のジェームズ・ロビンソンが中心となった研究グループによって様々なことが明らかになってきました。以下では，これらの研究成果を概観しましょう。

▶ 所有権に関する制度と経済成長

　まず，アセモグルらは所有権に関する制度と経済成長との関係を実証的に調べました[3]。彼らは，国ごとの所有権制度の質の指標として，政府による民間外国投資の収用のリスク（外国企業の資産が国有化される可能性）を 0（最もリスクが高い）から 10（最も低い）までに指標化したものを利用しています。この所有権制度の質の指標と 1 人当たり GDP との関係を示した図表 9-2 を見ると，私的所有権が侵されるリスクが低いほど 1 人当たり GDP が大きい傾向にあることが見てとれます。確かに，所有権制度が確立していればいるほど，所得レベルが高くなる傾向にあるようです。

　では，その所有権制度の質はどのように決定されているのでしょうか？アセモグルらは，現代の所有権制度の質が 200 年前の植民地時代にかなりの程度決まってしまったと主張しています。図表 9-3 を見てください。植民地時代の入植者の死亡率が高ければ高いほど，現代の所有権保護の制度の質は低いという傾向にあります。

　アセモグルらの解釈によると，これは，ヨーロッパの入植者たちは北アメリカ，オーストラリア，ニュージーランドといったヨーロッパに気候的に近く死亡するリスクの少ない国では定住することが多く，そのため自己の財産を保護するためにヨーロッパ的な所有権保護の制度を導入したためです。反面，アジアやアフリカの熱帯地域の植民地においては死亡するリスクが大き

3　Acemoglu D., Johnson S. and Robinson J. A. (2001). The Colonial Origins of Comparative Development: An Empirical Investigation. *American Economic Review*. 91(5), 1369–401.

■図表 9-2　所有権制度の質と所得レベル

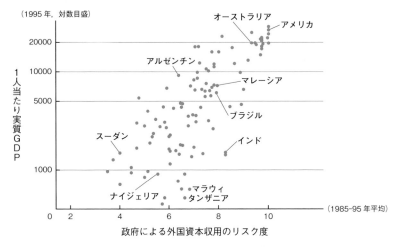

（出所）　Acemoglu et al.（2001）前掲書のデータを利用して筆者作成。

■図表 9-3　植民地入植者の死亡率と所有権制度の質

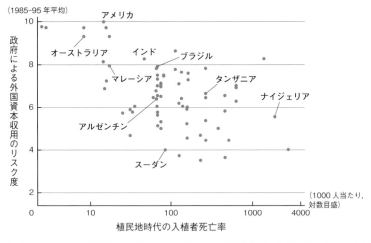

（出所）　Acemoglu et al.（2001）前掲書のデータを利用して筆者作成。入植者死亡率は，もし入植地に常に 1000 人が住んでいる（もし 1 人が死んだら 1 人が入植する）とした時の 1 年間を通しての死亡者数の推計値。

いため，ヨーロッパ人は定住せずに現地の資源（人的資源，つまり「奴隷」を含む）を収奪する方策をとりました。そのために，すでにヨーロッパではかなり整備されていた所有権保護の制度をこれらの植民地には持ちこまなかったのです。旧宗主国によって構築されたこれらの植民地時代の制度の違いが，200年以上たった現代までも存続していると，アセモグルらは考えています。

つまり，制度決定の理論が示すように，歴史的経緯によって植民地時代に所有権制度の有無が決定され，それが現代まで粘着的に存在し（経路依存性），その現代の制度が現代の所得レベルを決定しているのです。しかも，アセモグルらの推計結果によると，所有権保護制度の指標（0〜10）が1増えるごとに1人当たりGDPは約2倍となり，制度が所得レベルに及ぼす効果は非常に大きいと言えます。

さらにアセモグルらは，入植者死亡率だけではなく，1500年当時の人口密度や都市化率も現代の所有権保護制度の質と強い負の相関関係にあることを見出しています[4]。植民地化以前にすでに存在していた帝国，例えばインドのムガル帝国や南アメリカのインカ帝国などでは，人口密度が高く都市化が進んでいました。ヨーロッパの入植者たちは，これら帝国のあった地域では，既存の制度を温存し，むしろそれを活用することで資源を収奪する傾向にありました。反面，北ヨーロッパやオセアニアなど人口が希薄だった地域では，発達した帝国がなく，既存の制度が確立していませんでした。そのため，ヨーロッパの入植者たちは新しく制度を構築する必要があり，ヨーロッパの制度をそのまま移植したのです。こうして，植民地支配の前に比較的発展していた地域には既存の収奪的制度が残され，未発展地域ではヨーロッパ的な制度が構築されました。その結果，500年前の未発展地域の現代の所得レベルは歴史的に帝国があった地域を上回るという，地位の逆転現象が起きたのです（図表9-4）。

---

4 Acemoglu D., Johnson S. and Robinson J. A. (2002). Reversal of Fortune: Geography and Institutions in the Making of the Modern World Income Distribution. *Quarterly Journal of Economics*. 117 (4), 1231–94.

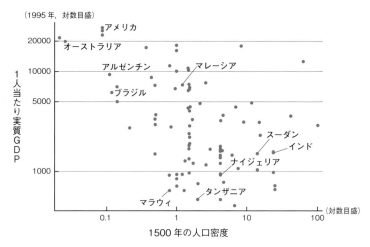

■図表 9-4　1500 年の人口密度と現代の所得レベル

（出所）　Acemoglu et al.（2002）前掲書のデータを利用して筆者作成。

▶ 制度は経済発展を左右する

　ハーバード大学のダニ・ロドリックは，制度の指標として法の支配の指標を用いて，アセモグルと同様の分析を行いました[5]。この指標は World Governance Indicators[6] に含まれているもので，社会のルールをその構成員がどの程度信じ，どの程度守っているかを表しており，特に契約履行の強制力，所有権保護，警察，裁判所の質や犯罪や暴力の発生率などを含んでいます。つまり，アセモグルらが使った所有権保護の制度の指標よりも，もう少し広く経済的権益を保護する制度の質について指標化したものと言えます。その結果，やはり制度の質は所得レベルに大きな影響があることが見出されています。

　さらに，制度の違いが経済発展の違いをもたらす事例をいくつか見てみま

5　Rodrik D., Subramanian A. and Trebbi F.（2004）. Institutions Rule: The Primacy of Institutions Over Geography and Integration in Economic Development. *Journal of Economic Growth*. 9（2）, 131 –65.

6　Kaufmann D., Kraay A. and Mastruzzi M.（2010）. The Worldwide Governance Indicators, *World Bank Policy Research Working Paper*, No. 5430.

■図表 9-5　中国の 1 人当たり GDP の推移（1952–2011 年）

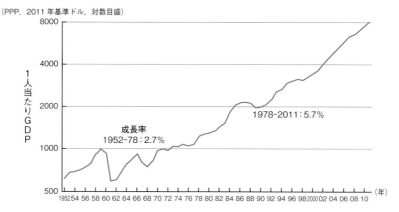

（出所）　PWT 8.0

しょう。韓国と北朝鮮は，気候についてはむろんほとんど同じで，朝鮮戦争休戦直後の 1954 年には 1 人当たり GDP も両国ともに 1000 ドル余り（PPP, 1990 年基準ドル，Maddision のデータ）とほぼ同じ水準でした[7]。しかし 2008 年には，韓国の 19600 ドルに対して北朝鮮は 1100 ドルと，20 倍近い差が開いているのです。このような所得レベルの大きな差は，市場経済を基礎とし，世界経済に対してオープンな経済制度を採用した韓国と，社会主義に基づく統制経済を採用し，世界に対しても閉鎖的な北朝鮮との制度上の違いによって起きたと考えられます。

　中国では 1978 年に鄧小平によって改革開放政策が行われ，社会主義的な計画経済から市場経済へと大きく制度改革がなされたことが，その後の大きな成長をもたらしました。図表 9-5 で示されるように，中国の 1 人当たり GDP 成長率は 1952 年から 1978 年には年率 2.7% でしたが，1978 年から 2011 年には 5.7% と上昇したのです。

7　Maddison A.（2010）. Statistics on World Population, GDP and Per Capita GDP, 1–2008 AD, available at（http://www.ggdc.net/maddison/oriindex.htm）.

■図表 9-6　日本の 1 人当たり GDP の推移（1820–2008 年）

（PPP，1990 年基準ドル，対数目盛）

（出所）　Maddison（2010）前掲書。

　日本の制度改革による成長はさらに顕著です。図表 9-6 から明らかなように，近代日本の経済発展には 2 つのターニングポイントがありました。一つ目は幕末の開国と明治維新です。開国によって世界の知恵を取り込み，より民主的な政治制度への移行によって日本国内の知恵を効率的に活用することで，1 人当たり GDP 成長率は 0.2% から 1.9% に急上昇しました。第 2 次世界大戦の敗戦によって，さらに開放的な経済制度，民主的な政治制度に移行することで，1950 年から 70 年までの成長率は 8.1% という驚異的な水準にまで達しました。

▶ 制度は本当に所得レベルの決定要因か

　ただし，制度が所得レベルに与える影響について異論がないわけではありません。例えば，アセモグルらによると，気候が厳しく入植者の死亡率が高いところでは質の低い制度が植えつけられて現代の所得レベルも低いわけですから，究極的には気候が現代の所得レベルの要因となっているわけです。実際，図表 9-7 が示すように，緯度と所得レベルには非常に密接な関係があります。緯度が低い赤道付近の国では気候が厳しく，所得レベルが低い傾向

■図表 9-7　緯度と所得レベル

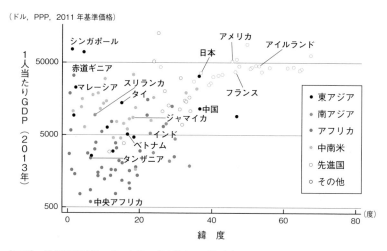

（出所）　世界開発指標，ポートランド大学ウェブサイト，
　　　　（https://www.pdx.edu/econ/country-geography-data）.

にあるのです。ただし，アセモグルらは気候的要因はあくまでも間接的に所得レベルを決定しているのであって，最も重要なのは制度だと考えています。

　しかし，コロンビア大学のジェフリー・サックスは，気候的要因は直接所得に影響すると主張しました。サックスは，熱帯性気候の国々で所得レベルが低い傾向にあるのは制度の質とは無関係で，マラリアのような熱帯性の疾病のために健康を害したり，死亡したりすることがあるためだということをデータで示しています[8]。図表 9-8 によると，確かに各国の国土のうちマラリア発生地域の比率が高ければ高いほど 1 人当たり GDP は低くなる傾向にあります。

　なお，人類の歴史的な経済発展を生物学・生態学的な観点から分析したカリフォルニア大学ロサンゼルス校（UCLA）のジャレド・ダイアモンドも，気候と技術進歩の関連を指摘しています。ダイアモンドによれば，南北アメ

8　Sachs J. D.（2003）. Institutions don't rule: direct effects of geography on per capita income, *NBER Working Paper*, No. 9490.

■図表 9-8　マラリアと所得レベル

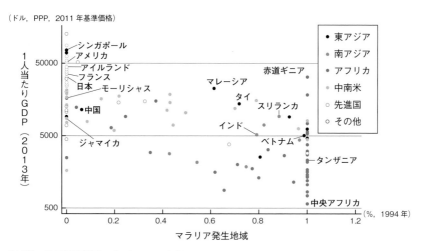

（出所）　世界開発指標，ポートランド大学ウェブサイト，
　　　　　（https://www.pdx.edu/econ/country-geography-data）.

リカ大陸やアフリカ大陸にくらべて，ユーラシア大陸は東西に長く気候的に
差異が少ないがために農産物や家畜の利用に関する技術が伝播しやすく，歴
史的に最も技術が発達したといいます[9]。つまり，ダイアモンドも気候が経
済発展の最も重要な要因であると考えているのです。

　また，アセモグルらと同様に植民地の歴史を振り返りつつも，制度よりも
教育レベルが経済発展に重要だと主張している研究もあります。それによる
と，入植者死亡率の低かった旧植民地で現在の所得レベルが高いのは，生活
環境のよい植民地では教育レベルの高い人々がたくさん入植してその地に留
まったためです[10]。

　そもそも，制度を重視するアセモグルやロドリックも，別の研究では制度

---

[9]　Diamond J. M.（1997）. *Guns, Germs, and Steel: The Fates of Human Societies*. New York: W. W.
Norton & Company.（倉骨彰（訳）（2012）『銃・病原菌・鉄──1万3000年にわたる人類史の謎
（上）（下）』早川書房。）

[10]　Glaeser E. L., La Porta R., Lopez-de-Silanes F. and Shleifer A.（2004）. Do Institutions Cause
Growth? *Journal of Economic Growth*. 9(3), 271-303.

の質が必ずしも経済発展に結びつくわけではないという結果を見出しています。例えば，契約履行制度の質の指標として債権回収のための法的な手続きの煩雑さを利用したアセモグルらの研究では，制度の質は1人当たりGDPとは必ずしも相関していません[11]。ロドリックらは，経済改革や政治改革が行われたことで1人当たりGDPの成長が急加速した例がないわけではないものの，制度改革をしたからといって必ずしも経済成長が急加速するわけではないことをデータから明らかにしています[12]。

　制度改革が必ずしも経済成長に結びつかない事例を見てみましょう。中南米では，1980年代・90年代に貿易，外国為替，金融制度の自由化などの制度的な改革が行われました。中南米は，1950年代から輸入制限や政策的な自国通貨安，金融セクターにおける規制によって国内企業を保護するための制度が持続していました。しかし，そのツケがたまって1980年代から自国の債務が返済できなくなる債務危機や金融危機が頻発したため，その債務の一部を免除してもらう見返りに，IMFや世界銀行による改革を受け入れたのです。図表9-9は，中南米における制度の質，特に貿易，外国為替相場，金融セクターにおける自由度の指標が，1985年から1999年にかけてどのように変化したかを表しています。これによると，中南米のほとんどの国で制度改革が急激に進んだことがわかります。

　しかし，図表9-10で示されるように，制度改革の程度（制度指標の変化分）と1人当たりGDP成長率の変化分には，あまり顕著な関係はないように見えます。残念ながら，中南米における1980年代・90年代の制度改革は，必ずしも経済成長に寄与しなかったようです。

　ですから，制度が経済発展に影響するケースがあることは間違いはありませんが，制度の質の改善が必ず経済発展に結びつくというわけでもなさそうです。どのような制度がどのような条件の下で経済発展に効果があるのかについては，もう少し研究を深めていく必要があります。

11　Acemoglu D. and Johnson S. (2005). Unbundling Institutions. *Journal of Political Economy*. 113 (5), 949–95.

12　Hausmann R., Pritchett L. and Rodrik D. (2005). Growth Accelerations. *Journal of Economic Growth*. 10(4), 303–29.

■図表 9-9　中南米における制度改革の進展

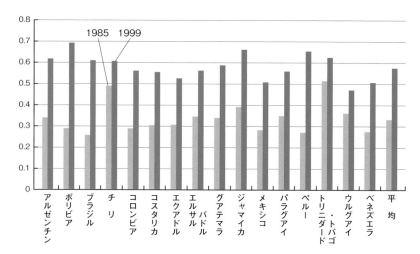

（出所）　Lora, E.（2001）. Structural reforms in Latin America: what has been reformed and how to measure it, *Working Paper, Inter-American Development Bank, Research Department.*
（注）　貿易，外国為替相場，金融セクターにおける自由化度の指標。0～1 で定義され，1 が最も自由化されていることを表す。

■図表 9-10　制度改革と 1 人当たり GDP 成長率の変化

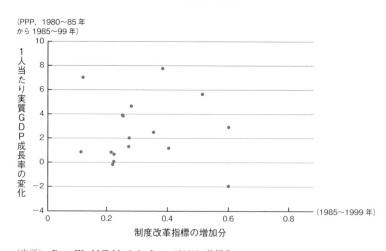

（出所）　Penn World Table 8.0, Lora（2001）前掲書。
（注）　制度改革の指標は図表 9-9 を参照。

9.5　経済発展を促す制度変革

▶ 急進的な改革の必要性

　9.3節において，制度の重要な特徴として経路依存性や粘着性があること
を述べました。もしこれが正しければ，現時点で制度の質が悪い国は，これ
からもずっと制度の質も所得レベルも低いままの可能性が高いということに
なります。しかし，日本や中国が明治維新や改革開放によって制度変革を成
し遂げて成長したように，今の途上国においても制度を抜本的に変えること
で所得レベルを上げることが不可能だというわけでは決してありません。

　ただし，制度が粘着的であるとすると，旧制度を断ち切って新しい制度を
導入するのは，相当急進的な改革が必要です。なぜなら，小規模な制度改革
をしても元の制度に戻ってしまうことがあるからです。例えば，政治家や官
僚が腐敗した社会において，賄賂の授受を多少取り締まったとしても，賄賂
によって事業を認可してもらえることで得られる利益は，贈賄罪で捕まるリ
スクを考えてもまだまだ大きく，賄賂の横行は止まりません。ですから，腐
敗を止めるには，賄賂を大々的に取り締まって，贈収賄が得にならない社会
に一気に移行してしまう必要があります。

　制度を変えるには大規模な変革が必要だということは，開国と明治維新，
戦後の改革といった日本の経験を考えると納得がいきます。しかも日本の経
験は，制度の大転換が起きるのは，旧制度による社会や経済のひずみが大き
く顕在化することが前提となることも示しています。

　200年にわたる徳川時代の鎖国によって，産業革命による欧米の技術進歩
から完全に取り残されたことに気づいたからこそ，日本は内戦を乗り越えて
制度転換を果たすことができました。日中戦争から第2次世界大戦にかけて
の日本の軍国主義的体制によって，日本は国内外で多くの人命を犠牲にしま
した。経済成長という観点から見ても，第2次世界大戦開始時の1940年か
ら終戦直前の1944年までの日本の1人当たりGDP成長率はマイナス2%
であり（図表9-6），経済的にも戦前の制度の破綻は明らかでした。だから
こそ，敗戦後に連合国軍最高司令官総司令部（GHQ）が断行した政治の民

主化，公職追放，財閥解体，農地解放などの急進的な制度改革を日本人は受け入れたのでしょう。逆に言えば，旧制度のひずみが小さい時には，なかなか大きな制度改革を行えないことが多いのです。ここに，制度改革の難しさがあります。

▶ 漸進的な改革の成功事例

中国の改革開放政策への大転換も，毛沢東による文化大革命による政治・経済の大混乱を経たからこそ，鄧小平によって断行できたとも言えます。半面，中国の改革開放政策が日本の明治維新や戦後の改革と違うのは，中国では段階的に制度変革が進行したことにあります。

例えば，改革開放前には，農民は農産物の多くを政府が決めた値段で政府に買い上げてもらい，その売上を平等に分配していました。改革開放によってその制度は改革されましたが，それは政府の買い上げと市場での取引を共存させて，徐々に市場経済を導入しようとするものでした。その結果，改革開始10年後の1988年においても，政府の公定価格での販売量と市場価格での販売量が拮抗する水準にありました。

企業の民営化についても，国営企業を一気に民営化するのではなく，まず地方政府が所有する郷鎮企業に移行し，徐々に民営化するという手法がとられました。そして，1990年代後半になってやっと政府が価格や生産量を決定する共産主義的な計画経済は完全に消滅し，郷鎮企業の多くも民営化されたのです。つまり，制度改革を始めてから概ね完了するまでに20年を費やしたことになります。

清華大学の銭穎一（Yingyi Qian）は，このような漸進的な改革が経済の効率性を追求しつつも，制度改革による敗者を作らなかったことで改革に対する国内の反対を抑え，むしろスムーズな変革に成功したと考えています[13]。

中国と同様に計画経済から市場経済に移行したロシアでは，一気に制度を変革し，逆に経済が混乱してしまいました。ソビエト連邦時代の1990年には19603ドルだった1人当たりGDP（PPP，2011年基準，PWT8.0によ

---

[13] Qian Y.（2002）. How reform worked in China, In D. Rodrik（Ed.）, *In Search of Prosperity*. Princeton: Princeton University Press.

る）は，1991年のロシア成立後に急減し，1999年には7458ドルと1990年の4割弱にまでなったのです。

ですから，粘着的な制度の変革は一気に行う方がよいという，9.3節の理論から導出された結論は，必ずしも現実にはそぐわない場合があるようです。日本の明治維新や戦後の改革では急激な変革が成功したのですが，ロシアでは失敗していますし，中国では漸進的な改革が成功しています。9.2節で述べたように，制度とは社会が選択する均衡である以上，社会の人々が受け入れることのできるような手順で均衡を動かす必要があるのです。

9.6 ま と め

1. 制度とは，社会の枠組み，もしくはその枠組みから生じる均衡状態のことです。ですから，法律によって決められた制度だけではなく，慣習によって成り立つ制度もあり，制度は社会の選択の結果として存在しています。

2. 理論的には，制度の戦略的補完性のために，歴史的な出来事によって選択される制度が決まり（経路依存性），いったん決まった制度はなかなか変えられません（粘着性）。また，選択された均衡は必ずしも最適な均衡ではありません。

3. 各国の現在の所有権制度の質は植民地時代の入植者の死亡率と強く相関しており，制度に経路依存性と粘着性があることを実証的に示しています。また，所有権制度の質が現代の所得レベルと相関することもデータによって示されています。つまり，歴史的な出来事によって構築された所有権制度が長期間持続し，経済発展に影響したのです。

4. ただし，どのような制度でも経済発展に寄与することが実証的に示されているわけではありません。また制度変革が必要な場合，理論通り急進的に行うのと，現実を見据えて漸進的に行うのとではどちらがうまくいくかは様々な場合があり，はっきりした結論は見出されていません。

キーワード

制度，私的財産所有権，知的財産保護制度，腐敗，均衡，慣習，制度の決定，戦略的補完性，制度の経路依存性，粘着的，最適な均衡でない可能性，人々の予測，政策，改革開放政策，気候，教育レベル，制度改革

練習問題

(1)　自分の身の回りにある慣習で，みんながやっているので自分も仕方がなくやっているけれど，自分にとってもみんなにとってもあまりやる意味が感じられないものはありませんか。そのような慣習は，いつ，どのような契機で始まったのでしょうか。また，みんなにとってもっとよい慣習を考案し，それを普及させるにはどのようにすればよいかを考えてみましょう。

(2)　日本や世界の歴史において，ある歴史的な出来事でその後の制度が定着したことがなかったかを，高校時代に習った日本史や世界史の知識を総動員して思い出してみましょう。

第 10 章

経済発展の政治経済学

　世界の国々の中には，戦後の日本のように民主制度への転換によって経済発展を遂げた国もあれば，現在の中国のように独裁的な政治体制の下で急速に経済成長している国もあります。この章では，政治的な制度，特に民主主義が経済発展に及ぼす影響について考察します。

10.1　途上国における民主化

　まず，近年の途上国において政治制度がどのように推移して来たのかを見てみましょう。図表 10-1 は，いくつかのアジア，アフリカ，中南米諸国について 1970 年から 2018 年までの政治制度の指標の時間的な推移を示しています。この指標は Polity Ⅳ というデータベース[1]の中の polity 2 と呼ばれるもので，世界各国がどの程度民主的もしくは独裁的かを−10〜＋10 までの数字で評価したものです。10 が最も民主的，−10 が最も独裁的であることを表します。

　図表 10-1（1）は東アジア諸国を表していますが，多くの国で政治制度が近年になって民主的になってきているのがわかります。例えば，台湾はもともとは国民党の一党独裁でしたが，1987 年にその他の政党の結成が解禁され，1996 年には初めて国家元首である総統を選ぶ直接選挙が行われました。

1　これは Center for Systemic Peace という機関が構築したデータベースで，（http://www.systemicpeace.org/）で公開されています。

■図表 10-1　途上国の政治制度の推移

（1）東アジア

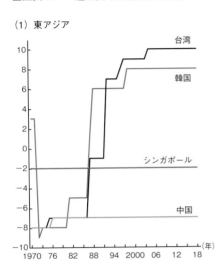

（2）東南アジア

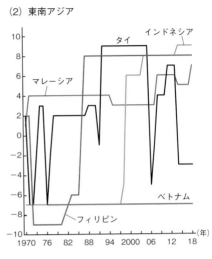

（3）中南米

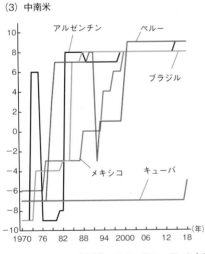

（4）アフリカ

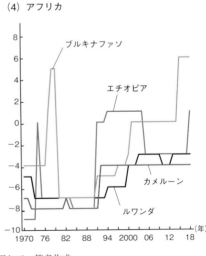

（出所）　Polity Ⅳ の polity 2 を利用して，筆者作成。

その後，2000年の総選挙の結果，国民党は野党となっています。この一連の民主化に呼応して，台湾の政治制度指標は1980年代から2000年代にかけて急上昇しています。(2) の東南アジアではフィリピンでも，1986年に当時の独裁者だったマルコス大統領がいわゆる「ピープル・パワー革命」によって亡命に追い込まれた後に，急速に民主化していることが図から確認できます。インドネシアでも，1968年から続いたスハルト大統領による独裁が1998年に終わると，そこから一気に民主化し，直接選挙によって大統領を選出するようになりました。

しかし，1970年代から現代にかけてほとんど民主化の度合いが変わっていない国もいくつかあります。例えば，中国やベトナムは共産党による一党支配を第2次世界大戦後から一貫して維持しています。シンガポールでも，選挙制度はあるものの，人民行動党による事実上の一党支配が続いているため，polity 2 では1970年から−2（どちらかというと独裁的）で変化していません。

図表10-1 (3) (4) は，同じ指標の推移を中南米とアフリカの国について見ています。中南米諸国は，キューバのような例外はありますが，概ね1980年代以降民主化が進展し，現在は高いレベルの民主国家となっています。アフリカでは，後で述べるように前世紀には独裁制度をとる国がほとんどでした。2000年に入ってある程度の民主化が進行しましたが，それでもまだまだ十分に民主化されたとは言えません。

10.2　政治制度と経済制度の補完性

このように，政治制度は国によって様々で，民主化が進行している途上国も，独裁制を維持している途上国もあります。そのような様々な政治体制が経済発展に及ぼす関係について，前章と同様，アセモグルとロビンソンが経済学と政治学と融合した視点から優れた研究を行っています。ここでは，それを紹介しましょう[2]。

▶ 包摂的な政治制度と経済制度とは

　彼らは，包摂的（inclusive）な政治制度と経済制度が補完しあいつつ，経済発展と平等な所得配分に寄与すると主張しています。「包摂的」というのは，多くの人々が参加しているというような意味で使われています。

　ですから，**包摂的な政治制度**とは，多数の人々が政治活動の意思決定に参加している民主的な政治制度のことを指します。なお，アセモグルらは，民主選挙が行われていることが必ずしも包摂的な政治制度を意味するわけではないと強調しています。民主選挙が行われていても，選挙制度が現与党に有利になっていて，実質的には一党独裁の状態が続いているような場合には，必ずしも多数の人々が政治の意思決定に参加しているわけではないからです。ですから，本書では「包摂的政治制度」というややなじみのない言い方を避けて，「民主的政治制度」，「民主政治」という言い方を使うこともありますが，アセモグルらの考えに従い，民主政治とは普通選挙が行われているだけではなく，実質的に国民が政治の決定に参加していることを意味します。

　また，**包摂的な経済制度**とは，多数の人々が経済活動の意思決定に参加している制度で，不必要な規制がなく，自由な経済活動が認められた市場経済制度と考えてよいでしょう。前章で述べたような，私的所有権が確立していて，賄賂の必要のないような経済制度もその一例です。

　包摂的な制度の逆は，収奪的（extractive）な制度です。**収奪的な政治制度**とは，特定の集団に権力が集中した制度で，**独裁政治**がそれにあたります。**収奪的な経済制度**とは，特定の集団が経済的な権益を有して社会から富を収奪している制度で，独裁者の家族や親戚，友人に権益が与えられた**クローニー・キャピタリズム**などがその例です。

▶ 政治制度と経済制度の補完性の理論

　アセモグルらによると，包摂的な政治制度と包摂的な経済制度は，互いにその機能を補う補完的な関係にあります。包摂的な政治制度の下では，権力

2　Acemoglu D. and Robinson J. A.（2012）. *Why nations fail: The origins of power, prosperity, and poverty*. New York: Crown Business.（鬼澤忍（訳）（2013）『国家はなぜ衰退するのか（上）（下）──権力・繁栄・貧困の起源』，早川書房。）

が社会に広く薄く配分されていますから，公平な法体系や個人の私的所有権が確立し，皆が平等な立場で経済活動に参加する包摂的な経済制度が成立しやすくなります。包摂的な経済制度の下では，商取引が円滑に行われ，投資が活発となり，経済発展が進むことは，第9章で説明した通りです。さらに，包摂的な政治制度の下で所得が増加すると，特定の権力者に富が集中することなく，比較的平等に富が分配されることになります。ですから，国民はますます包摂的な政治制度を支持し，包摂的な政治制度と経済制度が安定的に共存するのです。

なお，包摂的な政治制度のもう一つの重要な要素は，政府が十分に**中央集権化**されていることです。「集権化」と「包摂的」は一見相反するように思われますが，もし包摂的，つまり多数の人々が政治活動の意思決定に参加しながら集権化がされていなければ，人々がバラバラに行動する無政府状態になってしまいます。ですから，包摂的な政治制度には，集権化も必要です。集権化がされていると，国家が交通網や通信網などの公共インフラや社会福祉や国防などの公共サービスを提供することが可能となり，それも包摂的な経済制度の一部となって，さらに経済発展が進みます。

逆に，権力が独裁者に集中した収奪的な政治制度の下では，独裁者は自分に富を集中させるために所有権制度や公平な法体系を整備せず，公共インフラや公共サービスの提供にも力を入れないことが多いでしょう。その結果，収奪的な経済制度が構築され，取引や投資が円滑に進まず，経済も停滞してしまいます。ところが，その停滞した経済の中でも独裁者は自分には富を集中させることで大富豪となることができ，その富を使って収奪的な政治制度を維持することが可能となります。

このように，政治制度と経済制度が両方とも包摂的，もしくは両方とも収奪的な時は，お互いがお互いを補強しあって安定的です（図表10-2）。包摂的な政治・経済制度は多くの国民に富をもたらすので，国民から強く支持されて安定します。収奪的な政治・経済制度の下では国民の多くは貧しく不満を抱えていますが，独裁者に権力と富が集中しているので，国民には制度を変革する力がありません。その結果，包摂的な政治・経済制度の方が収奪的な政治・経済制度よりも社会的厚生（社会全体の幸福度）は高いにもかかわ

		経済制度	
		収奪的	包摂的
政治制度	収奪的	安定的 （国民は貧しいが， 権力者は大富豪）	不安定 （権力者が富を収奪する インセンティブが大きい）
	包摂的	不安定 （包摂的な経済制度を 目指す政権が選ばれる）	安定的 （多くの人々は富み， 包摂的政治を支持）

らず，収奪的な政治・経済制度は安定的な均衡となり，包摂的な政治・経済制度に移行することは難しいのです。

▶ 包摂的・収奪的制度の共存は不安定

　反面，政治制度と経済制度のどちらか一方が収奪的で，もう一方は包摂的な社会は不安定です。例えば，経済制度が収奪的である，つまり特定集団が権益を保持している社会であっても，政治制度が包摂的であれば，民主的な選挙によって特定集団の権益を認めない自由な経済を支持する政権が選ばれて，経済制度も包摂的になるはずです。逆に，政治的には収奪的で経済制度が包摂的であれば，独裁者は経済制度をも収奪的にして，自分に富を集中させようとするでしょう。もしくは，包摂的な経済制度によって豊かになった国民が民主化運動によって権力を独裁者から奪うこともあり得ます。ですから，経済と政治のどちらかだけが包摂的という社会は持続的ではありません。

　例えば，韓国の朴正煕大統領（1961〜79年）は独裁的な政治を行いましたが，経済的には包摂的で，保護主義的な輸入代替工業化からより自由主義的な輸出志向政策に転換しました。このような政策によって，韓国は高度成長を成し遂げましたが，その結果政治の民主化も進み，収奪的政治制度と包摂的経済制度の共存は長続きしませんでした。

▶ 政治制度と経済制度の補完性の実証

　では，世界各国のデータで，アセモグルらの言うような政治制度と経済制度の補完性が成り立っているのかを見てみましょう。図表 10-3 は，政治制度の指標と，経済制度の指標として政府による外国資産の収用リスクの指標との相関を見たものです。政治制度の指標は，図表 10-1 でも使った polity 2 という民主制度に関する指標です。政府による収用リスクの指標は，第9章 9.4 節で紹介したアセモグルらの研究で使われたもので，数字が大きいほど収用リスクが小さいことを表します。

　この図から，アセモグルらの理論通り，政治制度と経済制度の指標の間には正の相関関係があり，大まかには政治制度も経済制度も包摂的な国とどちらも収奪的な国が多いことがわかります。しかし，理論的には不安定だと考えられているにもかかわらず，政治的には収奪的で経済的には包摂的な国が，中国やサウジアラビアなどいくつか見られます。これらの国々の制度が，韓国や旧ソ連のように不安定で，政治・経済制度とも包摂的もしくは収奪的な

■図表 10-3　**政治制度と経済制度の補完性**

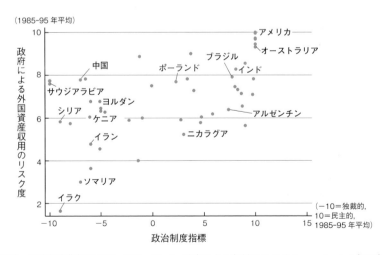

（出所）　政治制度指標は Polity Ⅳ の polity 2，政府による収用リスクは Acemoglu et al. (2001) 前掲書を利用して，筆者作成。収用リスクの指標は大きいほどリスクが小さいことを表す。

制度に移行していくのかを判断するには，もう少し時間が必要です。

10.3　民主化と経済発展

▶ 民主主義は経済発展に寄与するのか

では，民主的な政治制度は実際に経済成長に寄与するのでしょうか。政治制度指標と1人当たりGDPとの関連を示した図表10-4を見てみると，U字型になっていることがわかります。つまり，中間的な政治制度の国で最も経済成長率が低く，非常に民主的，および非常に独裁的な国では成長率が高いという傾向にあるのです。図表10-5は，2000年から2017年における民主化指標と1人当たりGDP成長率との関係を見たものですが，はっきりとした正の相関関係は見てとれません。

図表10-4と図表10-5は，民主化には経済成長を引き上げる効果が必ずしもないことを示しています。このことは，計量経済学を使った多くの実証分析からも示されています。例えばある研究によると，民主化は教育投資を促進し，所得格差を押し下げることで経済成長に寄与する反面，設備投資を減らして政府支出を上げることで成長率を下げます。結局，民主化はトータルでは経済成長に対して若干のマイナスの効果があるのです[3]。

実は，理論的にも必ずしも民主化は経済発展にプラスの効果があるわけではありません。ハーバード大学のロバート・バローは，民主主義では政治家が国民の人気を得るために無駄な公共投資を行い，長期的な利益を無視して短期的な利益を追求するような政策を行うために，民主主義は経済発展にマイナスの効果があり得ると考えました[4]。

さらに，途上国が貧困の罠にはまってビッグプッシュ的な政策が必要な場合，独裁制の方がむしろそのような政策を推し進めやすい可能性もあります。例えば，旧ソ連は共産党の一党独裁の典型的な収奪的政治制度でしたが，

3　Tavares J. H. and Wacziarg R. (2001). How Democracy Affects Growth？ *European Economic Review*. 45, 1341-78.

4　Barro R. J. (1996). Democracy and Growth, *Journal of Economic Growth*. 1, 1-27.

■図表 10-4　政治制度と所得レベル

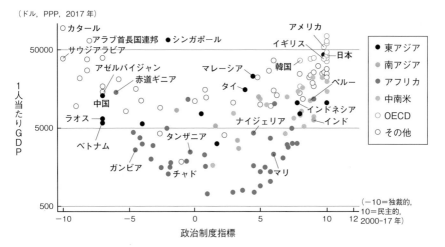

（出所）　政治制度指標は Polity Ⅳ の polity 2，1 人当たり GDP は Penn World Table 8.0 を利用して，筆者作成。

■図表 10-5　政治制度と 1 人当たり GDP 成長率

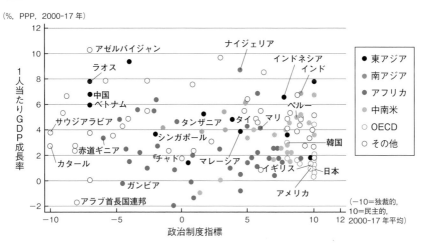

（出所）　政治制度指標は Polity Ⅳ の polity 2，1 人当たり GDP は Penn World Table 8.0 を利用して，筆者作成。

1950〜70年代には農業から工業へ資源を強制的に移転することで高い経済成長を達成することができました。

以上のような民主主義のマイナスの効果が，前節のアセモグルらが唱えたプラスの効果と混ざって，民主主義は必ずしも経済成長に寄与しないという実証的な結果に結びついているのだと考えられます。

▶ 民主主義と経済成長の振れ幅の関係

ただし，民主主義が経済成長にとって何の意味もないかというとそうではありません。図表10-5をよく見ると，民主化が進んだ国ほど1人当たりGDP成長率の振れ幅が小さいことがわかります。つまり，民主化が進んだ国の1人当たりGDP成長率は2%の前後1%の比較的狭いレンジに収まっています。

しかし，独裁的な国の中には，アラブ首長国連邦やガンビアのようにおよそ20年にわたって経済が縮小している国もあれば，逆に中国やアゼルバイジャンのようにプラス6%以上で成長している国もあり，成長率に非常に大きな幅があります。

これは，図表10-6に示すように，独裁者の中には名君もいれば暴君もいるからです。例えば，ウガンダのイディ・アミンは30万人の自国民を虐殺したとも言われる暴君で，在位8年の間の1人当たりGDP成長率は年率−4.2%でした[5]。中央アフリカのジャンベデル・ボカサは自ら皇帝に即位しましたが，その在任期間は3年で終わり，その間の成長率は−1.6%でした。

反面，アジアには名君が多く，シンガポールのリー・クアン・ユー，マレーシアのマハティール，中国の鄧小平らは長期間にわたって高い経済成長率を達成しています。アフリカでも，赤道ギニアのンゲマ大統領は，豊富な石油資源に牽引されたものとはいえ，長期間2ケタ成長を持続させています。

つまり，独裁政治にくらべると，民主政治は必ずしも平均的には経済成長率が高いわけではありません。しかし，民主政治は非常に高い成長率を達成

---

5 アミン大統領は元ボクサーでもあり，1979年6月に日本人プロレスラー，アントニオ猪木氏と異種格闘技戦を行う予定でした（1979年1月26日付朝日新聞朝刊）。しかし，その後起きたクーデターによりアミン大統領が失脚し，この対戦は消滅しました。

■図表 10-6　名君と暴君

国　名	独裁者	期　間 （年）	1人当たり GDP 成長率（%）
赤道ギニア	テオドロ・オビアン・ンゲマ・ンバソゴ	1979–2011	13.84
中　国	鄧小平	1978–92	7.57
シンガポール	リー・クアン・ユー	1959–90	6.26
マレーシア	マハティール	1981–2003	3.41
ジンバブエ	ロバート・ムガベ	1987–2011	−1.12
中央アフリカ	ジャンベデル・ボカサ	1976–79	−1.56
ウガンダ	イディ・アミン	1971–79	−4.23

（出所）　1人当たり実質 GDP 成長率は世界銀行『世界開発指標』（ウガンダのみ Penn World Table 8.0）を利用して筆者作成。

することもない代わりに，大失敗してマイナス成長になることも少なく，経済成長的にいってリスクの低い政治制度だと言えるのです。

10.4　なぜ一部の独裁制は成功するのか

▶ 成功した独裁政権

　さて，図表 10-5 から明らかなように，独裁制をとる国が高い経済成長を達成することはまれではありません。ロンドン・スクール・オブ・エコノミクス（LSE）のティム・ベズリーらは，戦後から 2004 年までの政治体制の中で，経済成長率で上位 20% に入った独裁政権を「成功した独裁政権」と定義しました[6]。図表 10-7 は，ベズリーの研究に基づいて，1980 年代以降の成功した独裁政権のリストを示しています。東アジアでは，中国の共産党政権，韓国の全斗煥政権，タイのサリット政権，インドネシアのスハルト政権，シンガポールのリー・クアン・ユー政権，マレーシアのマハティール政権，台湾の国民党政権などが成功した独裁政権と認定されています。サハラ

6　Besley T. and Kudamatsu M.（2008）. Making Autocracy Work. In E. Helpman（Ed.）, *Institutions and Economic Performance*. Cambridge: Harvard University Press.

■図表 10-7　成功した独裁政権

国　名	期　間 (年)	1 人当たり GDP 成長率 (%)	国　名	期　間 (年)	1 人当たり GDP 成長率 (%)
赤道ギニア	1996–2004	28.0	ニジェール	1974–81	6.3
ルワンダ	1994–2000	12.6	韓　国	1973–80	5.5
ベラルーシ	1996–2003	8.2	シンガポール	1965–2004	4.8
リベリア	1997–2003	7.9	インドネシア	1967–98	4.6
中　国	1976–2004	7.9	ベトナム	1989–2003	4.3
韓　国	1981–87	7.9	ブータン	1970–2003	4.3
アゼルバイジャン	1998–2004	7.7	チュニジア	1971–80	3.9
台　湾	1975–86	6.8	パキスタン	1977–85	3.7

（出所）　Besley et al.（2008）前掲書，Table 11.2。

以南アフリカでは成功した独裁の例は少なく，ニジェールのセイニ・クンチェ政権，リベリアのチャールズ・テーラー政権が認定されているにすぎません。

▶ 選択民の役割

　このように，東アジアでは多くの国が独裁政治によって高い経済成長を成し遂げていることから，経済発展には独裁的な政治，いわゆる開発独裁が有効であるという議論があります。広く世界を見てみると，独裁政治が必ずしも経済発展に結びつかないことは図表 10-5 から明らかですが，一部の独裁制が成功しているのも事実です。では，独裁制が成功するためにはどのような条件が必要なのでしょうか。

　ベズリーらは，独裁者を排除する潜在力を持つ「選択民」が存在していることがその条件だと考えました。選択民が政治的な圧力をかけることで，独裁者が権力を自分の利益のために乱用することを抑え，経済成長に寄与する政策を行うインセンティブを与えるはずだというのです。

　例えば，タイにおいてはプミポン前国王と軍が選択民として機能してきたとベズリーらは考えます。軍は，首相が国家のためにならない政権運営をしていると考えた場合には，クーデターを起こして政権を暫定的に奪取するこ

とで，独裁者を排除してきたのです。ですから，1970年以降の40年余りで，タイは実に7回もクーデターを経験しています。2014年にインラック元首相がクーデターによって失職したことはその一例です。

ベズリーらは，選択民の役割を実証するために，独裁者の在位期間とその独裁が経済的に成功するかどうかに関係があるかを調べ，在位期間が短いほど独裁が成功しやすいことを見出しました。選択民が存在している時には，独裁者といえども長期的には政権を維持できない可能性が高いと考えられるので，この結果は，選択民が存在している独裁制が成功しやすいことを示唆しています。

また，独裁制であっても，与党の組織力が高く，議会が存在していればいるほど，投資率が高まることを示した研究もあります[7]。これも，独裁制とはいえ，与党や議会から政治的な圧力を受ける場合には，独裁者の権力の乱用が抑制できることを示しています。

第8章で紹介した社会ネットワークの考え方を応用すると，独裁者が成功する時は，よそ者とのつながりを構築している時だということもできます。もし，独裁者が一部の取り巻きと閉じたネットワークを構築してしまえば，彼ら自身の権益を守るためにさらに閉鎖的になって経済は停滞します。しかし，独裁制度であっても選択民や議会とのつながりを持つことで，閉鎖性と経済停滞の悪循環から抜け出せるのです。さらに，海外とのつながりによっても，新しい知識や情報が入ってきてイノベーションが進みます。中国が改革開放政策で対内直接投資を積極的に誘致したり，韓国の朴正煕大統領が輸出振興政策をとったことで成長したのは，その好例です。

▶ 独裁政治の失敗と成功の事例

1990年代のインドネシアは，独裁が長期的に続いたために失敗した典型例です。1967年から1998年まで30年にわたって続いたスハルト大統領の独裁政治の下で，1995年ごろまでは1人当たりGDP成長率は5％程度とまずまずの成長を遂げています（図表10-8）。しかし，独裁が長期間継続した

7　Gehlbach S. and Keefer P. (2012). Private Investment and the Institutionalization of Collective Action in Autocracies: Ruling Parties and Legislatures. *The Journal of Politics*. 74(02), 621-35.

■図表 10-8　インドネシア・中国の政治制度と 1 人当たり GDP 成長率

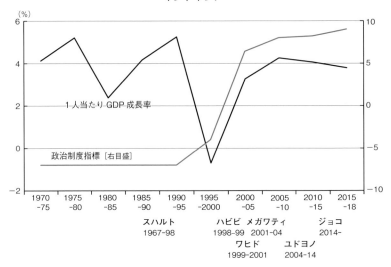

インドネシア

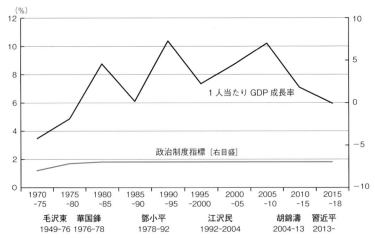

中　国

（出所）　政治制度指標は Polity Ⅳの polity 2，1 人当たり GDP は世界開発指標を利用して，筆者作
　　　　成。

ために選択民の機能が衰え，政権末期には賄賂やクローニー・キャピタリズムと呼ばれる身内びいきが横行するようになりました。そのような状況で1997年にアジア金融危機が起き，その余波で激しいインフレが起きてGDPも大幅に下がったために，全国で暴動が起きました。スハルト政権にはその状況に対処する力は残っておらず，1998年に退陣することになったのです。これを契機にインドネシアは民主化し，2004年には初めての大統領直接選挙が，2014年には2回目が行われ，混乱なく終了しました。非常に短期間で民主主義制度を確立することができたわけです。それとともに，1人当たりGDP成長率も回復してきています。

　反面，40年近くの長期間にわたって独裁政治が経済的に成功しているまれな例が中国です。中国では，国家主席が共産党中央委員会総書記および共産党中央軍事委員会主席を兼ね（鄧小平はそうではありませんでしたが，実質的な国家のリーダーでした），独裁的な権力を持っています。しかし，ベズリーらによると，国家の最高意思決定機関である共産党中央政治局常務委員会の7名の委員が選択民として機能していました。また，特に鄧小平の後には党中央政治局委員に定年制が設けられたこと，国家主席に2期10年の任期制限があったこともあり，国家主席が長期にわたって在任することがありませんでした（図表10-8）。このように，中国は独裁的な政治体制でありながらも，権力者の独走を阻止する制度をあわせ持っていたのです。そのために，中国政府は改革開放の方針の下で国民全体にとって有効な政策を実施し，結果として高い経済成長を維持できたと考えられます。

　ただし，習近平政権下の2018年に憲法改正が行われ，国家主席の任期制限は撤廃されるとともに，「習近平思想」が「毛沢東思想」と並んで共産党が堅持すべき思想として明記されました。これによって，習近平政権の長期化は確実となりましたが，選択民の監視が弱くなったとも考えられます。したがって，今後中国において開発独裁の欠点が露呈し，経済成長率が低下する可能性も出てきています。

10.5　政治制度・所得格差・経済成長

▶ 政治制度と所得の不平等

　次に，政治制度が所得格差に及ぼす影響について見てみましょう。10.2
節で紹介したように，アセモグルらは民主制度を含む包摂的な政治制度はよ
り平等な所得分配につながると考えました。これは現実に起きているのでし
ょうか。

　国ごとに所得分配がどれだけ平等になっているかを見る指標としてよく知
られたものに，ジニ係数があります。ジニ係数を定義するために，まずロー
レンツ曲線を説明する必要があります。**ローレンツ曲線**とは，一国内の世帯
全部を所得の順に下から並べていったとして，ある割合以下の所得の人たち
の合計所得が全所得の何％を占めているかを示すものです。例えば，図表
10-9 の曲線 ADC のように表されます。この図の D 点は，所得が下から
60％ までの人の所得をすべて合わせたものは，その国の全所得の 40％ であ
ることを表します。ですから，ローレンツ曲線はその国の所得分布が平等で
あればあるほど直線 AC に近くなり，不平等であればあるほど折れ線 ABC
に近づきます。

■図表 10-9　ローレンツ曲線とジニ係数

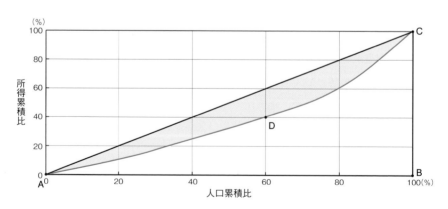

■図表 10-10　民主政治と所得分配

(%, 2010-18 年平均)

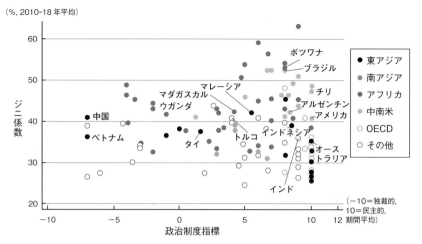

(出所)　政治制度指標は Polity Ⅳ の polity 2，ジニ係数は世界開発指標，および OECD iLibrary の
　　　　データを利用して筆者作成。

　ジニ係数とは，曲線 ADC と直線 AC で囲まれた面積と三角形 ABC の面積
の比で，0 から 1 の間の値をとります。不平等度が高いほどローレンツ曲線
（ADC）は折れ線 ABC に近づくので，ジニ係数は大きくなります。

　図表 10-10 は，政治制度とジニ係数との関係を表しています。この図から
は，民主的な国の方がジニ係数が低い，つまり所得分布が平等であるという
アセモグルらの主張は見出されません。政治制度と所得格差との関係は，民
主的になると所得が平等化するという単純なものではなく，もし関係がある
としても，何らかの条件が必要のようです。例えば，民主的でかつ所得格差
が小さい国はすべて所得の高い先進国であることから，政治制度と所得格差
と所得レベルが複雑に絡み合って，互いに作用しているのではないかと推測
されます。

▶ 経済成長と所得格差──クズネッツの逆 U 字型仮説

　では，所得レベルと所得格差とはどのように関係しているのでしょうか。

この関係について, サイモン・クズネッツは1950年代に有名な逆U字型仮説を唱えました[8]。つまり, 非常に貧しい国では人々は一様に貧しく, その意味では平等度が高いのですが, 経済が成長するにつれて所得分配は不平等化していき, さらに所得レベルが上がると, 今度はむしろ所得格差が緩和されていくというのです。

クズネッツによると, 貧困国では経済発展とともに所得格差が拡大するのには, 次の2つの理由があります。まず第1に, 貧困国において経済が発展すると, やや所得の高い小金持ちが出てきます。非常に貧しい人は所得のほとんどを生活のために使ってしまって貯蓄ができませんが, 小金持ちは貯蓄をする余裕があります。貯蓄をすれば利子所得が入ってきますから, 貧しい人と小金持ちの格差がどんどん広がっていきます。

もう一つの原因は, 産業化および都市化です。経済が発展するにつれ, 農業から工業, サービス業への産業転換が起き, それとともに人々は農村から都市へと移動していきます。第6章で詳しく述べたように都市に産業が集積することによって生産性は上昇しますから, 都市での所得は農村での所得よりも高く, そのために都市化の進行とともに所得格差が拡大していくのです。

さらに経済が発展すると所得はむしろ平等化する理由としてクズネッツが考えたのは, アセモグルらと同様の政治的なものです。先進国になって民主化が進むにつれ, 所得の再分配の要求が高まり, 累進課税や相続税などによって所得の再分配を測ろうとする傾向があるのです。

このような所得レベルと所得格差の逆U字の関係は確かに成り立っているのでしょうか。図表10-11は, 1980年代, 90年代, 2000年代, 2010〜18年の4期間について, 世界各国の1人当たりGDPとジニ係数との関係を表したものですが, 必ずしも逆U字のようには見えません。さらに, 図表10-12はいくつかの国について1980年代から2018年までの所得レベルと所得格差の経年変化を示したものです。途上国については, 1人当たりGDPが5000ドルの中所得国レベルまでは所得が上がるほど所得格差が拡大し, 5000〜10000ドルを超えると格差が下がっていくという傾向にあります。しかし,

---

8 Kuznets S. (1955), "Economic growth and income inequality," *American Economic Review*, 45, 1 –28.

■図表 10-11　所得レベルと所得分配

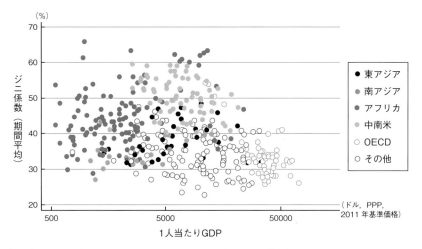

（出所）　世界開発指標，Penn World Table のデータを利用して筆者作成。
（注）　1980 年代，90 年代，2000 年代，2010〜18 年の 4 期について，各国のジニ係数の平均，1 人
　　　当たり GDP の平均を表す。

■図表 10-12　各国の所得レベルと所得分配の経年変化

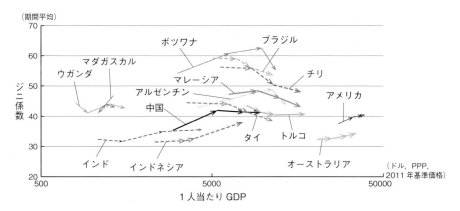

（出所）　世界開発指標，Penn World Table のデータを利用して筆者作成。
（注）　1980 年代，90 年代，2000 年代，2010〜18 年の 4 期について，各国のジニ係数の平均，期初
　　　の 1 人当たり GDP の推移を表す。矢印の先に行くほど最近のデータを表すが，中国につい
　　　ては 1980 年代のデータが欠落している。

パリ経済学校のトマ・ピケティが主張するように[9]，アメリカ，オーストラリアなどの先進国については逆に所得が上昇するにつれ，不平等度も上がっています。

　ですから，図表 10-11 や図表 10-12 からだけで，クズネッツの逆 U 字型仮説が本当に成り立っているか，必ずしもはっきりとした判断ができません。実は，クズネッツの逆 U 字型仮説の検証については，計量経済学を用いた実証研究がたくさんありますが，逆 U 字が成り立っているとするものもあれば，成り立っていないとするものもあり，はっきりした結論は出ていません。

　これは，一つには所得格差が所得成長に影響するという逆の因果関係もあり，所得レベルが格差に与える影響と切り分けるのが難しいからです。例えば，ハーバード大学のロドリックらは，所得格差の低い国において投資が活発になり，成長が進むことを見出しています[10]。さらに，所得格差と所得レベルの関係に政治制度も絡んで，互いに作用しあいながら複雑に関係しているために，より所得レベルの所得格差に対する影響がわかりにくくなっていると考えられます。

▶ グローバル化と所得格差

　最後に，グローバル化と所得格差拡大の関係について整理しておきましょう。パリ経済学院のトマ・ピケティは『21 世紀の資本』（みすず書房）で，多くの国で 1980 年代以降に国内の所得格差が拡大していることを示しています。より直近のデータを見ても，確かにアメリカでは所得格差の拡大が顕著で，日本やヨーロッパ諸国など他の先進国でもある程度の拡大が認められます。この要因として，貿易や投資など国境を越えた経済活動の活発化（グローバル化）が一つの要因として実証的に示されています[11]。先進国が途上

9　Piketty T. (2014). *Capital in the Twenty-First Century*, Belknap Press. (山形浩生，守岡桜，森本正史 (訳) (2014)『21 世紀の資本』，みすず書房。)

10　Alesina A. and Rodrik D. (1994). Distributive Politics and Economic Growth. *The Quarterly Journal of Economics*. 109(2), 465-90.

11　Jaumotte, F., Lall, S., and Papageorgiou, C. (2013). Rising Income Inequality: Technology, or trade and financial globalization? *IMF Economic Review*. 61, 271-309.

国の低賃金労働者が生産した価格の低い製品を輸入すると，先進国市場で途上国の製品と自国製品との競争が激化します。それによって，先進国の非熟練労働者の賃金が途上国の賃金水準にまで押し下げられてしまうのです。このことは，国際貿易論でストルパー・サミュエルソンの定理として知られています。

　しかし途上国においては，むしろグローバル化の進行とともに国内の所得格差が縮小する傾向にあるということが見出されています。これは，第6章で述べたように国際貿易や投資にともなって途上国の技術が進歩し，しかもその恩恵が幅広く国内に行き渡っていることを示しています。

　さらに重要なのは，グローバル化とともに先進国と途上国の所得格差が縮小していることです。1990〜2000年には先進国の代表であるOECD（経済協力開発機構）諸国の平均1人当たりGDP成長率は1.9%だったのに対して，中所得国は1.5%，低所得国では−1.0%でした。しかし，グローバル化が進んだ2000〜2007年（図表6-1，6-2参照）にはOECD諸国が1.7%成長だったのに対して，中所得国は5.1%，低所得国でも2.5%でした。途上国は先進国よりも高い成長率を達成することで，先進国との格差を縮めているのです。

　スイスの国際・開発研究大学院大学のリチャード・ボールドウィンは，先進国と途上国の格差縮小を「大収斂」と呼んでいます[12]。ボールドウィンは，この大収斂が可能となったのは，途上国が第6章で紹介したグローバル・サプライチェーンに組み込まれたためだと考えています。グローバル・サプライチェーンに組み込まれるには，ある特定の部品を生産する能力があればよく，それによって途上国が高い経済成長を遂げることが可能となったのです。以前であれば，加工食品や繊維産業などのローテク産業からはじまって，徐々に機械や電子電機などのハイテク産業に移行することが経済成長に必要で，なかなかそれは困難だったのですが，今は必ずしもそうではありません。つまり，グローバル・サプライチェーンの拡大が先進国と途上国の所得格差の縮小に役立っていると言えるのです。

---

[12] リチャード・ボールドウィン（2018），『世界経済——大いなる収斂　ITがもたらす新次元のグローバリゼーション』，日本経済新聞出版社。

10.6 まとめ

1. 政治制度と経済制度は互いに補完的なため，包摂的な政治制度（民主政治）と包摂的な経済制度（公共サービスが提供された自由主義経済）が共存した社会も，収奪的な政治制度と収奪的な経済制度が共存した社会も安定的です。ただし，現実には収奪的な政治制度の下で，包摂的な経済制度が共存することもあります。

2. 実証的には，民主化によって経済成長率が上昇するのかは，必ずしも明確ではありません。ただし，独裁政治の下で高い経済成長を遂げた例は少なくない一方，大きなマイナス成長となることもあります。ですから，民主政治は安定した経済成長を達成できる，リスクの小さな政治制度だと言えます。

3. 独裁政権であっても，独裁者に圧力をかけられる選択民が存在していれば，高い経済成長を達成できる可能性が高くなります。

4. 政治制度と所得の不平等度との関係も必ずしも明確ではなく，所得レベルと所得の不平等度の逆 U 字型仮説も十分に実証されたわけではありません。これは，政治制度，所得の不平等，所得レベルが互いに作用しあいながら複雑に関係しているためだと考えられます。

キーワード

民主主義，政治制度，包摂的な政治制度，包摂的な経済制度，収奪的な政治制度，独裁政治，収奪的な経済制度，クローニー・キャピタリズム，中央集権化，政治制度と経済制度の補完性，成功した独裁政権，開発独裁，独裁者，選択民，所得の不平等度，ジニ係数，ローレンツ曲線，逆 U 字型仮説，所得格差，グローバル化

練習問題

(1) ジェトロ・アジア経済研究所のウェブサイト（https://www.ide.go.jp/Japanese/）を訪れ，トップページの「地域・国別にみる」から興味のある国をいくつか選んで，その国の政治制度と経済状況を調べてみましょう。特に，アジア諸国については「アジア動向データベース」に毎年の状況が詳細に記されています。

(2) Polity IV のウェブサイト（https://www.systemicpeace.org/polity/polity4.htm）

を訪れ，自分の興味のあるいくつかの国について，政治制度がどのように変化してきたかを調べ，比較してみましょう。さらに世界銀行のウェブサイト（https://data.worldbank.org/country）を利用して，それらの国の1人当たりGDP（GNI）や貧困率の推移を調べて，政治制度と経済発展の関係を見てみましょう。

第11章

農 村 開 発

　多くの途上国において，人口のかなりの大きな割合は農村で暮らしています。ですから，途上国の経済発展を論じるにあたって，農村の発展に特に注目せざるを得ません。この章では，農村の発展が途上国の経済発展においてどのような意味を持つか，どのようにしたらそれが可能なのかを考察します。

11.1　経済発展における農業の役割

▶ 途上国における農業

　まず，途上国の農業（以下，農林水産業を農業と略称します）の現状を見てみましょう。図表11-1は，いくつかの途上国について，1980年から2018年までのGDPに対する農業付加価値額の割合を示しています。多くの途上国で農業の割合は下がってきていますが，日本では1.2%，アメリカで1.3%，フランスで1.9%と先進国では概ね1〜2%程度（2012年）であるのにくらべると，まだまだ農業の割合が高いことがわかります。

　ただし，国ごとに相当な差があり，アルゼンチンやブラジルの中南米諸国および中国では，すでに農業生産の割合は10%以下となっています。タイ，インドネシアの東南アジア諸国，インド，バングラデシュの南アジア諸国は10〜20%でそれに次ぎ，ガーナ，ケニアのサハラ以南アフリカ諸国および東南アジアでもカンボジアのように所得レベルの低い国では，まだ20%以上の割合です。図表11-2から明らかなように，一般的に所得レベルが高い

■図表 11-1　GDP に対する農業付加価値額の割合（1980〜2018 年）

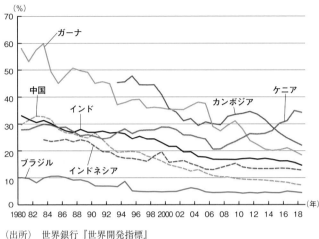

（出所）　世界銀行『世界開発指標』

■図表 11-2　1 人当たり GDP と農業付加価値額の割合（2018 年）

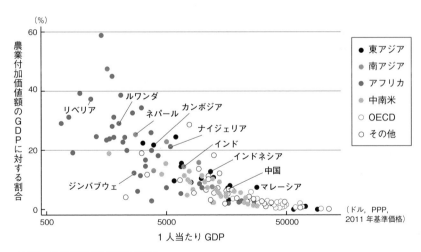

（出所）　世界銀行『世界開発指標』

■図表 11-3　総労働人口及び総付加価値額に占める農業のシェア（2018 年）

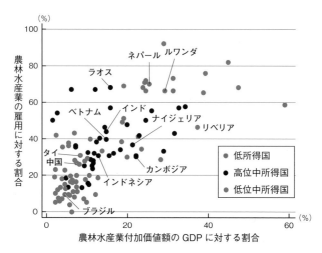

（出所）　世界銀行『世界開発指標』（低所得国，中所得国のみを抽出）

■図表 11-4　農業における 1 人当たり付加価値生産額と 1 人当たり GDP の比（2018 年）

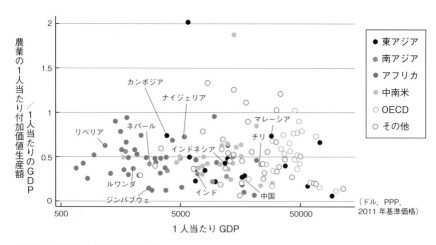

（出所）　世界銀行『世界開発指標』

ほど，一国経済の中での農業の割合は低下していきます。

　図表 11-3 は，世界銀行の定めた低所得国と中所得国について，総労働人口及び総付加価値額に占める農業のシェアを比較したものです。これを見ると，総付加価値額におけるシェアにくらべて，総労働人口におけるシェアの方が大きい国がほとんどであることがわかります。また農業人口が占める割合は，多くの低所得国では 60% 以上，低位中所得国でも 30 から 60% 程度です。つまり，途上国では多くの人々が農業に従事していますが，その割には農業の生産額が低いのです。

　これは，農業における 1 人当たりの付加価値生産額が，非農業にくらべると非常に小さいことを意味します。図表 11-4 は，世界各国の農業における労働者 1 人当たり付加価値生産額（**農業労働生産性**）と労働者 1 人当たり GDP，つまり全産業における労働生産性の比を 1 人当たり GDP を横軸にして表したものです。確かに，ほとんどの国で農業労働生産性は全産業平均にくらべて小さく（比が 1 以下），全産業平均の半分以下しかない国が 60% を占めています。25% 以下の国も全体の 17% あり，その多くは途上国です。

　このように，途上国における農業の生産性が工業やサービス業にくらべて極端に低い現状では，一見，途上国の経済発展にとって農業はお荷物でしかなく，経済発展のためには農業のことは差し置いて，工業やサービス業の発展に力を注いだ方がよいようにも見えます。しかし，その考えは一面では正しく，一面では間違いです。

▶ 農業における生産性成長の役割

　正しいというのは，確かに一般的には農業の生産性は他の産業にくらべると低いので，農業中心で経済発展するというのはあまり考えられないからです。反面，経済全体における農業の割合が非常に大きいことを考えると，農業生産性が成長することなしに経済全体が成長することも考えられません。実際，図表 11-5 に示されるように，1991～2018 年までの農業の労働生産性成長率と 1 人当たり GDP 成長率との間には強い相関があります。高成長を遂げた東アジア諸国では農業労働生産性成長率も高く，少なくとも 2000 年ごろまでは成長が停滞していたアフリカでは農業成長率も低かったのです。

■図表 11-5　**農業労働生産性成長率と 1 人当たり GDP 成長率**

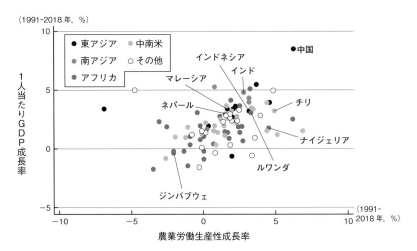

（出所）　世界銀行『世界開発指標』
（注）　農業労働生産性は農業の労働者 1 人当たり実質生産額で表します。先進国は図から除いています。

　また，農業の成長は農村の最貧困層の貧困削減に役立ちます。途上国農業の生産性が低く，農民の所得が著しく低いからこそ，何とかして生産性を引き上げて，農民を絶対的な貧困から救い出すことが必要なのです。

　農業の生産性成長と経済全体の成長が相関するもう一つの理由は，農業の生産性が向上することで，むしろ農業から工業などの非農業へと労働力が移動していくことです。非農業生産に牽引された経済発展が起きるためには，農業から非農業へと労働力が移動していく必要があります。しかし，農業の生産性が低ければ，国民を養うのに十分な食糧を生産するために多くの労働力が農業に必要になり，農業従事者が非農業へと移動できません。

　むろん，工業に比較優位があるのであれば，農業生産をやめてしまって工業に特化し，工業製品を輸出して農産物を輸入することで国民の厚生は上がります（第 6 章）。しかし，途上国は工業に比較優位がありませんから，どうしても自国で食糧を生産する必要があります。ですから，食糧生産量を確保しつつ，豊富にある農村の労働力を工業に移していくには，農業の生産性

を上げる必要があるのです。実際，農業生産性が急上昇した中国では（図表11-5），急激に農業従事者が減っています（図表11-3）。農村にいた人たちがいわゆる（農）民工として都市に流入して工業に従事することで，中国の高成長を支えたのです。日本でも，戦後地方から中学校を卒業したばかりの人たちが東京や大阪などの大都市に大挙して流入し，「金の卵」と呼ばれて製造業分野での貴重な労働力となりました。

11.2　農業から非農業部門への労働移動

▶ インフォーマル・セクター

このように農業部門から非農業部門への労働移動が途上国の経済発展にとって重要な役割を果たすわけですが，農民は非農業部門でどのような職業に就くのでしょうか。製造業の工場で勤務するというのも一つの典型的な例ですし，大きな商店や飲食店で働く人もいるでしょう。

しかし，教育を十分に受けることができなかった農民にとっては，そのようなフォーマル（正式）な職に就くのはそれほど簡単なことではありません。正式な登記をしていない零細な作業所や店で働いたり，露天商として道路で新聞やタバコを売ったり，屋台で飲み物や食べ物を売ったり，ゴミ集積所で再生利用可能なゴミを拾って売ったりする人も少なくありません。国際労働機構（ILO）によると，途上国でこのようなインフォーマル・セクターで働く人たちは，非農業雇用全体の約7割となっています（図表11-6）。

このようなインフォーマル・セクターの人々はフォーマル・セクターにくらべて所得は低くなりがちです。したがって，途上国の都市においては，インフォーマル・セクターで働く貧困層が，スラムと呼ばれる下水道や電気などの公共インフラが整備されていないような地域に密集して住んでいることがよく見られます。

▶ 非農業部門への移動の影響

このように，農業から非農業部門への労働移動は経済成長の過程において

225

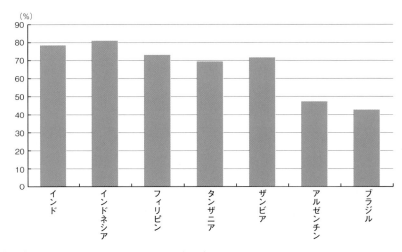

（出所）　International Labour Organization（2018）. Women and Men in the Informal Economy: A Statistical Picture. Geneva: ILO.
（注）　国によって異なりますが，概ね 2010 年代前半の数字を表しています。

不可欠であるものの，**都市における貧困**という新たな問題を引き起こす可能性があります。実際，筆者と世界銀行のルック・クリスチャンセンの共同研究では，52 か国の途上国のデータを使って，農村から大都市への労働移動によって 1 人当たり GDP 成長率は増加するものの，貧困層が全人口に占める割合は下がらず，所得の不平等度はむしろ上がることが示されています[1]。

しかし，農民は必ずしも首都などの大都市へと移動するだけではありません。近郊の町や地方の中規模都市へと移住する場合もあります。例えば，第 7 章 7.1 節で紹介したエチオピアの 7 万人規模の町の市場に集積した仕立屋さんがその好例です。エチオピアの農民がいきなり首都のアジスアベバの市場で仕立屋さんをやるのは競争が厳しくて難しくても，地方の町でなら何とかなるかもしれません。むろん，うまくいけばアジスアベバで店を開く方が

1　Christiaensen L. and Todo Y.（2014）. Poverty reduction during the rural-urban transformation-the role of the missing middle. *World Development*. 63, 43–58.

儲かるのでしょうが，大都市で失敗するリスクを背負いたくない人も多いのです。

先に紹介した筆者らの研究によって，このような中規模以下の都市（人口100万人以下）への労働移動は，1人当たりGDP成長率にはそれほど影響しませんが，貧困削減や所得格差の縮小に役に立つことが示されています。

▶ タンザニアにおける非農業部門への移動

例えば，タンザニアにおける例を見てみましょう[2]。3000世帯以上を対象にした大規模な調査によると，1991〜94年時点では58％が絶対的な貧困ライン以下の消費レベルであると判断されましたが，2010年には30％にまで下がっています。このうち，1990年代から2010年まで農村に留まった世帯の中では，貧困世帯のシェアは67％から44％と2/3程度になりました。しかし，農村から中規模都市に移動した世帯では，貧困世帯のシェアは64％から25％へと半分以下となり，大都市へ移動した世帯では53％から2％へと劇的に減少しています（図表11-7）。

これを見ると，途上国52か国全体の傾向とは異なり，タンザニアでは大都市への移動が貧困削減に大いに役に立っているように見えます。しかし，絶対数を見ると，農村から中規模都市に移動した人が1106世帯いるのに対

■図表11-7　タンザニアにおける農村からの労働移動

	世帯数	1991〜94年時点での貧困率(%)	2010年時点での貧困率(%)	貧困から脱出した世帯数
農村→農村	1369	67	44	304
農村→中規模都市	1106	64	25	434
農村→大都市	219	53	2	113
中都市→大都市	91	8	5	24
計	3301	58	30	945

（出所）　Christiaensen et al.（2013）[2]。

2　Christiaensen L., Weerdt J. and Todo Y.（2013）. Urbanization and poverty reduction: the role of rural diversification and secondary towns. *Agricultural Economics*. 44(4–5), 435–47.

して農村から大都市に移動したのは 219 世帯しかいません。ですから，貧困から脱出した世帯の絶対数で見れば，中規模都市へ移動した世帯（434）の方が大都市へ移動した世帯（113）よりもはるかに多いのです。このことから，やはり農村から中規模都市への移動は貧困削減に貢献しているということができます。

また，農村に留まっている世帯や中規模都市に移動した世帯にくらべると，大都市に移動した世帯の貧困率が 1990 年代時点でもすでに低かったことも注目に値します。このことは，大都市に移動する農民はもともと何らかのスキルを持っていて所得レベルが比較的高かったケースが多いことを示唆しています。半面，中規模都市に移動した世帯と農村に留まった世帯のもともとの貧困率は同じくらいですので，農村に留まった人と同じような人たちがあまりスキルを必要としない中規模都市へと移動することで，貧困から脱出することが多かったと判断できます。

ですから，農村で絶対的な貧困に陥っている農民のうち，スキルに長けた者が生産性の高い大都市の工業に移動し，十分にスキルのない者は近郊の中規模都市へ移動することで，経済全体の成長と貧困削減とをバランスよく達成することが必要だと言えます。

11.3　農業技術の普及

▶ 高収量品種の普及

次に，農業部門自体の成長について考えてみましょう。農業の生産性を上げるには，他の産業と同じくイノベーションや模倣，新技術の導入が必要です。農業分野での著しい技術進歩は，1960 年代後半に国際的農業研究機関である国際稲研究所（IRRI）や国際トウモロコシ・コムギ改良センター（CIMMYT）などが，品種改良によって在来品種よりも高い収量のコメや小麦などを開発したことによってもたらされました。これらの**高収量品種**が普及した世界の多くの地域では，農業の反収（単位面積当たりの収穫量）や生産性が大きく向上したのです。これを「**緑の革命**」と呼びます。

　ただし，このような高収量品種は世界中どこでも普及しているわけではありません。高収量品種の普及率は，アジア（東・東南・南アジア）では1998年にはすでに82%に達していましたが，アフリカではわずかに27%でした。その後，アフリカでも高収量品種の普及が進み，2005年までには小麦では70%，トウモロコシで45%，コメで26%となりました[3]。トウモロコシについては，2010〜12年にはエチオピアで28%，タンザニアで35%，マラウィで43%，ウガンダで54%，ナイジェリアで95%だったという報告もあります[4]。それでもアジアや中南米にくらべると十分に普及が進んでいるとは言えません。

　農業における新しい技術は高収量品種だけではありません。化学肥料や農薬，トラクターなどの農業機器の利用もそうですし，逆に化学肥料や農薬をなるべく使わない有機農法を効率的に行うための技術もそうです。これらの農業技術の普及がアフリカをはじめとする貧困国で進まないことが，経済全体の発展の足かせになっているのです。

　しかし，途上国に新しい農業技術が普及しないのは，その国に技術が全く伝わっていないからではないことが多いのです。例えば，エチオピアには農業技術の普及制度が整っています。全国に国立の農業技術センターが点在して，それぞれの地域に適切な品種や技術の開発を行っており，その技術はそれぞれの農村に政府から派遣された農業技術普及員に伝えられます。普及員は農業専門学校で専門教育を受けた人々で，その技術を直接農民に伝えるのです。しかし，農業普及員が高収量品種や肥料について農民に教えたとしても，必ずしも皆がそれを取り入れるとは限りません。それはなぜなのでしょうか。

▶ 途上国農民は非合理的か

　途上国農民が新しい技術を受け入れない理由を，気候や文化のせいで彼らがもともと怠け者だからだと考える人もいるかもしれません。いくら自分の

3　Pingali P. L.（2012）. Green Revolution: Impacts, limits, and the path ahead. *Proceedings of the National Academy of Sciences*. 109(31), 12302–08.

4　Sheahan M. and Barrett C. B.（2017）. Ten striking Facts about Agricultural Input use in Sub-Saharan Africa. *Food Policy*. 67, 12–25.

収入が上がるような新しい技術であっても，それを取り入れようとする意欲をもともと持っていないというわけです。また，途上国の農民は伝統的な価値観を最重要視するために，新しい技術を取り入れることはしないのだという考え方もあります。これは，1970 年代にジェームズ・スコットなどが唱えた「モラル・エコノミー」の概念と同様のものです[5]。

しかし，スコットは 40 年前のマレーシアの農村での観察でそのような考えに至ったのですが，マレーシアを含むアジア諸国では，その後新しい技術を積極的に取り入れて高い農業生産性成長を遂げています。このことは，途上国の農村の人々は，もともと怠け者でも何でもなく，先進国の人々と同じように向上心を持ち，**合理的**に行動する人間であることを示唆しています[6]。

ですから，途上国の農民を「怠惰だ」とか「伝統的価値観に縛られている」と判断せずに，彼らがそのように行動している合理的な理由を深く分析することが必要です。例えば，怠けているように見えるのは，一生懸命に働いても自分にとって利益とならない社会の制度があるからかもしれません。伝統的価値観に縛られているように見えるのは，新しいことを取り入れることに対するリスクを農民が見通しているからかもしれません。

むろん，ノーベル賞を受賞したダニエル・カーネマンらによって発展した**行動経済学**が考えるように[7]，人間は完全には合理的ではありません。しかし，それならそれでなぜ非合理的なのかというところまで分析することができれば，どのようなことが途上国の農業の生産性向上の障壁となっていて，どうすればそれを取り除けるかがわかるはずなのです。例えば，カーネマンの提唱する**プロスペクト理論**は，人間がある金額を得た時に感じる幸福感の増加分よりも，同じ金額を失った時の幸福感の減少分の方が大きいことを社会実験によって実証しています。これが途上国の農民にもあてはまるのであれば，農民は失敗することを恐れているから新技術を導入していないという

5 Scott J. C. (1976). *The Moral Economy of the Peasant*. New Heven: Yale University Press. (高橋彰 (訳) (1999)『モーラル・エコノミー——東南アジアの農民叛乱と生存維持』，勁草書房。)

6 サミュエル・ポプキンも同じようにスコットを批判しました。
　 Popkin S. L. (1979). *The Rational Peasant: the Political Economy of Rural Society in Vietnam*. Berkeley: University of California Press.

7 Kahneman D. (2011). *Thinking, Fast and Slow*. Farrar, Straus and Giroux. (村井章子 (訳) (2014)『ファスト＆スロー（上）（下）——あなたの意思はどのように決まるか？』，早川書房。)

可能性があります。それならば，新技術を導入して失敗した場合にも政策的な手当てをすることによって，伝統に縛られていたように見える農民を新技術導入に導くことは可能です。（これらの点については，以下で詳述します。）

▶ 開発のミクロ経済学

このように，途上国の農民や零細企業主も自分たちの利益を追求して合理的に行動していると考え，一見非合理に見える行動の原因を探ろうとする学問を「開発のミクロ経済学」（Development Microeconomics）と呼びます。開発のミクロ経済学は，途上国農民や零細企業の行動を理論的に分析するだけではなく，理論から予測される行動を実際に農民や企業から集めたデータ（これをミクロ・データと呼びます）で実証することで，どのような障害が途上国の経済発展を阻んでいるのかを，正確に見極めようとしています。

開発のミクロ経済学の立場から途上国における新技術の普及を分析した研究は，新技術の導入によって農民が得られる利益がその費用を上回るのであれば，農民は新技術を導入するはずだと考えます。ただし，後で詳しく述べるように，得られる利益は天候などによって左右されますから，正確に言えば，新技術を導入した時に予測される厚生（幸福度）が導入しない時の厚生よりも大きい時に，新しい技術を取り入れるのです。そのような研究から，新技術の普及が進まない主要な原因が見出されていますが，それを次節以降で紹介していきましょう[8]。

11.4　農業技術の普及における学習の役割

▶ 自分自身の実験的導入による学習

途上国において新しい農業技術が普及しない理由の一つは，そもそも新技術の導入による利益がどのくらいになるのかがわからないことです。農業に

---

[8]　これらの研究に興味のある人は以下のサーベイ論文も参照してください。
　　Takahashi K., Muraoka R. and Otsuka K. (2019). Technology Adoption, impact, and extension in developing countries agriculture: A review of the recent literature. *Agricultural Economics*. 51(1), 31–45.

おいては，ある地域で開発された高収量品種を利用しても，気候や土壌など
の環境の違う地域では高い収量を得られないということはよく起こります。
同じ自然環境でも，灌漑設備の整った農業研究センターの実験圃場では高い
収量が得られても，灌漑設備のない農地ではむしろ伝統的品種よりも収量が
低い，もしくは灌漑設備はあっても水管理が十分に行われていない農地では
それほどの収量とはならないこともあります。

　このように新技術導入によって自分が得られる利益がはっきりしなければ，
まずそれを明らかにする必要があります。そのためには，自分自身の農地で
少しそれを試してみたり，すでに技術を導入した近隣の農民から情報を得た
りしなければなりません。ですから，自分自身の経験から学んだり，社会ネ
ットワークを通じて学習したりすることが重要なのです。

　1960年代後半から1970年代にかけてのインドの緑の革命の過程を分析し
た研究は，確かに農民は自分の農地の一部でまず実験的に高収量品種を導入
した後に本格的に導入していくことを見出しました[9]。また，村全体で高収
量品種の導入面積が大きければ農民個人も導入しやすい傾向にありましたが，
これは社会ネットワークによって新技術が利益を生むことを学んでいること
を示しています。

　ただし，近隣の農民の農地が大きいほど，高収量品種を栽培する農地がむ
しろ減ることも見出されています。これは，大地主が近隣にいる場合には，
自分が実験的に導入して失敗するリスクを避けて，大地主に実験的導入をし
てもらうのを待っているためだと解釈できます。

　同じインドの緑の革命で，コメと小麦の高収量品種の普及の過程を比較し
た研究もあります[10]。その結果，コメの場合には自分の農地での実験的導入
の経験が高収量品種の導入を左右する反面，小麦では村全体の導入面積がカ
ギでした。これは，コメは自分自身の実験的導入によって学習するのが重要
なのに対して，小麦では社会ネットワークによる学習が重要だということを
示しています。その理由は，コメの場合には栽培環境の違いによって高収量

9　Foster A. D. and Rosenzweig M. R. (1995). Learning by doing and learning from others: Human capital and technical change in agriculture. *Journal of Political Economy*. 103(6), 1176-209.

10　Munshi K. (2004). Social Learning in a Heterogeneous Population: Technology Diffusion in the Indian Green Revolution. *Journal of Development Economics*. 73, 185-213.

品種の収量に大きな差が出るのに対して，小麦ではあまり差が出ないことから来ているようです。つまり，コメの場合には同じ村の農民がうまくいっているからといって自分もうまくいくとは限らないので，自分で試行錯誤しながらやる必要があるのです。

インドでは各村にパイロット農家（新技術を実験的に試す農家）がいて，その農家から新技術が普及していくシステムになっています。この分析結果から，そういう普及システムは小麦の場合にはうまくいくはずですが，コメの場合にはさらに個別の農家のニーズに対応したシステムが必要であると考えられます。

▶ 社会ネットワークを通じた技術普及

すでに上で述べたように，社会ネットワークを通じて新技術導入の利益を学習したり，そもそも新技術について知識を得ることは重要な技術普及の決定要因です。社会ネットワークの役割について，ガーナのパイナップル栽培における化学肥料の普及を例にとって，より詳細に分析した研究を紹介しましょう。この研究は，農民が近隣の誰から農業技術について情報交換していて，さらにその近隣の農民がどの程度の肥料を使ってどの程度の収穫を得たかまで調べて分析を行ったのです[11]。

その結果，自分と違う量だけ化学肥料を使って収穫量が多かった近隣の知り合いがいた場合や，自分と同じ量だけ肥料を使って収穫量が少なかった知り合いがいた場合には，農民は自分の化学肥料の使用量を調整する傾向にあることがわかりました。これは，農民が社会ネットワークを通じて，何とか適切な知識を得ようとして努力していることを示しています。つまり，この結果からは，怠惰で因習にとらわれた農民ではなく，様々な制約の中で合理的に行動して利益を上げようとする農民の姿が浮かび上がってきているのです。

さらに，政策研究大学院大学の高橋和志らが西アフリカのコートジボアールで行った研究では，農民をランダムに選び，正条植えや地面の均平化など

---

11 Conley T. G. and Udry C. (2010). Learning about a new technology: Pineapple in Ghana. *American Economic Review*. 100(1), 35-69.

稲作の基本的な技術を伝授して，その技術が他の農民に普及していくかを検証しました（なお，このようにランダムに対象者を決めて介入的施策を行い，その効果を計測するという社会実験を使った実証研究の方法は，開発経済学において主流となっています。このような手法をランダム化比較試験（randomized controlled trial，略して RCT）と呼びますが，RCT については第13章で詳述します）。その結果，最初に技術を伝授された農民からその知り合いに技術が伝えられ，2年のうちに村の多くの農民がその技術を習得したことがわかりました[12]。つまり，2年間のうちには技術は直接の知り合いに伝わっただけではなく，社会ネットワークを通じて間接的な知り合いにも伝わったのです。

ただし，すでに第8章でお話ししたように，社会ネットワークのあり方によって技術普及に対する効果が変わってくる可能性があります。例えば，農民から農民へと技術が普及していくとしても，最も効率よく普及させるにはまず誰に技術を教えればよいのかは，財源の限られた政策担当者にとっては重要な問題です。

この点について，アフリカのマラウィで行われたある研究を紹介しましょう。この研究では，200村で前もって農民の社会ネットワークを調査した後，いくつかの村をランダムに選んで，それぞれの村で2人の農民を選んで新しい農業技術を教えました。ここで教えられたのは，地面に穴をあけて種を植える穴植えと，作物が収穫された後に畑に残存する作物残渣の利用法で，どちらも土壌からの栄養分の流出を抑える働きがあります。しかも，村によってまず技術を習う2人の選び方をランダムに変えて，ある村では従来のやり方にのっとって村長が選ぶ方法をとり，別の村ではその村の社会ネットワークで中心的な人を選ぶ方法を採りました。この実験の結果，ネットワークの中心にある人を選んで技術を教えた方が，他の農民にも技術の普及が進みやすいことがわかりました[13]。

12　Takahashi K., Mano Y., and Otsuka K. (2019). Learning from Experts and Peer Farmers About Rice Production: Experimental Evidence from Cote D'ivoire. *World Development*. 122, 157-169.

13　Beaman L., BenYishay A., Magruder J., Mobarak A. M. (2018). Can Network Theory-Based Targeting Increase Technology Adoption ? *NBER Working Paper*, No. 24912. National Bureau of Economic Research.

　ただし，この研究の著者の1人も関わったマリの農民を対象にした別の研究[14]や，一橋大学の李根雨や東京大学の鈴木綾らがベトナムのエビ養殖農家を対象に行った研究[15]では（両方とも RCT によるものです），中心的な農民を選択する方法と無作為に農民を選択する方法では，技術の普及の程度に違いはありませんでした。ですので，効率的な技術の普及のためには，最初に技術を伝える人を恣意的に選ぶ「ターゲティング」が必要かどうかは必ずしも明らかではありません。その国の置かれた状況や，技術の性質によっても結論が変わる可能性があり，今後さらなる研究が必要です。

　また第8章では，ネットワークがクラスター化され，人々が密につながっている（自分の知り合い同士も互いを知っている）場合と，ネットワークがスモールワールドを形成して，人々が間接的に短いステップでつながっている場合とでは，情報の波及の度合いが異なる可能性を述べました。例えば，途上国農村の文脈ではありませんが，ネットワークと行動の伝播との関係を分析したセントーラの研究では，クラスター化されたネットワークの方が，同じ情報を複数の人から得ることで情報の確度が上がるので新しい知識が取り入れられやすいことを RCT で示しています。

　また，第8章8.3節では，筆者自身によるエチオピアの研究も紹介しました。そこでの重要な発見は，簡単な技術の場合には普及員とのつながりだけで普及が進むけれども，難しい技術の場合には，たくさんの人を知っていてかつその人たちが知り合い同士であることが普及の条件になっているということです。後者の結果は，セントーラの言うように，多くの人から同じ情報を聞くことで情報の信頼性を高める必要があるということを示唆しています。

　しかし，この筆者らの研究は他の研究と異なり，RCT を基にしたものでありません。したがって，どのようなネットワーク構造が途上国農村の文脈で技術の普及に役に立つのかについては，まだまだ研究が必要です。ましてや，そのような技術普及に有効なネットワーク構造がわかったとして，どの

14　Beaman L. and Dillon A. (2018). Diffusion of Agricultural Information within Social Networks: Evidence on Gender Inequalities from Mali. *Journal of Development Economics*. 133, 147-161.

15　Lee G., Suzuki A., and Nam V. H. (2019). Effect of Network-Based Targeting on the Diffusion of Good Aquaculture Practices among Shrimp Producers in Vietnam. *World Development*. 124, 104641.

ようにしてそれを構築できるのかはほとんどわかっていないといってよいでしょう。

11.5　農業技術の普及におけるリスクの影響

▶ 新技術導入のリスク

　新技術に伴うリスクもその導入の大きな障害となります。もし新品種を導入して，運がよければ利益が2倍になるけれども，運が悪ければむしろ損をするのであれば，その導入に躊躇する農民が多いのもうなずけます。

　しかも，人間の本質的な感情が，新技術導入のリスクを様々な形で増幅します。それを考えるために，単に1000円もらうのと，サイコロを振って偶数の目が出たら2000円もらえるけれども奇数だと100円もらうのと，どちらかを選べるような状況を考えましょう。とにかく1000円もらうのが，勝手知ったる伝統技術を使い続けてこれまで通りの利益を得ることに，サイコロを振るのがリスクのある新技術導入に対応します。奇数が出るのも偶数が出るのも確率は1/2ですから，サイコロを振った時の期待値（もらえる金額の平均値）は1/2×2000＋1/2×100＝1050円です。ですから，何だかサイコロを振った方が得のようですが，おそらくサイコロを振らずに1000円もらうのを選ぶ人が多いのではないでしょうか。

　それがなぜなのかを，もらう金額とそれによって得られる効用（幸福度）の関係を表す効用関数を示した図表11-8を使って説明しましょう。100円もらった時には10の効用を得るとします。しかし，その10倍の1000円をもらっても，効用は10倍にはならず30にしかなりません。例えば，あなたが100円で買えるジュースが大好きだとすると，100円でジュースを1本買うと幸せになれますが，10本買ってもお腹がいっぱいになって10倍は幸せにはなれないからです。同様に，2000円もらっても効用は40にしかなりません。

　この時，期待効用（予測される幸福度の平均値）は，1/2×40＋1/2×10＝25となって，サイコロを振らないでそのまま1000円もらう場合の効用の30

■図表 11-8　効用関数

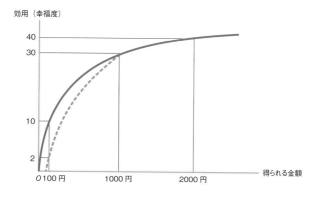

よりも低くなります。ですから，合理的に効用を比較した上でサイコロを振らないことを選ぶのです。このように，人間は本質的にリスク回避的で，合理的な判断としてリスクの伴う新しい技術を導入したがらないことが十分にあり得るのです。

　さらに，人間は損失に敏感です。確実にもらえる 1000 円にくらべると，サイコロを振って偶数が出た場合には 900 円も損をすることになります。実は，サイコロを振ると決めた時点で，確実に 1000 円もらえるという話ではなくなっていますので，これは必ずしも損とは言えないのですが，人間の感覚としては損と感じられます。そして，損をしたと感じた場合には人間の効用は大きく下がることが，様々な実験からわかっています。ですから，このような 2 つの選択肢があった場合には，サイコロを振ることを選択して奇数の目が出た（100 円もらう）場合の効用は，何も選択肢のない場合よりも下がってしまいます。そのため，この場合には，図表 11-8 の点線で表されるような効用関数となり，ますますサイコロを振る場合の期待効用が下がってしまい，サイコロを振ることが選ばれにくくなります。

　最後に，人間は確率を正しく判断できません。サイコロを振って偶数の目が出る確率は数学的には明らかに 1/2 ですが，自分は賭けに弱いのでおそらく奇数が出るだろうとか，逆に自分はツキがあるのでおそらく偶数が出るだ

ろうとか，間違った判断をしてしまいます。奇数が出る確率を高く見積もってしまうと，ますますサイコロを振るのはやめるという判断になります。

　現実の新技術導入においては，事態はさらに複雑です。そもそもサイコロのように理論的に計算できる確率というものがなく，自分自身で新技術導入に伴う成功や失敗の確率を推測しなければなりません。だからこそ，前節で見たように，農民は必死で実験的導入や近隣農家の経験から学ぼうとするのですが，それでも正しい確率がわかるわけではなく，どうしても主観的な判断を交えて確率を推測することになります。ですから，弱気な農民であればあるほど，新技術を導入しないのです。

▶ リスクは新技術導入の障害か

　近年になって，このような効用関数の形状を社会実験によって推計しようとする試みが多く行われています。例えば，中国の農村で上記の例のような2つの選択肢を示してどちらかを選ばせるという実験をした研究もあります[16]。例えば，30%の確率で20元が得られ70%の確率で5元が得られるくじと，10%の確率で75元が得られて90%の確率で2.5元が得られるくじのどちらかを選ばせ，選んだくじを引かせて，実際に当たった金額を支払うといったものです。この時，前者のくじを選んだ農民は，前者のくじによる期待効用が後者による期待効用よりも大きいと判断できます。主観的に判断する確率が提示された確率よりも異なることをも考慮して期待効用を考えると，前者のくじを選ぶということは

　　（確率30%と言われた時の主観的確率）×（20元から得られる効用）
　＋（確率70%と言われた時の主観的確率）×（5元から得られる効用）
　＞（確率10%と言われた時の主観的確率）×（75元から得られる効用）
　＋（確率90%と言われた時の主観的確率）×（2.5元から得られる効用）

ということになります。

　このような選択を様々なパターンで行うことで，様々な金額から得られる

16　Liu E. M. (2013). Time to change what to sow: Risk preferences and technology adoption decisions of cotton farmers in China. *Review of Economics and Statistics*. 95(4), 1386-403.

効用の大きさや様々な客観的確率に対する主観的確率を推計することができるのです。さらに，お金をもらうのではなくて逆に外れたら自分がお金を支払わなければならないようなくじも選択肢に入れて選ばせることによって，損失によってどの程度効用が下がるかを推計することができます。

このような実験からリスク性向を推計し，それが新技術導入にどのような影響を及ぼしたかを推計した結果，農民がリスク回避的（得られる金額が増えても幸福度がそれほど上がらない），損失回避的（損失があった時に大きく幸福感が減少する）である場合には，新技術をなかなか導入しない傾向があることがわかりました。逆に，実際には小さな確率を主観的にはより大きなものととらえる（実際にはあまり起こらないことも起こりそうだと考える）農民は，新技術を早く導入する傾向にありました。これは，実際の成功の可能性が低くても楽観的に考えて新技術を導入するからだと考えられます。

このような研究から，新技術の導入にあたってリスクが大きな障害になっていることがわかってきています。ですから，リスクを下げるような作物保険を導入することが技術普及に寄与すると考えられます。作物保険とは，比較的安価な保険料を納める代わりに，天候が不順だったり農作物の収穫量が少なかった場合に，それを補填するための保険金が支払われるというものです。

とはいえ，途上国農村では保険という金融商品が普及していませんから，作物保険そのものがある意味で新技術であり，保険によるメリットは客観的には明らかなのにもかかわらず，その普及は簡単ではありません。ただ，作物保険の普及についても社会ネットワークの活用が有効であり，信頼している人から保険を勧められると一気に普及が進むことも，やはり社会実験によって見出されています[17]。

▶ 信 用 制 約

技術導入の障害としてもう一つ重要なものは，途上国の農民はなかなか十

---

17 Cole S., Gin X., Tobacman J., Topalova P., Townsend R. and Vickery J. (2009). Barriers to Household Risk Management: Evidence from India. *American Economic Journal: Applied Economics*. 5(1), 104–35.

分にお金を借りることができない，つまり**信用制約**に陥っていることです（ここでの「信用」とは，信用金庫の「信用」と同じく，借金という意味です）。高収量品種の種子や化学肥料の購入に費用が必要なように，新技術の導入にはえてして初期投資が必要です。それなのに，途上国農民は手持ちの現金がなく，お金を借りることもできないことが多く，新技術を導入したくてもできません。

多くの研究は，農民の収入や資産が多ければ多いほど，新技術を導入する傾向が強いことを示しています。これは，収入が多ければ現金を保有していてお金を借りる必要がありませんし，資産が多ければそれを担保としてお金を借りることができるからだと考えられます。

ですから，新技術の導入には，農民が利用できる金融機関を育成することも重要な政策になってきます。このような農村金融については，次章で詳しく説明します。

また，新技術を導入できない金銭的な理由として，農閑期に無駄遣いをしてしまうということも指摘されています。作物の収穫直後には収穫物を売って得た現金を十分に持っているにもかかわらず，農閑期に無駄遣いをしてしまい，次の作付け期には高収量品種の種子や化学肥料，農機具を買うお金がなくなってしまうのです。これは，**時間割引**率が高い，つまり未来の効用（幸福度）は現在の自分にとってそれほど重要でないために，先のことを考えずにお金を使ってしまうからです。

この問題を解決するために，ノーベル経済学賞受賞者のエスター・デュフロ（MIT）やマイケル・クレマー（シカゴ大学）らがケニアで行った研究では，収穫直後にのみ化学肥料の価格を安くしました。その結果，農民は農閑期の無駄遣いを減らして，より多くの化学肥料を使用し，より大きな効用を得るようになったのです[18]。この研究は，行動経済学的な「ナッジ」（ちょっとした工夫）によっても，農民の行動を変えることができることを示しています。

---

18 Duflo E., Kremer M., and Robinson J. (2011). Nudging Farmers to Use Fertilizer: Theory and Experimental Evidence from Kenya. *American Economic Review*. 101(6), 2350-90.

▶ 技術の補完性

　最後に，**技術の補完性**も技術導入の障害になり得ます。技術の補完性とは，ある技術と別の技術が互いにその効果を増幅しあうことを言います。この場合には，補完的な2つの技術のうち1つだけを導入しようとしてもなかなかうまくいきません。2つを一度に導入する必要があるのです。

　その好例が，高収量品種と**灌漑設備，化学肥料，農薬**です。高収量品種は一般的に適切な水管理や，化学肥料や農薬の投入が必要で，これらが適切にされなければ，高い収量が得られないどころか，むしろ伝統的品種よりも低い収量になってしまうことが多いのです。高収量品種の普及の初期には，アジアの途上国でも灌漑設備が必ずしも整っていなかったことや，肥料や農薬の必要性が理解されていなかったことから，高収量品種の収穫量がさほど伸びず，高収量品種に対する批判が高まって普及が停滞したこともありました[19]。

　しかし，図表11-9で示されるように，アジアでは1970年代から灌漑率（灌漑農地のシェア）が高まったこともあり，高収量品種によって実際に高い収量が得られるようになり，普及が進みました。逆に，アフリカで高収量品種の普及がアジアほどは進んでいないのは，灌漑率がほぼ0であるような国が多い（図表11-9）ことも理由の一つです。

　ですから，高収量品種の普及のためには，高収量品種の普及活動だけではなく，同時に灌漑施設を作り，化学肥料，農薬の適切な利用を指導することをもしていかなければならないのです。

11.6　まとめ

1.　途上国経済において農業は大きなシェアを占めており，農業における成長が経済全体の成長に欠かせません。さらに，農業の生産性が向上することで，農業からより生産性の高い非農業への労働力移動が可能となるとい

---

[19]　速水祐次郎（1996）『開発経済学——諸国民の貧困と富』，創文社。

■図表 11-9　国別灌漑率

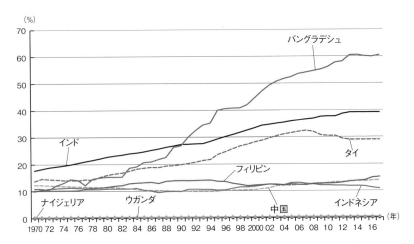

（出所）　FAOSTAT
（注）　灌漑面積／農地面積を表す。

う点でも，農業の成長は必要です。

2.　農業から非農業への労働移動には，大都市への移動と近郊の中規模都市への移動の2種類があります。大都市への移動は経済全体の生産レベルの向上に寄与しますが，中規模都市への移動は貧困削減により大きな効果があります。

3.　新しい農業技術，例えば高収量品種や化学肥料の普及が途上国で進まないのは，農民が怠惰だからだとか，伝統に縛られているからだと考えるのは誤りです。

4.　新技術の普及が進まないのは，知識を伝える社会ネットワークの不備，技術導入に伴うリスク，信用制約，技術の補完性などの結果，農民が合理的な判断として技術を導入していないからです。

5.　ですから，そのような障害を取り除くような政策，例えば道路や灌漑設備などのインフラ整備や技術に応じた普及制度などによって，新技術の導入は進むはずです。

農村の発展, 農業労働生産性, 農業部門から非農業部門への労働移動, ノンフォーマル・セクター, 都市における貧困, 高収量品種, 緑の革命, モラル・エコノミー, 合理的, プロスペクト理論, 開発のミクロ経済学, ミクロ・データ, 新技術導入, 自分自身の実験的導入, 社会ネットワークによる学習, 情報の信頼性, 社会実験, 新技術に伴うリスク, 効用関数, リスク回避的, 損失回避的, 作物保険, 信用制約, 技術の補完性, 灌漑設備, 化学肥料, 農薬

練習問題

(1)　この章で説明した技術普及の障害は, 途上国の農村に限った話ではありません。例えば, あなたが居酒屋のオーナーだったとしましょう。ある時, 調理器具メーカーの営業マンがやってきて, 最新の調理器具を勧めてきました。焼き物や揚げ物を自動で調理することができ, 省エネ機能の充実した食器洗い機もついています。高価なものではありますが, これを導入すると人手を減らすことができて長期的には得をすると営業マンは説明しています。この時, あなたはこの調理器具を購入しますか。どのようなことが購入の障害になるかを具体的に考えてみてください。

(2)　問題(1)で, あなたはどのような政策的支援があれば助かるかを考えてみましょう。日本で中小企業に対する支援を行っている中小企業基盤整備機構のウェブサイト (https://www.smrj.go.jp/) を訪れ, 実際にどのような支援が行われているかを確かめてみましょう。

第12章

農村金融

途上国農村の発展を阻む一つの大きな原因は，農村における金融制度のゆがみです。この章では，途上国農村における金融制度の問題とその解決法について論じます。

12.1　途上国農村における金融の特徴

前章で途上国農村ではお金を借りたいのに十分に借りられないという信用制約があって，新技術の導入の障害となっているという話をしました。むろん，信用制約は先進国でもよくある話ですが，特に途上国の農村においては顕著に見られます。

それ以外にも，途上国農村の金融制度は様々な特徴を持ちます。例えば，親戚や友人に借りる場合には利子がないことも多いのですが，村の金貸しに借りる場合には年率で 100% 近い高利であることも普通です。100% どころか，短期的な貸し出しの場合には，日本語で言うところの「トイチ」，つまり 10 日で 1 割の利子をとるような高利の場合も珍しくありません。これは，年率の利子に直すと 3100% に当たります。

農村では，農作物の仲買人が金貸しを兼ねていて，借りたお金をお金ではなく作物で返すこともあります。さらに後述するように，公式の金融機関があまりないので，農民同士が寄合を作ってお金を融通しあうインフォーマルな金融制度や農民や零細事業者対象のグラミン銀行などのマイクロファイナ

ンスが発展しています。

　このような途上国の農村金融の特徴は，一つには金融市場では情報が非対
称的であることから来ています。つまり，貸し手は借り手の情報を十分に持
っておらず，借り手が本当に返す気があって借りようとしているのか，借り
たらすぐに夜逃げしようとしているのかよくわからないことが金融市場では
多いのです。もう一つの原因は，契約の履行を強制する力が十分ではないこ
とです。つまり，借り手がお金を返済しなかったとしても，その返済を強制
するために財産を没収したり，罰を与えたりする法の執行力が，特に農村地
域では不十分です。

　なお，途上国農村で高利の金融業者がしばしば観察されることから，彼ら
を「悪徳金貸し」と決めつけて批判することがあります。しかし，農民を
「怠け者」と決めつけるのと同様，そのような批判からは何も生まれません。
むしろ，そのような批判を政府が真に受けて高利貸しを禁止すれば，後で詳
述するように農民に害を与えることになります。それよりも，高利で貸して
いることを金貸しの合理的な判断としてとらえてその理由を分析することで，
有効な政策を提言することができるはずなのです。

12.2　なぜ農村金融は高利なのか

▶ モラル・ハザードによる高利

　合理的な貸し手と借り手を想定した開発のミクロ経済学の理論モデルを利
用して，情報の非対称性と契約履行の強制力の欠如の結果，農村の金融制度
がどうなるのかを考えてみましょう[1]。

　農村に農民と金貸しがおり，農民は作付前にお金を借りて高収量品種の種
子，化学肥料，農薬を買い，収穫後に返済しようとしているとします。この
時，農民が水，肥料，農薬の管理に時間をかければかけるほど豊作になる可
能性が増えますが，天候が悪ければいくらがんばっても不作になることもあ

1　Bardhan P. and Udry C. (1999). *Development Microeconomics*. Oxford: Oxford University Press.

■図表12-1　農村金融の理論モデル

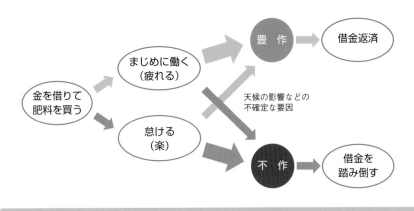

り得ます。不作になってしまえば，どうせお金は返せませんから，農民は借金を踏み倒すしかありません。この農村では司法の力は不十分で借金を踏み倒しても，財産を没収されたり，罰を受けたりすることはありません（図表12-1）。

　金貸しの立場からすると，農民ががんばって働いて豊作になって無事にお金を返済してほしいのですが，農民の立場からすると，あんまりがんばると体が大変ですし，不作になれば踏み倒せばよいという甘い気持ちもあって，ほどほどにがんばればよいと思っています。

　ですから，農民がお金を借りる時には金貸しに「がんばって豊作にして必ず返します」と言ったとしても，実際にはあまりがんばらないでサボってしまうことも多いのです。このような行動をモラル・ハザードと呼びます。ただし，「モラル・ハザード」（倫理観の欠如）と呼んではいるものの，倫理観が欠如しているのではなく，合理的な意思決定の結果としてサボるのです。

　金貸しからすると，農民が確実にがんばることがわかっているのであれば，それほど高くない利子を課してもかまわないのです。しかし，モラル・ハザードのために実際にはあまりがんばらない農家が出てくる状況では，低い利子を設定してしまうと結局は金貸しが損をしてしまう可能性があります。がんばらなければ不作になって借金を踏み倒される危険性が高いからです。で

すから，金貸しは借金を踏み倒される可能性がそれなりにあることを見越して，やや高めの利子率を設定せざるを得ません。つまり，情報が非対称で，農家ががんばるかがんばらないかが金貸しにはわからず，借金を踏み倒されてしまう可能性がある場合には，みんながんばるとわかっている場合や司法制度が確立していて借金を踏み倒せない場合にくらべて利子率が高くなってしまうのです。

　この時に，ある一定以上の利子率を法律で禁止すればどうなるでしょうか。金貸しからすると，不作になって借金を踏み倒されることを考えると，十分に高い利子で貸さなければ利益が出ません。ですから，もしこの法律が完全に強制されるとすると，金貸しをやめて他の商売をするでしょう。すると，結局農民は資金を借りられずに高収量品種や化学肥料を導入できませんから，低い収入に甘んじることになります。困るのは農民なのです。

▶ 独占による高利

　さらに，金貸しが村に1人しかいない場合を考えてみましょう。金貸しは，競争相手がいませんからさらに高い利子を設定してくるでしょう。

　しかし，この時も高利貸しを禁止してもやはり逆効果です。それよりも，農村に至る道路や電話，インターネットなどのインフラを整備して，農村に他の金貸しが来やすいようにしたり，携帯電話を使ってお金の貸し借りができるモバイル・バンキングと呼ばれるシステム（第2章2.6節参照）を構築したりする方が，競争を呼び込んで利子率を下げる効果があるのです。

▶ 逆選択による高利

　次に，モラル・ハザードとは異なる視点でこの問題を考えるために，努力をしようがしまいが豊作になる確率は同じという極端な世界を考えてみてください。ただし，この世界では2つのタイプの農民がいて，一つのタイプは技術力があって豊作になる確率が高く，もう一つは技術力がなくて農作になる確率が低いとします。しかし，金貸しにはどちらの人が技術力の高い人なのかはわかりません（誰もが口では「私は技術力が高い」と言います）。その意味では情報の非対称性があります。司法の強制力はやはり不十分で，不

作の場合には借金を踏み倒すことができます。

　技術力が低い農民は不作の確率が高く，したがって借金を踏み倒す確率も高いので，もし金貸しが農民を見分けることができるのであれば，技術力の低い農民には特に高い利子を課したいところです。しかし，2つのタイプの農民を見分けることができませんので，全員に高い利子を課さざるを得ません。そうすると，技術力の高い農民は利子率が高すぎて借りられません。逆に，技術力の低い農民は，不作になったら踏み倒せばいいと考えているので，高い利子率にもかかわらず金を借ります。そうなると，結局技術力の低い農民だけが金を借りることになり，踏み倒される可能性が当初の想定よりも大きくなり，金貸しも損をします。結局，金貸しはそれを見越して，技術力の低い農民だけが金を借りに来ても利益が出るくらい，非常に高い利子率を設定することになります。

　このように，技術力がないために借金を踏み倒す確率の高い，つまりリスクの高い顧客だけが取引に参加してくるような状態を「逆選択」と呼びます。逆選択も，途上国農村で利子率が高い理由の一つですが，それはやはり情報の非対称と契約履行の強制力の不備が原因となっています。

　逆選択による高利を緩和するためには，金融機関がリスクの高い貸し手と低い貸し手を区別できるようにする政策が必要です。先進国の金融機関は融資の際に厳格な審査を行うことで，逆選択の問題を回避しようとしています。その際に重要なのは，金融機関の情報収集能力で，途上国農村でそれを向上させるには，やはり交通や通信のインフラを整備することが有効です。

12.3　マイクロファイナンス

▶ マイクロファイナンスとは

　以上のように，モラル・ハザードや逆選択の問題が大きい途上国農村では，お金を貸すことで利益を出しにくいために，なかなか銀行などの公式の金融機関が参入してきません。それが，農村の金貸しの独占による高金利の一因ともなってきました。しかし，最近はマイクロファイナンス（小規模金融）

機関と呼ばれる農民や零細な事業者を対象とした金融機関が途上国農村で活発に活動するようになりました。

マイクロファイナンス機関は，ノーベル平和賞を受賞したバングラデシュのムハマド・ユヌスが1976年に創設したグラミン銀行がその嚆矢です。もともとは，バングラデシュの農村でユヌスが竹細工を作る女性たちに材料の竹を買うために少額のお金を貸したのが始まりです。

その後，世界の途上国の多くで，また先進国においてもマイクロファイナンス機関がたくさん設立されました。2012年には，マイクロファイナンス機関の顧客総数は2億人を超えており，そのうち最貧困層の顧客は1億1千万人以上いるのです（図表12-2）。ただし，バングラデシュで最初に設立されたことから，貧困層の顧客の70%以上はインドとバングラデシュの人々で，その他のアジア諸国が15%，サハラ以南アフリカは7%となっています（図表12-3）。

グラミン銀行をはじめとするマイクロファイナンス機関による貸し出しには，次の2つの特徴があります。まず第1に，借り手は5人くらいで1組のグループを作り，その中の1人でも返済が滞ると，グループのメンバーは新

■図表 12-2　マイクロファイナンス機関の顧客数の推移

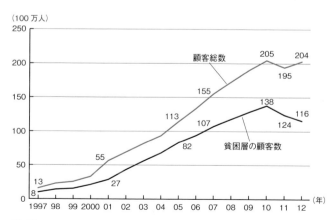

（出所）　Microcredit Summit Campaign Report 2014, Figure 1.

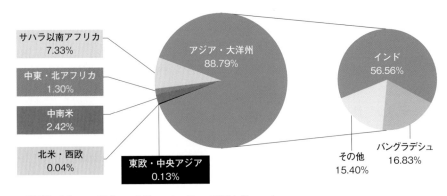

■図表12-3　マイクロファイナンス機関の最貧困層の顧客の地域別シェア（2012年）

（出所）　Microcredit Summit Campaign Report 2014, Figure 4.

たな貸し出しを受けられないという連帯責任を負うことです。第2に，頻繁に返済する義務があることです。借り手のグループは，毎週ミーティングを開催し，少額ずつ返済しなければなりません。その際，マイクロファイナンス機関の職員は，メンバーの事業の状況を聞いて情報を収集しつつ，必要に応じて経営的なアドバイスを与えます。このような仕組みの下，途上国の貧困層を顧客にしながらグラミン銀行は98％という驚異的な返済率を達成しています。

▶ マイクロファイナンスの成功要因

　近年，このようなマイクロファイナンスの仕組みが本当に返済率を向上させるのに寄与しているのかについて，社会実験を使った研究が多く行われています。例えば，フィリピンのマイクロファイナンス機関と協力し，借り手グループのいくつかを無作為に選び，そのグループを解体して，連帯責任のない個人融資とした研究があります[2]。しかし，個人融資の人たちとグループ融資の人たちをくらべても返済率に差はありませんでした。モンゴルで行

2　Gine X. and Karlan D. S.（2014）. Group versus Individual Liability: A Field Experiment in the Philippines. *Journal of Development Economics*. 107, 65-83.

われた研究でも同様の結果が出ています[3]。

このことは，マイクロファイナンス機関の高い返済率の主要な理由の一つと考えられていた**グループ内の連帯責任**が，実は必ずしも返済率を上げるのに役に立たないということを示唆しています。むろん，このフィリピンのケースはあくまでも特殊ケースであって一般化できない可能性は残されています。しかし，グループ融資よりもむしろもう一つの特長である**頻繁な返済システム**が，借り手を適切に監視して事業に対して助言することで，高い返済率に結びついている可能性を否定できないのです。実際，グラミン銀行は最近ではグループ融資をやめ，個人融資を基本とする方向に切り替えています。

さらに，京都大学の高野久紀は，ベトナムで被験者をコンピュータ上のマイクロファイナンスのゲームに参加させる実験を行い，グループ融資で連帯責任を負わせた場合と，連帯責任のない個人融資の場合とで返済率を比較しました[4]。この実験では，被験者はコンピュータ上でお金を借り，それをコンピュータの中の擬似的な事業（ゲーム）に投資して収益を得て，お金を返済するかどうかを決めます。個人融資の場合にはその人自身が，グループ融資の場合にはグループの全員が返済したら，次の融資に進めて事業を継続できます。このようなゲームを繰り返し，実際にゲームの収益に対して被験者にお金を支払うのです。

その結果，グループ融資の場合の方が個人融資よりもむしろ返済率が低いという驚くべき結果となりました。これは，グループ融資の場合には，返済するに足るお金があるにもかかわらず返済しないという**戦略的債務不履行**をする人が増えるためです。グループ融資では，グループ内の誰かが返済できないと次の融資を受けられませんから，自分が真面目に返済しても他の人が返済できなければ事業が継続できません。ですから，自分の事業がうまくいった時には，むしろ他の人にはうそを言って返済しないことで大きく儲けておいた方がよいのです。その方が，まじめに返済した挙句に他人のせいで事業が継続できないというリスクを回避できるからです。こうやって，この研

3　Attanasio O. et al. (2015). The Impacts of Micro finance: Evidence from Joint-Liability Lending in Mongolia. *American Economic Journal: Applied Economics*. 7(1), 90–122.

4　Kono H. (2006). Is Group Lending A Good Enforcement Scheme for Achieving High Repayment Rates ?: Evidence from Field Experiments in Vietnam, *IDE Discussion Paper*, No. 61.

究はグループ融資の負の側面を見事にあぶりだしているのです。

▶ マイクロファイナンスに対する批判

　ただし，マイクロファイナンスも万能ではなく，様々な批判があります。一つは，マイクロファイナンス機関はしばしば国際機関や政府から補助金を受け取っており，実は必ずしも金融機関として自立しているわけではないというものです。確かに初期のグラミン銀行も世界銀行から資金援助を受けていました。しかし，図表 12-4 に示されているように，自己資本に対する利益率は 83.5%（顧客シェア）のマイクロファイナンス機関でプラスになっていて，大多数のマイクロファイナンス機関が利益を上げていることがわかります。

　もう一つは，逆に近年のマイクロファイナンス機関は財政的に自立するために利益を追求し，貧困層に対する融資という本来の役割を忘れて非常に高利の融資を行っているというものです。しかし図表 12-4 によると，76.6% の顧客に対する利子率は 30% 未満です。30% の利子率というのは，途上国農村では必ずしも高いとは言えませんので，高利をむさぼるマイクロファイナンスが多いというわけでもなさそうです。

　最後の批判は最も本質的なもので，そもそもマイクロファイナンスは貧困層の生活の改善にさほど役に立っていないのではないかというものです。マイクロファイナンスによって収入が増えて暮らしがよくなったり，女性の家庭内での地位が改善されたりした事例は，様々な媒体でたくさん紹介されて

■図表 12-4　**マイクロファイナンスの利益率と利子率**

（単位：%）

		自己資本利益率				
		0% 未満	0–15%	15–30%	30–60%	60% 以上
利子率	30% 未満	13.0	33.3	17.2	12.3	0.9
	30% 以上	3.5	4.7	6.0	8.6	0.6

（出所）　Microfinance Information Exchange, Inc.（https://www.themix.org/）.

いますが。しかし，それは数少ない成功例を取り上げているだけかもしれず，その平均的な効果を推計するには RCT（ランダム化比較試験，詳細は第13章を参照）を利用するなど精緻な方法で行う必要があります。

MIT のエスター・デュフロらはある著名な学術誌でこの点について特集を組み，ボスニア，エチオピア，インド，メキシコ，モロッコ，モンゴルの6か国で行われた研究の成果をまとめて紹介しています[5]。しかし，マイクロファイナンスの導入によって，いくつかの国では零細事業の収益は改善しましたが，いずれの国でも平均世帯収入が増えたという証左は見出されませんでした。子供の教育や女性の自立といった指標についても，多くの国では改善が認められなかったのです。このことから，この特集の編集者らはマイクロファイナンスの効果はあるとしても限定的で，少なくとも誰に対しても効果が見られるというものではないと結論づけています。

例えば，地域の労働市場の有無によってマイクロファイナンスの効果は変わってくるかもしれません。地域に工場や大規模商店がなく賃金労働の機会がない場合には，マイクロファイナンスによる零細事業が生計や女性の自立に特に有効です。しかし，近くに工場がたくさんあれば，マイクロファイナンスでお金を借りて零細事業を行うよりも賃労働をした方がよく，マイクロファイナンスは効果も必要もない可能性があります[6]。このように，マイクロファイナンスの有効性は人々が置かれた状況によって異なる可能性が大きく，どのような場合に特に有効なのかについてさらに研究が必要です。

12.4 消費の平準化のためのインフォーマル金融

▶ 消費の平準化とは

さて，これまでは農業や零細な手工業などの事業をするための金融制度について考察してきました。しかし，途上国農村において，生産のための金融

---

5 Banerjee A., Karlan D., and Zinman J. (2015). Six Randomized Evaluations of Microcredit: Introduction and Further Steps. *American Economic Journal: Applied Economics*. 7(1), 1–21.

6 Emran M. S., Morshed A. M., and Stiglitz J. E. forthcoming. Microfinance and Missing Markets. *Canadian Journal of Economics*.

■図表 12-5　消費の平準化

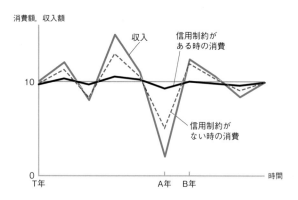

と同様に重要なのは消費のための金融，つまり消費者金融です。消費者金融というと，日本ではサラ金という悪いイメージがありますが，途上国では（そして日本でも）消費者金融の役割は重要です。なぜなら，お金を借りることで飢餓を避け，毎日の消費量の変動を抑える，つまり消費を平準化することで効用（幸福度）を上げることができるからです。

　灌漑設備のないような貧しい途上国の農村では，毎シーズンの収穫量は天候に大きく左右されて，収入は大きく変化します。例えば，図表 12-5 の A 年は極端な凶作で，ほとんど収入がありません。この時，もし十分な貯えもなくお金を借りることもできなければ，餓死してしまうでしょう。

　また，人間は 2 倍のものを消費しても 2 倍の幸せを感じないという性質がありますから（第 11 章 11.5 節），今日コメをお茶碗 5 杯食べて明日は 1 杯という生活よりも，今日も明日も 3 杯ずつという，消費が平準化された生活の方が幸せです。信用制約がなければ，つまり好きなだけお金を借りられれば，A 年に凶作になってもその時にはお金を借りて，豊作になった B 年に返済することで，A 年と B 年の消費量を平準化することができます。

▶ 消費の平準化のためのインフォーマルな金融

　しかし，途上国農村では，生産事業に対する金融制度と同様，消費に対す

る金融制度も発達していません。ですから，農民は様々なインフォーマルな手段で何とかお金を借り，消費を平準化しようとしています。

　例えば，結婚式や葬式，病気の際に祝儀や香典，お見舞いのようなものをやりとりすることは，日本だけではなく途上国農村を含めて世界中で見られます。これはインフォーマルな金融制度の一種で，結婚式や葬式，病気などの費用のかかることがあった時に消費を減らさずにすむように，親戚や友人，近所の人たちがお互いに助け合う制度です。このようなインフォーマルな制度によって，農民たちは消費が激減するリスクを軽減しているのです。

▶ 回転型貯蓄信用講（ROSCA）

　もう一つ世界中で見られるのは，回転型貯蓄信用講（Rotating Savings and Credit Association，略して ROSCA と言います）です。ROSCA とは，人々が数人から十数人ほど集まって作る一種の消費者金融グループです。月に1回程度定期的に会合を開いて，毎回全員が何がしかのお金を拠出します。そして，その総額を1人が総取りするのです。総取りする人は，順番で決まっている場合もあれば，その時その時でお金に困っている人が選ばれる場合もあります。ROSCA は途上国の農村でも都市でも非常によく見られます。サハラ以南アフリカのいくつかの国では，50〜90% の世帯が何らかの RO-SCA に属しているとの報告もあります[7]。

　日本でも，頼母子講（たのもしこう），無尽などと呼ばれて一昔前まで同様の仕組みがありました。その会合の際に宴会となることが多かったためでしょう，今でも山梨県では特定のメンバーで月1回程度飲み会をする習慣があり，それを無尽と呼んでいます。

　ROSCA では，先にお金を総取りする人にとってはお金を借りてその後返済することになり，後でお金を総取りする人にとっては貯蓄をした後に引き出すことになり，貯蓄と貸出（信用）の両方の側面があります。いずれにせよ，何らかの大きな出費や収入の減少があった時には，消費を標準化するのに役に立っていると考えられます。

7　Bouman F. J. (1995). Rotating and accumulating savings and credit associations: A development perspective. *World Development*. 23(3), 371–84.

　西アフリカのブルキナファソ農村における筆者らの調査結果を紹介しましょう。その地域では，ROSCA の 1 回の会合における拠出額の中央値はわずか 50 円程度であり，受取額は 800 円程度でした[8]。ROSCA で受け取ったお金の使い道として最も多いのは借金の返済でした。なお，この地域にはマイクロファイナンスも発達していて，マイクロファイナンスで借りたお金の使い道として最も多いのは，肥料などの農業生産のための投資でした。つまり，農民は ROSCA とマイクロファイナンスとをうまく使い分けてやりくりをしているのです。

　さらに，この分析では面白いことがわかりました。村人たちが地域の学校をよくするための活動を通して顔の見える関係を深めていけば，地域の RO-SCA に参加していく人が増えていくのです。このことは，ROSCA にはメンバー間の信頼関係，つまり第 8 章で述べた社会関係資本が不可欠であることを示しています。はじめにお金を総取りした人がそれ以降の会合に来なくなれば，他の人は損をしてしまうからです。

　なお，ROSCA にはそれ以外の機能もあります。ROSCA の利用者は男性よりもむしろ女性が多いのです。ある研究[9]によると，これは夫が時間割引率が高く，「宵越しの金は持たねえ」と江戸っ子ばりに家にある現金を酒やギャンブルに使ってしまわないように，妻が家にある小金を ROSCA に拠出しようと考えるからだと解釈されています。

　いずれにせよ，途上国の農民は消費を平準化して効用を最大化するために，金融市場が発達していない農村においても様々なインフォーマルな金融制度を発達させてきたのです。

▶ インフォーマルな制度で十分か

　とはいえ，インフォーマルな金融制度では限界があります。消費を平準化するためには，自分の収入が激減した時に助けてくれる相手が必要です。し

8　Todo Y., Kozuka E., and Sawada Y. (2015). "Can School-Based Management Promote Informal Financing in Rural Communities in Less Developed Countries ? Evidence from Burkina Faso," *JICA-RI Working Paper*.

9　Anderson S. and Baland J.-M. (2002). The economics of roscas and intrahousehold resource allocation. *The Quarterly Journal of Economics*. 117(3), 963–95.

かし，途上国農村においては助け合いのネットワークや ROSCA は近隣に住む農民との間で構成されていることが多いのです[10]。そうすると，天候不順で自分が不作の時に近隣の農民からお金を借りようとしても，彼らもやはり不作になっていて借りることができません。

　もし，農民が近隣の町の大工や鍛冶屋，食堂の店員などの異業種の人たちや，同じ農民でも遠方の村の人たちとネットワークを構築すれば，このような問題を回避することができます。自分が不作の時でも非農業者や遠方の農民の収入はさほど減るわけではないでしょうから，彼らに助けてもらうことができます。しかし，おそらく異質の人間に対しては信頼感を育むのが難しいために，そのような他業種や他地域との多様な助け合いネットワークが構築されることはまれなのです。

　ですから，市場経済の下では途上国の農村にフォーマルな金融セクターが十分に発達しない中，農民たちが何とかインフォーマルな制度を構築してやりくりをしようとしているのですが，それだけでは十分ではありません。したがって，政策的な介入によって途上国農村に金融機関を作ることが必要です。例えば，上述のマイクロファイナンスを利用した消費者金融機関もそうですし，第2章で説明した郵便局を利用した金融制度や携帯電話を使った預金や送金のシステムの提供などもその一つの方法です。

12.5　まとめ

1.　途上国農村では，情報の非対称性や契約履行の強制力が欠如しています。そのため，モラル・ハザードや逆選択の問題が生じ，金融業者は高い金利を課すようになります。農村に金融業者が少なく，競争が少ないことも金利を上げる要因です。

2.　近年，途上国においてマイクロファイナンス機関と呼ばれる零細事業者向けの小規模な金融機関が多く設立されています。その特徴は，グループ

10　Fafchamps M. and Gubert F. (2007). The Formation of Risk Sharing Networks. *Journal of Development Economics*. 83(2), 326–50.

内で返済に対して連帯責任を持たせること，頻繁に返済の義務を課すことにあります。ただし，グループ融資は必ずしも返済率を上げる効果がないことがわかってきました。

3. 途上国農村の消費者は，知り合い同士の助け合いや ROSCA と呼ばれるインフォーマルな金融制度を活用して，所得が激減した場合のリスクに備えています。

4. とはいえ，インフォーマルな金融制度は十分ではなく，政策介入によってフォーマルな金融制度を途上国農村にも構築することが必要です。

キーワード

農村における金融制度，高利，インフォーマルな金融制度，マイクロファイナンス，農村金融，情報の非対称性，契約履行の強制力の欠如，モラル・ハザード，逆選択，小規模金融，グラミン銀行，グループ内の連帯責任，頻繁な返済システム，戦略的債務不履行，消費の平準化，インフォーマル，回転型貯蓄信用講，ROSCA

練習問題

(1) 他人から土地を借りて耕作する農民を小作農と言います。途上国の小作農が地主に地代（土地の賃貸料）を支払うやり方として，収穫量にかかわらず一定の額の地代を支払う場合（定額小作と言います）と，全体の収穫量に対して一定の割合の収穫量を地代として支払う場合（分益小作）があります。小作農の消費を平準化するという観点からは，どちらの方法が好ましいでしょうか。

(2) 本章で詳述したように，マイクロファイナンスは途上国の貧困層にとって有効な金融制度であることがわかってきました。途上国の貧困層は様々なインフォーマルな金融制度を発展させて利用してきましたが，なぜそのように有効なマイクロファイナンスは近年になるまで開発されず普及しなかったのでしょうか。

第13章

経 済 協 力

　途上国は，投資に必要な資金を自国での貯蓄によっては十分に調達できないことがよくあります。とはいっても，外国の民間企業の投資による調達も簡単ではありません。その場合には，先進国が公的な資金，特に**政府開発援助**（Official Development Assistance，**ODA**）を途上国に対して供給することが，途上国の経済成長にとって必要になってきます。この章では，ODA を中心として，途上国に対する経済協力の役割や効果について議論します。

13.1　政府開発援助（ODA）

▶ ODA とは

　途上国への資金の流れには，公的機関によるもの，民間企業によるもの，非営利団体（NPO）もしくは非政府組織（NGO）によるものなど様々な形態があります（図表 13-1）。そのうち，先進国や国際機関などが供与する公的な資金の贈与や融資で，かつ途上国にとって民間融資よりも条件がよいものを政府開発援助（ODA）と言います。

　「条件がよい」というのは，融資の利子率や返済期間の点で条件がよいということです。OECD の主要な援助国で構成される**開発援助委員会**（Development Assistance Committee，**DAC**）は，融資の条件をグラントエレメントという指標によって表し，ある一定以上のグラントエレメントの資金

■図表13-1　途上国への資金の流れ

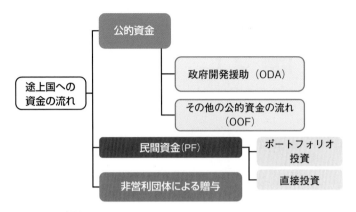

（注）　OOF；Other Official Flows, PF；Private Finance

を ODA と定義しています。むろん，贈与つまり返済の義務のない資金は
すべて ODA にあたります。返済義務のある融資であっても，利子率が十分
に低い，もしくは返済期間が十分に長いものであれば，ODA と定義されま
す。

▶ ODA の国際比較

　図表13-2 は，主要な ODA 供与国の支出純額の推移を示しています。支
出純額とは，もともとの支出額から，以前に供与した融資に対する利子の受
取額を引いたものです。日本は，1990 年代には支出純額で世界一だったこ
とも多かったのですが，2000 年ころにアメリカに抜かれ，その後ヨーロッ
パの主要国にも抜かれて現在は OECD 36 か国中第 5 位です。これは，2001
年 9 月 11 日のアメリカ同時多発テロ事件以来，途上国の貧困がテロの温床
となるとの認識から，欧米各国が ODA 支出額を増加させたのに対し，日本
では財政赤字のために政府債務（借金）が増えているので ODA 予算を増や
すことができないからです。

　ODA 支出額の GDP 比で見ると，日本は 0.2% 程度であり，アメリカとと
もに世界でも最低のレベルにあります。概して，スウェーデンやノルウェー

■図表 13-2　**主要国 ODA 支出純額**

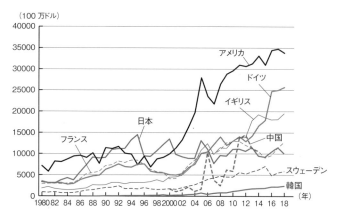

（出所）　OECD QWIDS（https://stats.oecd.org/qwids/），中国については AidData（2017）Global
Chinese Official Finance Dataset（https://china.aiddata.org/）。

■図表 13-3　**主要国 ODA 支出純額**

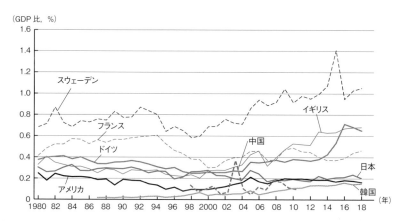

（出所）　OECD QWIDS（https://stats.oecd.org/qwids/），中国については AidData（2017）Global
Chinese Official Finance Dataset（https://china.aiddata.org/）。世界銀行『世界開発指標』

などの北欧の国は，ODA の GDP 比が高い傾向にあります（図表 13-3）。

　なお，近年は韓国や台湾などの新しい先進国や，OECD 加盟国以外の新興国による ODA も顕著になってきました。新興国の援助国の筆頭が中国です。中国は ODA 支出額を対外的に公表していないので，Global Chinese Official Finance Dataset による推計値を図表 13-2 に示しています。これによると，中国による ODA は 2009 年ころから急増し，2012 年には世界第 2 位の規模になっています。

▶ ODA の分類

　ODA はさらにいくつかの種類に分けられます。まず，援助国がそれぞれの途上国に対して行う 2 国間援助と，国際機関に対する拠出の 2 種類に分類でき，2 国間援助は贈与と貸付（融資）にさらに大別できます（図表 13-4）。

　日本の ODA の場合，贈与を無償資金協力と特に技術支援をするための技術協力とに分類しています。無償資金協力は，最貧困国における学校や病院，灌漑設備の建設など教育，医療，公衆衛生，農村開発等の分野における資金供与が多くを占めています。例えば，ブルキナファソの小学校 67 校の教室，

■図表 13-4　**ODA の種類**

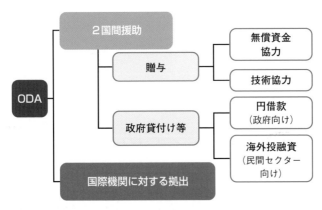

（出所）　外務省『2013 年版政府開発援助（ODA）白書　日本の国際協力』，
　　　（https://www.mofa.go.jp/mofaj/gaiko/oda/shiryo/hakusyo/13_hakusho_pdf/index.html）。

262

教員室，トイレ，井戸などの整備を行うための無償資金協力が2009年から始まっており，総予算額は約10億円です。

　技術協力は贈与の中でも特に人材開発を伴うもので，農業，工業，教育，医療，政府部門など様々な分野で技術指導が行われています。例えば，2003年から2010年にエチオピアで行われた参加型森林管理計画がその一例で，森林を保全するために村（共同体）が適切に管理するノウハウを指導しています。2回のフェーズを合わせた費用は約7億円です。インドネシアでは，金属製品を作る鋳造企業に対する技術指導を1999年から2004年にかけて行いました。

　また，日本政府による融資は政府向けの**円借款**と民間セクター向けの**海外投融資**に分けられます。円借款は，比較的発展した途上国を対象に行われることが多く，道路，港湾，空港，発電施設，水道，大規模な灌漑設備などの比較的費用のかかるインフラストラクチャー（インフラ）設備の整備に使われています。例えば，インドネシアでは首都ジャカルタに地下鉄部分を含む鉄道を建設しましたが，これは総額163億円の巨大事業でした。

　海外投融資とは，インフラ整備などの公的な事業を民間企業が担う場合に，その民間企業に対して融資がなされるものです。一時中断されていたのが2012年に再開されたばかりで，例えばミャンマーにおけるティラワ経済特別区，つまり工業団地の開発や，パキスタンのマイクロファイナンス機関（第12章12.3節）への資金供与などが対象となっています。

▶ 国際機関によるODA

　国際機関に対する拠出とは，国際連合，世界銀行，国際通貨基金（International Monetary Fund, IMF），アジア開発銀行（Asian Development Bank, ADB）などの**国際援助機関**に対して各国の政府が資金を提供するもので，国際援助機関はそれを利用して，やはり贈与や融資などの資金援助を途上国に対して行います。2018年には，このような国際機関によるODAは，DACのメンバー国による2国間援助総額の約4割で，DACメンバー以外も含めたODA総額の約25%を占めています。（OECD, Aid Statistics）。

　これらの国際機関は，それぞれが特徴を持ち，役割を分担してODAを担っています。例えば，世界銀行は中心的な国際援助機関で，貧困削減を目標

として最貧国および中所得国で様々なODAプロジェクトを実施しています。IMFは通貨と為替相場の安定を目的とした機関で，外貨が不足して借金が返済できない債務危機に陥った途上国に対して融資を行いますが，貧困削減プロジェクトを実施することはありません。UNESCO（国際連合教育科学文化機関）は特に教育に関するODAを行っていますし，UNHCR（国連難民高等弁務官事務所）は難民の支援に特化しています。また，特定の地域に特化した国際機関もあり，例えばアジア開発銀行はアジアにおいて貧困削減やインフラ整備などのプロジェクトを行っています。

　上述のように，これらの国際機関のODAは金額的には全体の25％と必ずしも大きなものではありません。しかし，国際機関はODAの指針を示すことで，2国間援助にも影響を与えています。例えば，国際連合は2000年にミレニアム開発目標（MDGs）を作成し，「絶対的貧困者の割合を半減する」，「全ての子供が初等教育を修了できる」など，2015年までに達成すべき目標を明確化しました。これは，各援助国がODAの分野別の配分を決める上で，重要な指針となりました。2015年には，貧困ばかりでなく気候変動や環境破壊にも対応した持続可能な開発目標（SDGs）が設定され，新たな指針となっています。また，後述するように，1990年代後半からODA受取国に適切なガバナンス（政府の運営）を求めるようになってきましたが，これは世界銀行やIMFが主導したものです。さらに，国際機関は多くの援助国や機関が連携してODAプロジェクトを行う場合に，効率的な連携ができるように主導的な役割を担っています。

▶ 日本のODAの特徴

　日本のODA政策の基本戦略は，内閣に設置された海外経済協力会議（議長：内閣総理大臣）において決定されます。それを基に，外務省と関係府省庁が密接に連携することで企画立案がなされ，その実施は主としてJICA（Japan International Cooperation Agency，国際協力機構）が行っています。

　日本のODAは，他国とくらべていくつかの特徴があります。まず第1に，道路や港湾などの経済的なインフラに対するODAの割合が大きいことです。図表13-5は，主要な援助国のODAの種目別のシェアを示しています。日

■図表 13-5　**ODA の種目別シェア（2018 年）**

（単位：％）

種目別シェア	社会インフラ	経済インフラ	生産セクター	債務免除	人道援助
DAC 平均	36.7	17.4	7.0	0.2	11.6
フランス	33.3	12.8	9.5	1.4	1.0
ドイツ	33.1	19.5	4.7	0.0	10.7
日　本	15.8	57.3	7.5	0.1	3.0
韓　国	30.3	40.2	14.3	0.0	4.1
スウェーデン	46.7	6.1	7.0	0.0	10.6
イギリス	44.9	7.2	13.8	0.1	2.8
アメリカ	49.0	3.3	4.5	0.0	23.4

（出所）　OECD. Stat

本は経済インフラのシェアが 57％ で，DAC メンバー 29 か国の中で突出して高くなっています。他の援助国は，教育や医療などの社会インフラや人道援助をより重視していることが図からわかります。

　しかも，日本の ODA に占める経済インフラのシェアは 2012 年には 41％ でしたので，近年になってむしろ増加しているのです。これは，2015 年に日本政府が「質の高いインフラパートナーシップ」を発表して，質の高いインフラをアジアに供与していくことを表明したことが契機となっています。外務省発表資料によると，質の高いインフラとは，「一見値段が高く見えるものの，使いやすく，長持ちし，そして，環境に優しく災害の備えにもなるために，長期的には安上がり」のインフラを指します。1 つの例として，インドのデリーに建設された地下鉄が挙げられていて，これは日本の高い技術によって省エネや CO_2 の削減，大気汚染の緩和にも貢献したということです。

　このように日本が質の高さを強調するのは，近年になって中国によるアジア・アフリカでのインフラ支援が急増していることがあります。中国は，中国とヨーロッパとをよりスムーズに陸路と海路でつなぐためのインフラを公的資金で建設しようとする「一帯一路」構想を，2014 年から推進しています。また，2015 年には，中国が主導してアジアインフラ投資銀行（AIIB）

■図表 13-6　無償 ODA のシェア（2018 年）

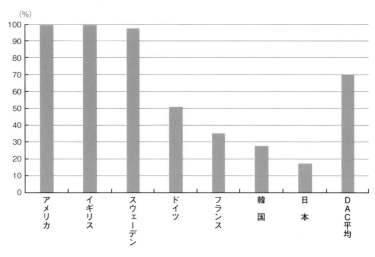

（出所）　OECD. Stat

という新たな国際機関が設置され，アジア地域でのインフラ建設を進めてい
ます。日本が質の高いインフラを強調しているのは，このような中国の動き
に対抗しようとする意図があると思われます。ただし，いまや中国は鉄道や
通信情報などのインフラ分野ですでに世界のトップクラスの技術を有してお
り，日本が中国にくらべて「質の高い」インフラを供与することはそう簡単
なことではありません。

　もう一つの特徴は，借款が多く，贈与が少ないことです。図表 13-6 に示
されるように，他の多くの国の ODA はほとんどが無償援助ですが，日本の
無償比率は 18% でしかありません。これは，1 つ目の特徴である経済イン
フラが中心であることと表裏一体の関係になっています。つまり，一つひと
つの金額の大きいインフラ関連のプロジェクトが中心なので無償で援助する
ことは難しく，借款による資金供与となっているのです。

　なお，援助の特徴を表す指標の一つにタイド援助比率というものがありま
す。タイド援助とは，援助事業を請け負う企業（例えば，道路建設プロジェ
クトなら建設会社）を援助国の企業に限定した援助のことです。それに反し

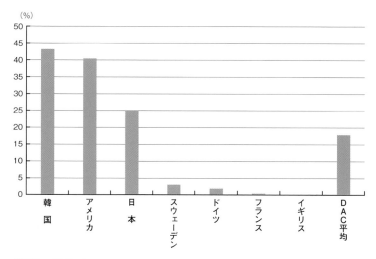

（出所）　OECD. Stat

て，アンタイド援助とはそのように企業を限定せずに世界中の企業を対象に
した入札によって請負企業を決める援助です。1970 年代前半までは日本の
ODA のタイド率は非常に高かったのですが，現在は図表 13-7 が示すように
日本のタイド率は 25％ で DAC の平均より少し多い程度です。これは，
DAC のルールによって借款は原則としてアンタイドでなければならないの
で，借款の多い日本の援助は自然とタイド率が低くなることも一因です。
EU（欧州連合）加盟国は総じてタイド率が低いのですが，これは EU 加盟
国の企業は自国企業と同等に扱わなければならないためです。逆に，アメリ
カ ODA が自国企業の利益となることを重視しているために，むしろ日本
よりもタイド率が高くなっています。

13.2　ODA のマクロ的効果

このように様々な形態で行われている ODA は，そもそも途上国の経済発

展や貧困削減に役に立っているのでしょうか。これについては，援助機関による自己評価以外にも多くの学術的な研究が行われています。まず，世界各国のデータを使ったマクロレベルの実証研究の結果について紹介しましょう。

▶ 経済成長に対する効果

ODA が経済成長に及ぼす影響をマクロ・データを使って検証した研究は，1990 年代後半から 2000 年代にかけて活発に行われました。特に開発援助の現場にも大きな影響を与えたのが，当時世界銀行にいたデビッド・ダラーらの論文です[1]。彼らは，ODA の対 GDP 比が大きいほど 1 人当たり GDP 成長率が高いかどうかで ODA の経済成長に対する効果を検証しましたが，途上国全体でははっきりとした効果は見られませんでした。しかし，インフレ率が低く，財政赤字が少なく，貿易に対する開放度が高いといったような適切な政策が行われている途上国においては，ODA は経済成長を引き上げる働きがあることを見出しました。

この論文によって，世界銀行をはじめとする国際援助機関や各国の援助機関の間には，適切に政策運営が行われている途上国でないと ODA は無駄遣いになってしまうという認識が急速に浸透しました。そこから，援助機関が ODA の効果的な実施のために，途上国の政策運営にも口をはさみ，「よい統治」（good governance）を求めていくという，近年の ODA の潮流ができてきたのです。

しかし，その後ダラーらの結果には多くの疑問が投げかけられることとなりました。例えば，ニューヨーク大学のウィリアム・イースタリーらは，より最近のデータを使えばダラーらの発見は必ずしも成り立っていないことを示しました[2]。ダラーらは，ODA の GDP 比と政策の指標を掛け合わせたものが大きければ大きいほど 1 人当たり GDP 成長率が高いことから，上述のような結論に至ったのですが，イースタリーらの利用した最近のデータではそうはなっていません。また，推計方法を少し変えると違う結果が出ること

---

1 Burnside C. and Dollar D. (2000). Aid, Policies, and Growth. *American Economic Review*. 90(4), 847-68.

2 Easterly W., Levine R. and Roodman D. (2004). New Data, New Doubts: A Comment on Burnside and Dollar's "Aid, Plicies, and Growth" (2000). *American Economic Review*. 94(3), 774-80.

を示した研究もあります[3]。

このようにODAの経済成長に対する効果について様々な実証結果が出てしまうのは，社会科学において因果関係をはっきりさせることが難しい一例です。そもそも，ODAは成長の停滞している国に対して供与されるものですから，経済成長はODAに対してマイナスの効果があるはずです。ですから，ODAが経済成長に対してプラスの効果があったとしても，それと逆方向のマイナスの効果とそのプラスの効果とをデータから切り分けて推計するのは容易ではありません。経済学の実証分析である計量経済学は，そのための手法を開発していますが，データが限られているために最新の手法を利用することもできないことも多いのです。

いずれにせよ，開発援助の現場に大きな影響を与えたダラーらの研究ですが，その結論は必ずしも正しくない可能性があります。ましてや，ODAが必ず途上国の経済成長に寄与するわけではないということはかなりはっきりしていると言っていいでしょう。

その理由として，ODAを受け取ることによってODAにからむ利権が発生して，むしろ政府が腐敗してしまうことが考えられます[4]。腐敗した政府，悪い制度が経済成長の障害となるのは，第10章で述べた通りです。

また，そもそも経済全体の規模にくらべてあまりにも多くのODAを受け取っているという問題もあります。図表13-8で示されるように，国民総所得の1割以上がODAである国も多く，ソマリアや中央アフリカにいたっては25%以上です。このように多額のODAを受け取れば，それが効率的に活用されるというよりも，むしろODAに関わる事務作業や調整業務が増えてしまい，企業の生産的な活動やイノベーティブな活動が減ってしまうことが考えられます[5]。アフリカの最貧国では，多くの優秀な人材が援助機関で働くために，民間企業に人材が不足しているということはよく見られること

3　Roodman D.（2007）. The Anarchy of Numbers: Aid, Development, and Cross-Country Empirics. *World Bank Economic Review*. 21（2）, 255-77.

4　Knack S.（2001）. Aid dependence and the quality of governance: cross-country empirical tests. *Southern Economic Journal*. 68（2）, 310-29.

5　Kimura H., Mori Y. and Sawada Y.（2012）. Aid proliferation and economic growth: A cross-country analysis. *World Development*. 40（1）, 1-10.

■図表 13-8　**ODA 受取額の対国民総所得比（2018 年）**

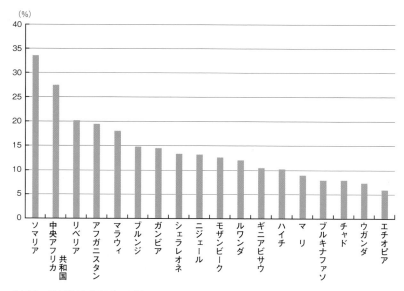

（出所）　世界銀行『世界開発指標』

です。ただし，図表 13-8 に示された 18 か国の平均値は 2018 年には約 10%
でしたが，2010 年には約 15% でした。ですので，アフリカの最貧国が 2000
年代以降に経済成長するに従い，ODA への依存度も徐々に下がってきては
いるのです。

▶ 海外直接投資に対する効果

　ODA が途上国への海外直接投資（FDI）の流入に効果があるのかを検証
した研究もいくつかあります。第 6 章 6.7 節で詳述した通り，FDI は条件付
きで経済成長に対して効果があります。ですから，もし ODA が FDI を促進
するのであれば，ODA は FDI を通じて経済成長に寄与するということにな
ります。

　ODA が FDI の流入を促進するのは，例えばインフラ設備の整備によるも
のです。また，ODA プロジェクトによって援助国と被援助国とのネットワ

ークができ，それを通じてその国の投資環境の情報が援助国に伝わって FDI がなされやすくなるということも考えられます。

しかし，一般的な傾向としては ODA が FDI を促進しないことがいろいろな研究で示されています。ただし，筆者らの研究によって，特に日本から途上国への ODA は日本からその途上国への FDI を促進する働きがあることが見出されています[6]。このように，ある援助国からの ODA が特にその国からの FDI を促進する働きを，ODA の先兵（尖兵）効果と呼びます。先兵効果は，日本以外では韓国にも見出されていますが[7]，それ以外の主要な援助国には見られません。日本と韓国は借款の比率が高く（図表 13-6），経済インフラに対する援助が多い（図表 13-5）という共通の特徴があり，このことが ODA と民間企業の結びつきを強くして，先兵効果を生み出している可能性があります。

筆者らの推計では，日本からアジアへの FDI のうち 6% 程度は ODA によって誘引されたものです。とはいえ，日本の ODA は日本企業の利益になっただけではありません。日本の FDI がアジア，特に東南アジア諸国の経済発展に大きく貢献したことを考えると，日本の ODA は FDI を通じてもこれらの国の発展に寄与したと言えます。

13.3　国際協力プロジェクトのインパクト評価

▶ プロジェクトの効果分析はなぜ難しいか

ODA の効果分析は，国別のマクロ・データを使ったものだけではありません。個人や企業のデータを使ったミクロ・レベルの実証研究も数多くなされています。ODA によるプロジェクトだけではなく，NGO（非営利組織）による貧困削減プロジェクトの効果分析も行われています。しかし，マクロ・データの分析と同様，ミクロ・データを使った効果分析も簡単ではあり

6　Kimura H. and Todo Y. (2009). Is Foreign Aid a Vanguard of Foreign Direct Investment? A Gravity-Equation Approach. *World Development*. 38(4), 482–97.

7　Kang S. J., Lee H. and Park B. (2010). Does Korea Follow Japan in Foreign Aid? Relationships between Aid and Foreign Investment. *Japan and the World Economy*. 23(1), 19–27.

ません。

例えば，農業分野での技術協力プロジェクトの効果を測ろうとして，プロジェクトに参加した農民の収入がプロジェクト後にはその前よりも平均で10%増えていたとします。このことだけで，このプロジェクトが農民の収入を上げるのに効果があったと結論づけられるかというと，必ずしもそうではありません。なぜなら，収入が10%上昇したのは，たまたま天候がよかったり農産物の値段が値上がりしたりといったプロジェクト以外の外部要因によるものからかもしれないからです（図表13-9 (1)）。

では，プロジェクトの参加者と非参加者とをくらべて，参加者の方がプロジェクト前後の収入の伸びが大きければ，プロジェクトの効果があったと判断できるのでしょうか。必ずしもそうではありません。援助プロジェクトの参加者は多くの希望者の中から選ばれていて，もともと非参加者にくらべてやる気があったり，能力が高かったりする場合も多いのです。ですから，参加者が非参加者とくらべて収入が伸びていても，それはプロジェクトの効果ではなく，もともとの両者の潜在的能力の違いを反映しているだけかもしれません（図表13-9 (2)）。

▶ RCTによるインパクト評価

ですから，プロジェクトの効果を測るためには，参加者および彼らと潜在的には同じ性質を持った非参加者とをくらべなければなりません（図表13-9 (3)）。そのような非参加者を選び出すために最も有効なのは，**ランダム化比較試験**（randomized controlled trial，略して**RCT**）つまり，参加者をランダムに選んでおく方法です。このような手法を利用して，かなりの程度正確にプロジェクトの効果を測ることを，特に**インパクト評価**（impact evaluation）と呼び，それ以外の手法での大雑把な効果分析と区別します。

RCTは，もともと医薬の効果を分析するために標準的に使われてきた方法です。対象となった患者をランダムに2つのグループに分け，一つのグループには本物の薬を，もう一つには偽の薬（偽薬，プラセボ）を投与し，2つのグループの治癒率をくらべることで薬の効果を測るのです。

途上国における貧困削減プロジェクトにおいても，参加者をランダムに選

■図表 13-9　援助プロジェクトのインパクト評価

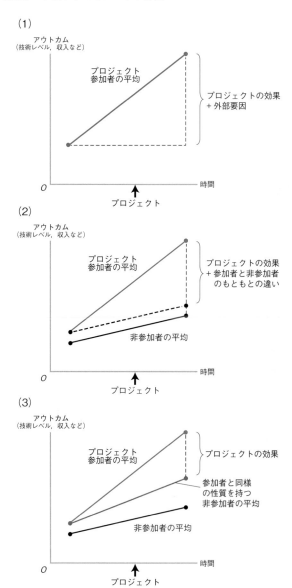

(1)

アウトカム
(技術レベル, 収入など)

プロジェクト
参加者の平均

プロジェクトの効果
+ 外部要因

O

時間

プロジェクト

(2)

アウトカム
(技術レベル, 収入など)

プロジェクト
参加者の平均

プロジェクトの効果
+ 参加者と非参加者
のもともとの違い

非参加者の平均

O

時間

プロジェクト

(3)

アウトカム
(技術レベル, 収入など)

プロジェクト
参加者の平均

プロジェクトの効果

参加者と同様
の性質を持つ
非参加者の平均

非参加者の平均

O

時間

プロジェクト

出し，参加者と非参加者の成果（アウトカム）を比較することで，社会実験的な RCT の手法によってプロジェクトの効果を測ろうとする試みが 1990 年代後半から急速に発展してきました。この発展を主導したのは，MIT のアビジット・バナジーやエスター・デュフロ，シカゴ大学のマイケル・クレマーらで，彼らはジャミール・ポバティ・アクション・ラボ（Jameel Poverty Action Lab，J-PAL）を創設して，大規模に RCT を世界中の貧困削減プロジェクトに適用しました。その中には，援助国政府や国際機関などの公的な援助機関のプロジェクトもありますし，NGO によるプロジェクトも民間企業のプロジェクトもあります。

　例えば，クレマーらはケニアの小学校で寄生虫を駆除するための虫下し薬の配布が児童の健康や出席率にどのような影響を与えるかについて，RCT によるインパクト評価を行いました[8]。薬を配布する学校をランダムに選び，配布校の児童の健康状態や出席率が大きく向上したことが見出されました。さらに，配布校だけではなく，その周辺の学校で虫下し薬を配布していないところでも同様に児童の健康状態や出席率が向上していたのです。これは，もともと違う学校の児童同士でも校外での接触を通じて寄生虫を移しあっていたのが，配布校で寄生虫が駆除されたために，配布校の児童からの感染がなくなったためだと考えられます。クレマーらは，虫下し薬の配布は比較的費用が安いにもかかわらず児童の出席率にも大きな効果があることから，制服や給食，奨学金の供与にくらべると費用対効果が優れた教育プロジェクトであると強調しています。

▶ ブルキナファソの事例

　日本の JICA のプロジェクトの RCT によるインパクト評価の事例として，ブルキナファソにおける教育プロジェクトを紹介しましょう。このインパクト評価は，JICA 研究所においてアジア開発銀行／東京大学の澤田康幸が主導して行い，筆者も参加したもので，JICA プロジェクトの RCT としては初めてのものです。

8　Miguel E. and Kremer M.（2004）. Worms: Identifying Impacts on Education and Health in the Presence of Treatment Externalities. *Econometrica*. 72（1）, 159–217.

　このプロジェクトは「みんなの学校プロジェクト」（正式には住民参加型学校運営改善計画）と呼ばれ，児童の親だけではなく，地域住民が学校運営に積極的に参加することで，教育の質を高めていこうとするものです。このような住民参加型の学校運営は世界各国で広まっており，いくつかの事例では実際に児童や教員に効果があったことがわかっています。

　JICA は，2010 年にブルキナファソのある県における 300 足らずの小学校をランダムに半分に分けて，その半分で住民参加型学校運営委員会を設立しました。その前後に児童やその親に対して様々な調査をして，その効果を測ったのです[9]。

　「みんなの学校」では，地域住民は選挙によって学校運営委員会の委員を選び，委員会は学校運営の重要事項を民主的に決定します。例えば，教室やトイレなどの学校の設備を整備したり，給食を供与したり，補習を行ったりといったことを決めるのです。しかも，実施に当たっては，地域住民が作業に協力したり，お金を出しあったりして，あくまでも地域主体で学校運営をするのです。

　例えば，図表 13-10 の（1）の写真は，ある学校の運営委員会が建設した水瓶です。この学校は水道もトイレもない劣悪な環境にありました。水瓶を作って近くの井戸から水を運んで貯めておくことで，子供たちは喉を潤し，手を洗うことができるようになりました。

　インパクト評価の結果，みんなの学校プロジェクトによって，児童の出席率が上がり，児童の退学率や教員の欠勤率が下がることがわかりました[10]。これは，地域住民が学校経営に参画することで教員のモチベーションが上がり，設備を整えたり給食を提供したりすることで児童のモチベーションも上がるためだと考えられます。

　さらに，児童の親が社会や地域に対して持つ信頼感も向上し，それによって地域住民同士のインフォーマルな金融制度である ROSCA（第 12 章 12.4

---

[9]　なお，翌 2011 年にはすべての学校で運営委員会を設立して，少なくとも長期的には RCT という社会実験によって学校ごとの不公平が生じないようにしています。

[10]　Kozuka E., Sawada Y., and Todo Y.（2015）. How Can Community Participation Improve Educational Outcomes？ Evidence from a SBM Project in Burkina Faso, *JICA Research Institute Working Paper*.

■図表 13-10　ブルキナファソの「みんなの学校プロジェクト」

（1）地域住民が建設した水瓶

（2）教室の様子

節）の利用者も増えていくことが見出されています[11]。つまり，JICA による
みんなの学校は，児童の教育にも地域の社会関係資本（信頼関係に基づく社
会ネットワーク。第8章を参照）の構築にも大いに役に立っていたのです。

▶ RCT の意義・RCT に対する批判

RCT による因果関係の分析は，開発経済学だけではなく社会科学全般，
そして政策決定の場に大きなインパクトを与えました。RCT によってある
施策（政策・プロジェクトなど）の平均的な効果を正確に計測して，データ
に基づいたエビデンス（証左）に即して，実行すべき施策を選択するという
「エビデンスに基づく政策立案」（evidence-based policy making，略して
EBPM）が，多くの国，様々な分野で浸透していったのです。それは，まさ
に RCT 革命というべき大変革でした。社会科学に RCT を普及させ，実際の
貧困削減に貢献したバナジー，デュフロ，クレマーの3人は，その功績によ

11　Sawada Y., Aida T. and Griffen A. S.（2015）. Election, Implementation, and Social Capital in
School-Based Management: Evidence from COGES Project in Burkina Faso, *JICA Research Insti-
tute Working Paper*.
　　Todo Y., Kozuka E., and Sawada Y.（2015）. Can School-Based Management Promote Informal
Financing in Rural Communities in Less Developed Countries ? Evidence from Burkina Faso,
JICA Research Institute Working Paper.

り 2019 年にノーベル経済学賞を受賞しています。

むろん，RCT も万能ではなく，批判や問題点もあります[12]。第 1 には，ある RCT によって特定の地域で特定の施策の効果が認められたとしても，その他の地域では置かれた状況が異なり，同じ施策が同様の効果を持つ（これを「**外部妥当性**」があるといいます）とは限らないということです。ただし，この批判に対しては，同じ施策を多くの国や地域で行ってその外部妥当性を検証するという試みも行われています。

第 2 に，第 1 の批判と関連して，RCT に基づくインパクト評価では，その施策がどのような理論に基づいて効果を発揮するのかが十分に考察されないことが多いために，その結果が一般化できないという批判もあります。ただし近年の研究では，むしろこれまでの理論的な予測を RCT によって検証する試みも多く行われています。例えば，第 12 章で紹介したグループ融資の有効性を検証する RCT はその一例です。

第 3 に，ある RCT によってランダムに参加者が選ばれて施策の効果が検証されたとしても，その選び方によって効果の大きさが大きく変わってくる可能性があることも指摘されています。これは「**内部妥当性**」がないと表現されますが，特に対象となった集団の中で効果の大きさに大きなばらつきがある場合に起こります。施策が非常に大きな効果をもたらす人をたまたま選んでしまったら，平均的な効果は真の効果にくらべて過大評価されてしまうからです。この問題は，前もって理論的な考察を深めることや現場の状況を調査することで緩和することが可能です。

最後の問題は，RCT でその効果を検証できる施策は限られているということです。例えば，教育や保健衛生，農業技術に関しては比較的 RCT の実施が容易で，実際にかなり大規模なものも行われています。しかし，道路や鉄道，橋梁などの大規模なインフラプロジェクトや，貿易政策や金融政策などの国単位の政策については RCT を行うことが困難です。例えば，高速道路や鉄道をどの地域に通すかをランダムに決めたり，国々をランダムに振り

---

12 Deaton A. and Cartwright N.（2018）. Understanding and Misunderstanding Randomized Controlled Trials. *Social Science & Medicine*. 210, 2–21.
　大塚啓二郎（2020）「貧困問題と開発経済学」，『経済セミナー』，2020 年 2・3 月号，34–38 頁。

分けて対象国の関税を下げたりしてその効果を測ることは，政治的な理由で現実には不可能です。

　ですから，どのような施策が途上国の発展にとって有効かを考えるにあたっては，必ずしも RCT によるインパクト評価を絶対視せず，様々な理論やその国のおかれた現状，以下で述べるような他の方法による評価をうまく組み合わせた上で，大局的に判断することが必要です。

▶ RCT 以外によるインパクト評価

　RCT を行うのが難しい場合には，ランダムにではなく恣意的に分けられた参加者と非参加者とをくらべるだけでは，もともとの両者の違いとプロジェクトの効果を切り分けることができません。この時，一つの方法として，まず各参加者とプロジェクト前の特徴が似かよった非参加者を特定してマッチさせる「マッチング」という手法があります。そして，参加者とその人たちに似た非参加者をくらべることで，プロジェクトの効果をより正確に測ることができるのです。

　残念ながら，どのようにしてマッチングをするかについてはこの教科書の守備範囲を超えていますので，詳細は省略します。簡単に言えば，プロジェクト前の参加者と非参加者の様々な特徴を 1 つの指標に落とし込んで，その指標が各参加者と最も近い非参加者を選んでマッチしていくのです。

　それ以外にも，操作変数法や回帰不連続デザインによる推計，自然実験を利用した推計など，様々な手法で施策のインパクト評価が試みられています。ただし，これらについてもこの教科書の守備範囲を超えていますので，詳細については計量経済学の中級レベルの教科書を参照してください。

▶ エチオピアの事例

　RCT によらないインパクト評価の一例として，エチオピアで JICA が行った森林保全プロジェクトの効果を推計した筆者と早稲田大学の高橋遼の研究を紹介しましょう[13]。エチオピアでは 1985 年から 2009 年の間に森林の 40%が消失するという急速な森林破壊が進んでいます。これは，森林を切って農地を拡大したり（図表 13-11 (1)），燃料にしたりするためです。図表 13-12

■図表13-11　エチオピアの森林保全プロジェクト

(1) 農地拡大による森林破壊

(2) 農民学校

は衛星から撮影した画像を処理することで，プロジェクトの対象地域におい
て森林がどこかを明らかにしたものです。この図によると，この地域では
1985年から2009年までに森林面積が年率で3.3％減少しています。しかし，
住民参加型の森林管理組合を作って森林を監視したことで森林の変化率は年
率1.5％の増加に転じました。さらに，森林に自生する森林コーヒーの公的
な認証を取得することで森林保全が進むことや，農民学校での技術指導（図
表13-11（2））によって農民の収入が増えたことなどもわかっています。

　ただし，インパクト評価によってマイナス面も明らかになっていて，森林
組合が設立される直前にはむしろ森林破壊が進み，設立後に保全が進むこと
も確かめられています。これは，組合ができると住民は木を切れなくなりま

13　Takahashi R. and Todo Y.（2012）. Impact of community-based forest management on forest
protection: evidence from an aid-funded project in Ethiopia. *Environmental Management*. 50（3），
396-404.

　　Todo Y. and Takahashi R.（2013）. Impact Of Farmer Field Schools On Agricultural Income And
Skills: Evidence From An Aid-Funded Project In Rural Ethiopia. *Journal of International Develop-
ment*. 25（3），362-81.

　　Takahashi R. and Todo Y.（2014）. The impact of a shade coffee certification program on forest
conservation using remote sensing and household data. *Environmental Impact Assessment Review*.
44, 76-81.

　　Takahashi R. and Todo Y.（2013）. The impact of a shade coffee certification program on forest
conservation: A case study from a wild coffee forest in Ethiopia. *Journal of Environmental Manage-
ment*. 130, 48-54.

■図表 13-12　エチオピアの森林保全プロジェクト地域における森林減少

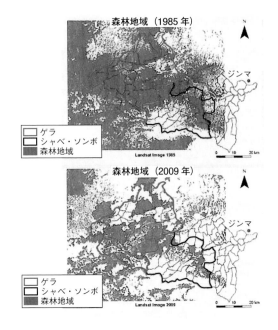

すから，その前に切っておくという駆け込み需要が発生したからだと考えられます。ですから，同様のプロジェクトでは駆け込み需要を抑えるための方策が必要だということもこの研究から見えてくるのです。

13.4　民間資金の役割

　これまで見てきたように，ODA は途上国の経済や社会の発展に対して一定の役割を果たしてきました。しかし，実は最近は途上国にとっての ODA の役割が低下しています。図表 13-13 は途上国への長期資金流入（ODA と海外直接投資）に占める ODA の割合を示しています。1980 年代には ODA が 80％ を占めていましたが，90 年代には激減し，近年では 16％ 程度にな

■図表 13-13　途上国の資金流入に占める ODA のシェア

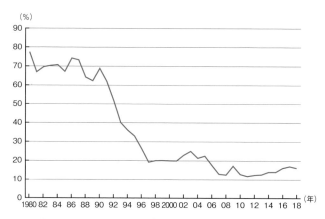

（出所）　世界銀行『世界開発指標』
（注）　ODA 受取額 /（ODA 受取額＋直接投資の流入額）。途上国は世界銀行の定義する低所得国と
　　　中所得国。

っています。

　これは，途上国の経済発展のための資金として**民間投資**が ODA よりもは
るかに重要となっていることを示しています。ですから，途上国の経済発展
のためには，ODA を効率的に利用していくことだけを考えるのではなく，
ODA を民間資金と連携させていくことで途上国へ流入する資金全体を効率
的に活用していくことを考えなければなりません。

　特に，港湾や空港，水道，発電所，鉄道，高速道路などの経済インフラの
分野でそれが顕著です。途上国ではまだまだインフラ設備が未整備で，今後
大規模にインフラ整備を進めていく必要があります。現在でも年間約 1 兆ド
ルが途上国のインフラ整備に使われていますが，今後は年間 2 兆ドルから
2.5 兆ドルの需要が途上国で発生するとの試算もあります[14]。年間 1000 億か
ら 1500 億ドル程度の ODA ではこれらのインフラ需要をすべてまかなうの
は到底不可能であり，民間資金の活用が不可欠です。

14　World Bank（2014）. Global Infrastructure Facility,
　　〈https://www.worldbank.org/en/topic/publicprivatepartnerships/brief/global-infrastructure-facility-gif〉.

半面，途上国におけるインフラ投資には，1件当たりの投資額が巨額であるにもかかわらず利益が得られるのはかなり後になってからだという難しさがあります。また，政治的な理由でプロジェクトが延期されたり中止になったりするリスクもあります。ですから，海外の民間企業はなかなか投資に踏み切ることができません。

そこで，ODA が海外からの直接投資（FDI）の先兵（呼び水）となる（13.2 節）ように，ODA を通して被援助国と援助国との間の情報や技術の共有が促進されるような工夫が必要です。途上国でのインフラ整備を含むビジネス案件の発掘事業に対して，ODA が資金援助をするという方法も考えられます。

さらには，ODA に民間企業の知恵と資金をうまく組み合わせた PPP（public-private partnership，官民連携）の活用も重要です。ODA を活用した PPP とは，例えば大規模なインフラ整備において，ODA と民間企業の資金を組み合わせて建設した後，民間企業が民間のノウハウを活用して効率的に運営しつつその料金を徴収し，ある一定期間後には途上国政府に返還するというような仕組みです。このように施設を民間が建設（build），運営（operate）して，最終的には政府に返還（transfer）することで公共サービスを提供する仕組みを BOT と呼びます。

今後は，これらの方法をうまく活用して官民が連携し，途上国に必要な資金が流入するようにすることが，途上国の経済発展にとって重要になってくるのは間違いありません。

13.5　日本の ODA の今後

▶ 日本の国益となる ODA

日本の ODA の基本的な指針は政府開発援助大綱として定められてきました。2015 年に 12 年ぶりに大綱が改訂され，開発協力大綱として新たな指針となりました。この改訂では，「開発途上国を含む国際社会と協力して，世界が抱える課題の解決に取り組んでいくことは我が国の国益の確保にとって

■図表 13-14　日本人の ODA に対する考え方

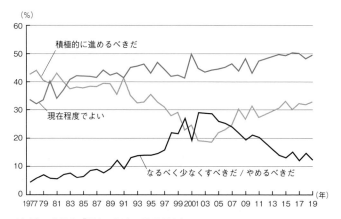

（出所）　内閣府『外交に関する世論調査』，
　　　　（https://survey.gov-online.go.jp/index-gai.html）。

不可欠となっている」としています。つまり，ODA は被援助国である途上
国の利益となるだけではなく，日本の国益にもかなうことを明確に謳ってい
るのです。

　ODA は本来受取国である途上国のために行われるべきであって，ODA に
よって日本が利益を受けることを期待するべきではないという考え方もあり
得ます。しかし，日本自身の経済成長が 1990 年ころから 30 年にわたって停
滞しており，政府債務が世界的に突出したレベルになっている現状では，日
本にとって何の得にもならない ODA を大規模に支出し続けるのは現実的で
はありません。

　図表 13-14 は，1980 年から 2019 年までの日本国民の ODA に対する考え
方の推移を示しています。内閣府の『外交に関する世論調査』における「先
進国は開発途上国に対して資金協力や技術協力などの開発協力を行っていま
すが，あなたは，いろいろな面から考えて，日本のこれからの開発協力につ
いてどのようにお考えですか。」という問いに対して，「積極的に進めるべき
だ」とする人がバブル崩壊後の 1990 年初めから急激に減り，「なるべく少な
くすべきだ」とする人が増えています。しかし，2004 年をピークに，ODA

■図表 13-15　開発協力を実施すべき観点

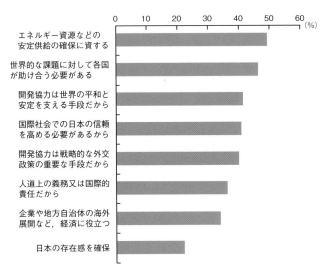

（出所）　内閣府『外交に関する世論調査 2019 年』，〈https://survey.gov-online.go.jp/index-gai.html〉。

積極派が増え，消極派が減ってきています。これはおそらく，1997 年のピーク時には 1 兆 1687 億円だった ODA 支出（一般会算予算）が 2005 年には 7862 億円と約 2/3 の規模にまで縮小したために，「さすがにこのくらいまで減ればよいだろう」と考えた人が多いためだと考えられます。とはいえ，予算が 5566 億円とピークの半分以下となった 2019 年時点でも，まだ積極派はバブル前の水準までは戻っていません。

　同じ世論調査の「こうした開発協力による開発途上国への支援について，どのような観点から実施すべきだと思いますか。」という問いに対する回答（複数回答可）が図表 13-15 に示されていますが，エネルギーの安定や日本企業の海外展開，外交の手段など，直接的な利益を求める人がかなりの割合でいることがわかります。

　ODA が国民の税金によってまかなわれている以上，このような国民の声を無視することはできません。日本企業の海外直接投資（FDI）やインフラ

輸出などの海外進出や日本の外交や安全保障に利益となるような ODA を行っていくことが，国民の期待に応える道であると言えます。

▶ Win-Win の ODA

とはいえ，日本にとって利益となる ODA は，途上国にとって不利益となるわけではありません。ODA によって援助国と被援助国の双方が利益を得て Win-Win の関係を築くことは可能です。ODA は途上国と先進国の間にネットワークを築く一つの手段であり，多様なネットワークの構築が経済成長にとって重要ですから（第8章），むしろ ODA で途上国と先進国が Win-Win となるのはきわめて普通です。

例えば，13.2 節で述べたように，FDI の先兵となる ODA は FDI による外国技術の伝播などを通じて途上国にも利益をもたらします。13.3 節のエチオピアの事例では，JICA プロジェクトによって森林コーヒーの認証を取得することを通じて，森林保全が進んでいることを紹介しました。その森林コーヒーの一部は日本の商社によって日本に輸出され，日本の商社には利益を，消費者には幸せをもたらしています。これも Win-Win の事例です。

▶ JICA のプロジェクト評価

そのような Win-Win の ODA に欠かせないのが，RCT などによる精度の高いインパクト評価です。2015 年発行の本書の初版では，日本の ODA ではインパクト評価が十分に行われていないと述べました。しかし，その後 JICA でも一定数のプロジェクトでインパクト評価が行われるようになっています。対象分野も，教育，灌漑，環境，中小零細企業への技術協力など多岐にわたっています[15]。

ただし，他の先進国や国際機関の援助プロジェクトでは，インパクト評価がより広範に実施されています。例えば，アメリカの援助機関である USAID は，これまでその効果が検証されていないようなタイプの ODA プロジェクトのパイロットケースでは原則としてインパクト評価をするように義

---

15 JICA,「インパクト評価」。
（https://www.jica.go.jp/activities/evaluation/impact.html）

務づけています[16]。そもそも，RCT革命以降，途上国の開発のみならず，先進国を含む世界各国で政策一般においてエビデンスに基づく政策立案（EBPM）が奨励されています。むろん，すでに述べたように全てのプロジェクトにおいてインパクト評価を行うことは困難ですが，より多くのインパクト評価を行うことで日本のODAを改善していくことがますます期待されます。

13.6 ま と め

1. マクロ・データの研究によると，ODAは全体としては必ずしも途上国の経済成長に寄与しているとは言えません。

2. ミクロ・データを利用した援助プロジェクトの効果を，無作為化比較試験（RCT）や計量経済学的なマッチングによって推計する試みが1990年代後半から急速に発展しています。それによって，特にどのようなプロジェクトが効果的であるかがわかるようになってきています。

3. 日本のODAは，日本と被援助国がWin-Winとなることを目指し，また民間との連携を重視してきています。これは，国民の支持を得てODAを持続的に供与していくためにも，また途上国にとっての経済効果を高めるためにも有効な方向性です。ただし，インパクト評価を活用したより効率的な運用を目指すことも必要です。

キーワード

政府開発援助，ODA，開発援助委員会，DAC，グラントエレメント，2国間援助，国際機関に対する拠出，贈与，貸与，融資，無償資金協力，技術協力，円借款，海外投融資，国際援助機関，ミレニアム開発目標，海外経済協力会議，JICA，国際協力機構，借款，タイド援助，アンタイド援助，ODAが経済成長に及ぼす影響，よい統治，ODAの先兵効果，マッチング，無作為化比較試験，RCT，インパクト評価，民間投資，PPP，BOT，政府開発援助大綱

---

16 USAID (2016). USAID Evaluation Policy.
   〈https://www.usaid.gov/sites/default/files/documents/1870/USAIDEvaluationPolicy.pdf〉

練 習 問 題

(1) JICA の「ODA 見える化サイト」(https://www.jica.go.jp/oda/index.html) を
訪れ，自分の興味のある国で日本がどのような ODA を行っているかを調べて
みましょう。いくつかのプロジェクトについて事後評価報告書（「見える化サイ
ト」からリンクがあります）を読み，どのような点についてどのような手法で
評価が行われているかを確認してみましょう。

(2) 世界銀行のウェブサイト (https://data.worldbank.org/country) を訪れ，自分
の興味のある国で世界銀行がどのような ODA を行っているかを調べてみまし
ょう。下の方の Projects & Operations の項目からたどって，いくつかのプロジ
ェクトについて Results Report を読み，どのような点についてどのような手法
で評価が行われているかを確認し，同様の JICA のプロジェクトと比較してみ
ましょう。

終　章

　これまで13章にわたって，様々な角度から開発途上国が経済発展を遂げるためにはどうすればよいのかを論じてきました。この章は，それらの考察をまとめるとともに，読者の皆さんがさらに開発経済学，経済発展論を学んでいくための図書やデータを紹介します。

▶ 途上国の経済発展のために

　本書は，エチオピアのビルハヌさんとメディーナさん夫妻，インドネシアのサリジャンさんとハリヤンティさん夫妻の生活を紹介するところから始まりました。13章の長い物語を終えて，ビルハヌさんとメディーナさん夫妻が絶対的貧困から脱出するにはどうすればよいかが見えてきたでしょうか？サリジャンさんとハリヤンティさん夫妻が中所得国の罠にはまることなく先進国並みの生活ができるようになるには，どうすればよいのでしょうか？

　むろん，本書1冊でこの問いに完璧な解答を与えることなど到底できません。しかし，この本を通じて，途上国（実は先進国でも同じことですが）の経済発展にとって非常に重要な要素が一つ見えてきたのではないかと思います。それは，「ネットワーク」です。

　そもそも，経済発展に最も重要なのは技術進歩，イノベーション，もしくは創意工夫であり，ことわざの「3人寄れば文殊の知恵」という言葉に凝縮されているように，技術進歩は多様な人間のネットワークから生まれるものです（第2章・第3章）。ですから，「経済発展するためにはどうすればよいのか」という問いは，究極的には「どうすれば多様なネットワークを構築できるのか」という問いに落とし込めるのです。

　多様なネットワークを構築するには，貿易や海外直接投資による経済の国際化（第6章）や産業集積（第7章）を積極的に進めることが必要です。また，政府開発援助（ODA）によっても，市場経済ではつながりにくい先進

国と途上国がつながることができます（第13章）。農村にも多様なネットワークを構築することで，農村においてもイノベーションを起こすことができます（第11章・第12章）。

　逆に，多様なネットワークを構築できなければ，閉鎖的なネットワークと経済停滞との悪循環が生じて，そこから脱出することが難しくなってきます（第8章）。閉鎖的な経済制度や政治制度がその悪循環に拍車をかけることもあります（第9章・第10章）。

　しかし，ネットワーク（例えば同窓会）を構築する時には，そのコストは構築しようとする1人（幹事）に重くのしかかるのに，その恩恵は社会全体（同窓生みんな）に広くいきわたるという外部性があります。ですので，市場経済では十分にネットワークが構築されず，政府が政策を発動してネットワークを拡大する必要があるのです。例えば，道路やネット環境などのインフラを整備して農民同士の情報交換を活発化し，農民と都市の商人をつなげたり，情報を効率的に流して中小企業の輸出や外資企業の投資を促進するといったつながり支援が，本書で提示された有効な政策の一部です。

　政策支援を受けつつ多様なネットワークを構築して，「3人寄れば文殊の知恵」で経済発展。これが本書の結論です。

▶ さらなる考察・研究のための推薦図書

　本書を読んで，開発経済学，経済発展論についてもっと学びたい，もっと考えたいと思った読者の皆さんに，いくつか役に立つ本を紹介します。すべてが経済学の知識がなくても読めるものです。

【開発経済学の教科書】

▶高橋和志，山形辰史（編著）（2010）『国際協力ってなんだろう──現場に生きる開発経済学』，岩波ジュニア新書。

　開発経済学における日本の代表的な研究機関であるジェトロ・アジア経済研究所の研究者たちがオムニバス形式で多様なトピックについて書いています。本書では扱えなかった紛争やジェンダーなどのトピックも含まれており，高校生でも十分に読めるようになっています。

▶ジェトロ・アジア経済研究所　黒岩郁雄，高橋和志，山形辰史（編集）（2015）『テキストブック開発経済学　第3版』，有斐閣。

　同じくアジア経済研究所の研究者による学部レベルの教科書です。本書では扱えなかったマクロ経済安定化や障害と開発などのトピックが含まれています。

▶速水佑次郎（2000）『新版開発経済学——諸国民の貧困と富』，創文社。

　経済発展における市場，政府，共同体の役割を論じています。著者は2012年に亡くなりましたが，日本の開発経済学者でその影響を受けていないものはいないほどの巨星です。

▶大塚啓二郎（2020）『なぜ貧しい国はなくならないのか——正しい開発戦略を考える　第2版』，日本経済新聞出版社。

　農業経済・開発経済の分野では日本で最も学術的業績のある著者が，長年にわたるフィールド調査に基づく研究を土台に，途上国の開発戦略について熱くかつ冷静に語っています。

▶黒崎卓，山形辰史（2017）『開発経済学——貧困削減へのアプローチ　増補改訂版』，日本評論社。

　本書の第11章・第12章で扱っている開発のミクロ経済学について，より丁寧に説明しています。

▶ポール・コリアー（著）中谷和男（訳）（2008）『最底辺の10億人——最も貧しい国々のために本当になすべきことは何か？』，日経BP社。

　本書では扱っていない，紛争や天然資源による貧困の罠について詳細に解説しています。

【第2章・第3章（経済成長論）】

▶チャールズ・I・ジョーンズ（著）香西泰（訳）（1999）『経済成長理論入門——新古典派から内生的成長理論へ』，日本経済新聞社。

　第2章・第3章で扱った経済成長論の理論モデルについて，非常にわかりやすく説明してくれています。数式を使っていますが，高校数学がわかっていれば十分に理解できるはずです。

▶エルハナン・ヘルプマン（著）大住圭介，池下研一郎，野田英雄，伊ヶ崎大理（訳）（2009）『経済成長のミステリー』，九州大学出版会。

　経済成長論や国際経済学における世界的な第一人者が，経済成長論の理論・

実証研究の成果を一般向けにわかりやすく書いたものです。

【第6章（国際経済学）】

▶ 澤田康幸（2004）『基礎コース国際経済学』，新世社。

　本書では扱えなかった国際金融や債務危機についても説明しています。

▶ 椋寛（2020）『自由貿易はなぜ必要なのか』，有斐閣。

　自由貿易の利益についてわかりやすく論じています。

【第7章（経済地理学・空間経済学）】

▶ 園部哲史，大塚啓二郎（2004）『産業発展のルーツと戦略——日中台の経験に学ぶ』，知泉書館。

　日本，中国，台湾を例に集積による経済発展のパターンを明らかにしています。

▶ エンリコ・モレッティ（著）池村千秋（訳）（2014）『年収は住むところで決まる——雇用とイノベーションの都市経済学』，プレジデント社。

【第8章（社会ネットワーク論）】

▶ ニコラス・A・クリスタキス，ジェイムズ・H・ファウラー（著）鬼澤忍（訳）（2010）『つながり——社会的ネットワークの驚くべき力』，講談社。

　社会ネットワークの持つ力を豊富な事例で明らかにしています。

▶ アルバート・ラズロ・バラバシ（著）青木薫（訳）（2002）『新ネットワーク思考——世界のしくみを読み解く』，NHK出版。

　この分野の第一人者である著者が，ネットワーク科学の発展についてわかりやすく解説しています。

【第9章・第10章（制度の経済学・政治経済学）】

▶ ダロン・アセモグル，ジェイムズ・A・ロビンソン（著）稲葉振一郎，鬼澤忍（訳）（2013）『国家はなぜ衰退するのか——権力・繁栄・貧困の起源（上）（下）』，早川書房。

　本書でもかなり多くのページを割いて紹介した，アセモグルとロビンソンが

制度と経済成長を論じた 1 冊です。豊富な事例に圧倒されます。

▶ ジャレド・ダイアモンド（著）倉骨彰（訳）（2012）『銃・病原菌・鉄——1 万 3000 年にわたる人類史の謎（上）（下）』，草思社文庫。

　経済学者でも歴史学者でもない生態学者の著者が，見事に長期的な経済成長の要因を解き明かします。

▶ レイモンド・フィスマン，エドワード・ミゲル（著）田村勝省（訳）（2014）『悪い奴ほど合理的——腐敗・暴力・貧困の経済学』，NTT 出版。

　途上国における政治的腐敗の問題について，詳細な例で説明しています。

▶ ブランコ・ミラノヴィッチ（著）村上彩（訳）（2012）『不平等について——経済学と統計が語る 26 の話』，みすず書房。

　不平等について，現代のデータや事例だけではなく，歴史的なエピソードも豊富に交えて論じています。

【第 11 章・第 12 章（開発のミクロ経済学）】

▶ アビジット・V・バナジー，エスター・デュフロ（著）山形浩生（訳）（2012）『貧乏人の経済学——もういちど貧困問題を根っこから考える』，みすず書房。

　開発経済学のフロンティアを開拓してきた著者らが精緻な研究に基づいて，読者の常識を次々に覆してくれます。

▶ アビジット・V・バナジー，エステル・デュフロ（著），村井章子（訳）（2020）『絶望を希望に変える経済学——社会の重大問題をどう解決するか』，日本経済新聞出版。

　同じ著者らによる新刊。開発経済学だけではなく，グローバル化や所得格差の問題についても論じています。

▶ ディーン・カーラン，ジェイコブ・アペル（著）澤田康幸（解説）清川幸美（訳）（2013）『善意で貧困はなくせるのか？——貧乏人の行動経済学』，みすず書房。

　上記の本と同じく，RCT に基づく開発経済学の発展を主導してきた著者による必読書です。

▶ ジョナサン・モーダック，スチュアート・ラザフォード，ダリル・コリン

ズ，オーランダ・ラトフェン（著）野上裕生（監修）大川修二（訳）
（2011）『最底辺のポートフォリオ——1日2ドルで暮らすということ』，
みすず書房。

　　途上国の人々の金融制度について詳細な研究成果に基づいて描いています。

【第13章（国際協力・ODA）】

▶ 黒崎卓，大塚啓二郎（編著）（2015）『これからの日本の国際協力——ビッ
　グ・ドナーからスマート・ドナーへ』，日本評論社。

　　開発援助に携わる日本の実務家と学者がオムニバス形式で国際協力やODAに
ついて論じています。

▶ ジェフリー・サックス（著）鈴木主税，野中邦子（訳）（2014）『貧困の終
　焉——2025年までに世界を変える』，早川書房。

　　ODAの量的拡大を訴える著者の主張は，実際の政策を大きく動かしました。

▶ ウィリアム・イースタリー（著）小浜裕久，冨田陽子，織井啓介（訳）
　（2003）『エコノミスト　南の貧困と闘う』，東洋経済新報社。

　　ODAの効果に疑問を投げかけ，市場主義に基づく経済発展を提唱しています。
上のサックスの本と比較して読むといいでしょう。

▶ ダンビサ・モヨ（著）小浜裕久（訳）（2010）『援助じゃアフリカは発展し
　ない』，東洋経済新報社。

　　アフリカへの援助に対してアフリカ人が疑問を呈した題名通りの本です。

▶ 自分で分析するためのデータソース

　　本書や上記の本で開発経済学や経済発展論に興味を持ったのなら，どうす
れば途上国が経済発展できるのかについて，ぜひ自分でも何か分析をしてみ
てください。そのためには，データが必要です。本書でも数々のデータを駆
使した分析に基づいて結論を導いてきました。幸い，本書で使ったものを含
め，多くのデータがインターネット上で無料で手に入ります。

　　特に，世界銀行の『世界開発指標』（World Development Indicators）は世
界各国の様々な指標を含む巨大なデータベースです。これを使いこなせば，
それぞれの国についてかなり詳細に知ることができますし，様々な国の比較

もできます。ぜひ，実際にこのウェブサイト（https://databank.worldbank.org/home.aspx）を訪問して，自分でデータをダウンロードして分析をしてみてください。

それ以外にも，PPP調整済みの1人当たり実質GDPの重要なデータソースであるPenn World Tableや，国際貿易や海外直接投資，制度の指標，教育，貧困，環境，災害，所得格差など様々な分野のデータが公開されています。インターネットでキーワードを英語で検索してみてください。

もっと興味が深まってきた場合には，マクロ・データだけではなく，個人や企業単位のミクロ・データの分析にもチャレンジしてみてください。最近は，マクロ・データだけではなく，ミクロ・データもインターネット上に公開されていることがあります。

その代表的なものは，世界銀行のLiving Standards Measurement Study（LSMS）と呼ぶプロジェクトによって集められたものです。これは，多くの途上国で何年にもわたって標準化された質問票を使って行われている農村世帯調査によって収集されたデータで，その一部をダウンロードすることが可能です。"LSMS World Bank"で検索してみてください。

さらに，本当に途上国について知りたい人は，自分自身で途上国に出かけて行って，農村や中小零細企業などの現場を見てみてください。やはり教科書で読むのと実際に見るのとでは大違いです。本書や他の本に書いてあることが正しいかどうかを，ぜひ現場で考えてみてください。

途上国に行くといっても何もつてがないという人は，インターンとして行くことを考えてみてもいいかもしれません。JICA（国際協力機構）は国内外の事務所でのインターンを募集しています。国際協力に関わるNGOの多くもインターンを受け入れています。

また，大学生であれば，途上国への研修旅行を行っている開発経済学や国際経済学のゼミに所属するという手もあります。最近は日本の大学が途上国の大学との連携協定を結んでいることも多いので，短期留学してみるとより深く途上国と関われるでしょう。

もし可能であれば，自分でフィールド調査をしてデータを集めることができきれば，なおよいでしょう。観察するだけでは見落としていることを，デー

タの分析からあぶりだせるかもしれません。そこまでいけば，あなたも立派な開発経済学者です。ただし，途上国に行く場合には健康や安全には十分に注意し，フィールド調査をする場合には調査先の方々の迷惑にならぬよう，くれぐれも気をつけてください。

　それでは，よい旅を（空間的にも，学問的にも）。

索　引

た 行

索引

索引

ま　行

や　行

著者紹介

戸堂　康之（とどう　やすゆき）

1967 年	大阪府高石市生まれ
1991 年	東京大学教養学部卒業
2000 年	スタンフォード大学経済学部博士課程修了（経済学 Ph.D. 取得）
2000 年-2001 年	南イリノイ大学経済学部助教授
2001 年-2005 年	東京都立大学経済学部講師・助教授
2005 年-2007 年	青山学院大学国際政治経済学部助教授
2007 年-2014 年	東京大学新領域創成科学研究科国際協力学専攻准教授・教授・専攻長
2014 年-現　在	早稲田大学政治経済学術院経済学研究科教授

主要著書

『なぜよそ者とのつながりが最強なのか──生存戦略としてのネットワーク経済学入門』，プレジデント社，2020 年 11 月。

『日本経済の底力──臥龍が目覚めるとき』，中央公論新社，2011 年 8 月。

『途上国化する日本』，日本経済新聞出版社，2010 年 12 月。

『技術伝播と経済成長──グローバル化時代の途上国経済分析』，勁草書房，2008 年 5 月。

経済学叢書 Introductory

開発経済学入門　第2版

2015 年 9 月 10 日Ⓒ	初 版 発 行
2021 年 3 月 10 日Ⓒ	第 2 版 発 行
2021 年 5 月 10 日	第2版第2刷発行

著　者　戸堂康之	発行者　森平敏孝
	印刷者　加藤文男
	製本者　小西惠介

【発行】　　　　　　　　　　株式会社　新世社
〒151-0051　東京都渋谷区千駄ヶ谷 1 丁目 3 番 25 号
編集☎(03)5474-8818(代)　　　　　サイエンスビル

【発売】　　　　　　　　株式会社　サイエンス社
〒151-0051　東京都渋谷区千駄ヶ谷 1 丁目 3 番 25 号
営業☎(03)5474-8500(代)　　　　振替 00170-7-2387
FAX☎(03)5474-8900

印刷　加藤文明社　　　　　　製本　ブックアート
《検印省略》

ISBN 978-4-88384-325-1
PRINTED IN JAPAN

サイエンス社・新世社のホームページのご案内
https://www.saiensu.co.jp
ご意見・ご要望は
shin@saiensu.co.jp まで.

新経済学ライブラリ 3

マクロ経済学
第2版

浅子和美・加納　悟・倉澤資成　著
A5判／480頁／本体3,300円（税抜き）

マクロ経済学の基本書として高い定評を得ている書を最新の研究進展を含めて大幅にバージョンアップ。第2版では，とくにマクロ経済学のミクロ的基礎，ニューケインジアンの理論，経済成長の理論について入門者にも分かりやすい丁寧な解説で拡充している。今日のマクロ経済の諸問題に対して，読者が自らの頭で考え，独自の処方箋を書けるようになるための知見を提供する。読みやすい2色刷。

【主要目次】

経済活動水準の決定（概説）／経済主体の行動／貨幣と経済活動／マクロ諸変数の同時決定／インフレーションと景気循環／政府の経済活動とマクロ安定化政策／経済成長，国際マクロ経済学

発行　新世社　　発売　サイエンス社

経済学コア・テキスト＆最先端 11

コア・テキスト
国際経済学
第2版

大川昌幸 著

A5判／320頁／本体2,650円（税抜き）

はじめて国際経済学に触れる読者を対象とした好評テキストの改訂版。各章のデータの更新や新しいトピックスの追加を行いつつ，基本となる概念やモデルの解説についても，よりわかりやすいものとした。初学者でも無理なく読み通せるよう工夫された丁寧な説明で，より高度な学習に進むための基礎を身につけることができる。2色刷。

【主要目次】

第Ⅰ部 国際貿易とその理論　世界の通商システムと日本／貿易の基本モデル（1）：部分均衡分析／貿易の基本モデル（2）：2財の貿易モデル／リカード・モデル／ヘクシャー＝オリーン・モデル／不完全競争と国際貿易／完全競争と貿易政策／不完全競争と貿易政策／生産要素の国際移動／地域経済統合とその理論

第Ⅱ部 外国為替と国際マクロ経済　海外取引と国際収支／外国為替市場と外国為替レート／外国為替相場の決定理論／外国貿易と国民所得水準の決定／開放経済のマクロ経済政策

発行 新世社　　　　発売 サイエンス社

基礎コース
国際経済学

澤田康幸 著
A5判／344頁／本体2,600円（税抜き）

国際貿易論・国際金融論，さらに開発経済論について，気鋭の研究者が一貫した視点から，最新の理論を紹介しつつ入門向けに解説。現実の問題を考えるための経済学的基盤を養成することができる。2色刷。

【主要目次】

国際貿易論へのいざない／リカード・モデル／ヘクシャー=オリーン（HO）・モデル／新しい国際貿易の理論／空間の中での国際貿易／貿易政策／国際的な生産要素移動と貿易の利益／国際金融論へのいざない／外国為替取引／為替レート決定の諸理論／経常収支の決定理論／国際マクロ経済政策／国際資本移動・国際資本市場とリスクシェアリング／様々な為替相場制度とその選択／開発経済学へのいざない／債務危機と通貨危機

発行 新世社　　発売 サイエンス社